Hamburger Rechtsstudien
herausgegeben von Mitgliedern der Rechtswissenschaftlichen
Fakultät der Universität Hamburg
Heft 62

OHG
und erbrechtliche
Nachfolge

Eine rechtsvergleichende Untersuchung

von

Dr. iur. PETER BEHRENS

Hamburg

Hamburg

Cram, de Gruyter & Co.

1969

Diese Arbeit hat der Rechtswissenschaftlichen Fakultät
der Universität Hamburg im Jahre 1968 als Dissertation
vorgelegen.
Gedruckt mit Unterstützung
der Stiftung Volkswagenwerk

Gesamtherstellung: Graph. Betrieb Gebr. Rasch & Co., Bramsche/Osnabrück.
Printed in Germany.

Vorwort

Die vorliegende Arbeit ist Ende 1966 abgeschlossen worden und hat der Rechtswissenschaftlichen Fakultät der Universität Hamburg als Dissertation vorgelegen.

Ich danke an dieser Stelle besonders herzlich Herrn Professor Dr. Konrad Zweigert für seine großzügige Unterstützung nicht nur bei der Ausarbeitung der Abhandlung, bei der mir insbesondere die Bibliothek des Max-Planck-Instituts für ausländisches und internationales Privatrecht in Hamburg zur Verfügung gestanden hat, sondern auch bei der Veröffentlichung. Besonderen Dank schulde ich auch den Herausgebern der »Hamburger Rechtsstudien« für die Aufnahme der Arbeit sowie der Stiftung Volkswagenwerk, von der ich entscheidende Hilfen sowohl in Form eines einjährigen Promotionsstipendiums als auch durch die Gewährung eines Druckkostenzuschusses erhalten habe. Mein Dank gilt schließlich all denen, die mir mit Rat und Tat zur Seite gestanden haben.

Hamburg, im Dezember 1968 | Dr. iur. Peter Behrens

Inhaltsübersicht

Abkürzungen und Sigel

Hinsichtlich der in diesem Abkürzungsverzeichnis nicht enthaltenen *deutschen* Abkürzungen und Sigel wird verwiesen auf:

Kirchner, Abkürzungsverzeichnis der Rechtssprache, Berlin 1957.

Für die bei *englischen* Gerichtsentscheidungen üblichen Abkürzungen wird verwiesen auf:

Sweet & Maxwell's Guide to Law Reports, Statutes and Regnal Years with Abbreviations used in Citing Law Reports, etc. 2. Aufl., London 1948.

Die für *amerikanische* Fallsammlungen üblichen Abkürzungen sind jedem Band des C. J. S. vorangestellt.

ABGB	Allgemeines Bürgerliches Gesetzbuch
A. E. A. 1925	Administration of Estates Act von 1925
AHGB	Allgemeines Handelsgesetzbuch
art.	article
AußStrG	Gesetz über die Rechtsangelegenheiten außer Streitsachen
BGE	Entscheidungen des schweizerischen Bundesgerichtes, amtliche Sammlung
c.	contre
Cass.	Cour de cassation bzw. Corte di Cassazione
Cass. Ch. réunies	Cour de cassation, Chambres réunies
Cass. civ.	Cour de cassation, Chambre civile
Cass. com.	Cour de cassation, Chambre civile, Section commerciale
Cass. req.	Cour de cassation, Chambre de requêtes
C. civ.	Code civil
C. com.	Code de commerce
C. J. S.	Corpus Juris Secundum
Cod. civ.	Codice civile
Cod. proc.	Codice di procedura
D.	Recueil Dalloz de doctrine, de jurisprudence et de législation. Hebdomadaire (Jahr, Teil, Seite) vgl. D. S.
D. H.	Dalloz, Recueil hebdomadaire de jurisprudence (Jahr, Seite)
D. P.	Dalloz, Recueil périodique et critique de jurisprudence, de législation et de doctrine (Jahr, Teil, Seite)
D. S.	Recueils Dalloz et Sirey, Doctrine, Jurisprudence, Législation (Jahr, Abteilung, Seite)
E.	Entscheidung

ed.	edition
EinfVO z HGB	Einführungsverordnung zum Handelsgesetzbuch
EvBl.	Evidenzblatt der Rechtsmittelentscheidungen
EVzHGB	s. EinfVOzHGB
Foro it.	Il Foro italiano
Gaz. Pal.	Gazette du Palais
BGlÖ.	Gesetzblatt für das Land Österreich
Giur. it.	Giurisprudenza italiana e la legge, Rivista universale di giurisprudenza e dottrina
Harvard L. R.	Harvard Law Review
HS.	Handelsrechtliche Entscheidungen (s. im Literaturverzeichnis unter Stanzl-Friedl)
JBl.	Juristische Blätter
J.C.P. (Sem. Jur.)	Juris Classeur périodique, (= La Semaine juridique)
J.O.	Journal Officiel de la République Française, Lois et Décrets
J.soc.	Journal des sociétés
Michigan L. R.	Michigan Law Review
n.	numéro
ÖJZ	Österreichische Juristen-Zeitung
ÖNotZ	Österreichische Notariatszeitung
OGH	österreichischer Oberster Gerichtshof
OR	Obligationenrecht
p.	page
P.A. 1890	Partnership Act von 1890
Rev. gén. dr. com.	Revue générale de Droit Commercial
Rev. soc.	Revue des sociétés
Rev. trim. dr. com.	Revue trimestrielle de Droit Commercial
Riv. dir. comm.	Rivista del diritto commerciale e del diritto generale delle obbligazioni
Riv. trim. dir. proc. civ.	Rivista trimestrale di Diritto e Procedura Civile
S.	Sirey, Recueil Général des Lois et des Arrêts (Jahr, Teil, Seite)
s. a. r. l.	société à responsabilité limité
sec.	section
SJZ	Schweizerische Juristenzeitung
StGBl.	Staatsgesetzblatt
Suppl.	Supplement
SZ.	Entscheidungen des österreichischen Obersten Gerichtshofes in Zivil- und Justizverwaltungssachen, veröffentlicht von seinen Mitgliedern
U.P.A.	Uniform Partnership Act von 1914
U.S.	United States
USA	United States of America
v.	versus
VGH	Verwaltungsgerichtshof

Vol.	Volume
Yale L. J.	Yale Law Journal
ZBJV	Zeitschrift des Bernischen Juristenvereins
ZGB	Zivilgesetzbuch

Vorbemerkung

Das Zusammentreffen von Gesellschaftsrecht und Erbrecht wirft bei den Personenhandelsgesellschaften eine Reihe schwieriger Probleme von nicht nur theoretischem Interesse auf. Es geht insbesondere bei der ökonomisch wichtigsten von ihnen, der offenen Handelsgesellschaft (OHG), um das rechtliche Schicksal oft sehr hoher Vermögenswerte, von denen nicht nur das persönliche Wohlergehen ihrer Träger abhängt. Von diesen Problemen ist besonders die Frage der Nachfolge von Erben in eine Gesellschafterstellung beim Tode eines Gesellschafters seit langem Gegenstand lebhafter Diskussionen in Rechtsprechung und Literatur. Seit dem Urteil des Reichsgerichts vom 17. März 1886[1]) ist in einem ständig wachsenden Schrifttum eine Fülle von Gedanken geäußert worden, und die jüngst[2]) erschienene Habilitationsschrift von WIEDEMANN hat gezeigt, daß noch immer nicht alles zu diesem Thema gesagt ist.

Auf der anderen Seite sollte man erwarten, daß sich nach einer jahrzehntelangen Suche die Konturen einer annehmbaren Antwort ergeben hätten. Bei aller begrüßenswerten Erfindungsgabe muß auch ein offenes Problemdenken gesicherte Lösungen und Interpretationswege anstreben. Indes ist dieser Stand trotz mancher Ansätze dazu im Rahmen des anstehenden Problems noch nicht ganz erreicht. Überblickt man das Schrifttum, so taucht der Verdacht auf, daß daran die Vermeidung nahezu jeglichen Blicks über die nationalen Grenzen hinweg nicht ganz unschuldig ist. Spätestens der – wenn auch vor allem international-privatrechtliche – Beitrag von FERID in der Festschrift für Alfred HUECK[3]) hat die Dringlichkeit einer Horizonterweiterung deutlich gemacht[4]).

Diese ergänzungsbedürftige Lücke auszufüllen, wird in der vorliegenden rechtsvergleichenden Untersuchung angestrebt. Damit ist aber zugleich auch eine Begrenzung angegeben: weder soll um jeden Preis eine neue Lösungsmöglichkeit vorgeschlagen, noch soll einer unkritischen Einheit des Gegensätzlichen das Wort geredet werden. Es wird vielmehr mit den

---

[1]) RGZ 16, 40.

[2]) Im Jahre 1965.

[3]) Aus dem Jahre 1959.

[4]) Die Dissertationen von FABRICIUS und RAMM, die sich mit dem englischen bzw. amerikanischen Recht befassen, mußten nicht nur, weil sie sich vorwiegend auf eine *Darstellung* des ausländischen Rechts beschränkten, ohne Wirkungen bleiben, sondern auch aus sachlichen Gründen, die sich im Laufe der Untersuchungen ergeben werden; die Arbeit von ROKAS, die eine Darstellung des französischen Rechts enthält, ist in wichtigen Punkten ungenau und mißverständlich und zieht ebenfalls nicht eigentlich Konsequenzen für das deutsche Recht.

Möglichkeiten der rechtsvergleichenden Methode der Rahmen abzustecken versucht, in dem eine akzeptable Lösung vernünftigerweise zu suchen ist.

ZWEIGERT hat darauf hingewiesen, daß die Rechtsvergleichung die Auslegung selbst weithin klarer nationaler Normen in einer bestimmten Richtung zu beeinflussen vermag[5]). Dieser Gedanke wird bei dem anstehenden Problem in besonderem Maße zum Tragen kommen. Damit ist aber auch bereits der im Grunde jeder Rechtsvergleichung innewohnende Impuls zur Rechtsvereinheitlichung angesprochen. Denn die Interpretation nationaler Normen von einer rechtsvergleichenden Sicht her ist eine »gleichsam stille Vorbereitung internationaler Rechtsvereinheitlichung«[6]). Dennoch läßt sich dieser Impuls bei der folgenden Untersuchung kaum fruchtbar machen. Man mag zwar der Meinung sein, daß sich die Frage einer Angleichung des Handelsgesellschaftsrechts zumindest im Rahmen der EWG aufdrängt, da es für das »ordnungsmäßige Funktionieren des Gemeinsamen Marktes«[7]) abträglich ist, wenn für die gleichen Gesellschaftstypen verschiedene Bestimmungen gelten[8]). Aber solche Bestrebungen sind auf dem Gebiet der *Personen*handelsgesellschaften bisher ohne Aktualität. Immerhin ist eine *angleichbare* Materie auch zugleich eine *vergleichbare*[9]), so daß der Gegenstand der Arbeit jedenfalls nicht als ein für die rechtsvergleichende Methode ungeeigneter erscheint.

Auch ohne das praktische Ziel der Rechtsangleichung muß der Nutzen einer rechtsvergleichenden Arbeit nicht nur im »Gewinn der reinen Meditation«[10]) bestehen, sondern kann vor allem im besseren Verständnis der eigenen Rechtsnormen liegen. Diese »Kontrollfunktion« der rechtsvergleichenden Methode wird hier im Vordergrund stehen. »Sie kann«, um mit ZWEIGERT zu sprechen, »im Einzelfall dazu führen, daß sich das mit der bisher üblichen Methode erzielte Ergebnis bestätigt. Sie kann aber auch überraschende Fehlerquellen aufdecken und das Spiel von Analogie und argumentum e contrario, die Abwägung der in der Norm zum Ausdruck gekommenen Interessen und ähnliche Erwägungen als verfehlt entlarven«[11]).

---

[5]) Zweigert RabelsZ 15, S. 10.
[6]) Zweigert, Beiträge, S. 256.
[7]) S. Art. 3 (h) des EWG-Vertrages.
[8]) So Strauß, S. 25.
[9]) Vgl. Zweigert RabelsZ 15, S. 11.
[10]) Zweigert, Beiträge, S. 254.
[11]) Zweigert RabelsZ 15, S. 17f.

1. Teil

EINLEITUNG: DER STANDORT DES PROBLEMS

Bevor auf die Rechtslage in den verschiedenen Ländern eingegangen werden kann, müssen einige grundsätzliche Überlegungen vorangestellt werden, die den Hintergrund und damit den Standort des Problems der Nachfolge von Erben in eine Gesellschafterstellung auf Grund einer gesellschaftsvertraglichen Nachfolgeklausel angeben. Es geht dabei um die Folgen, die der Tod eines Gesellschafters für die Gesellschaft haben kann, und um die Frage, in welcher Weise diese Folgen von den Gesellschaftern beeinflußt werden können.

1. Abschnitt

Auswirkungen des Todes eines Gesellschafters auf den Bestand der Gesellschaft nach dem Gesetz

Die grundlegende Aussage über das Wesen einer Gesellschaft ist die, daß sie eine Vereinigung von Personen ist. Während bei den sog. Kapitalgesellschaften das Merkmal hinzukommt, daß die Vereinigung selbst Person, d.h. Rechtssubjekt ist, ist diese Aussage für die sog. Personengesellschaften nicht nur grundlegend, sondern auch hinreichend, um ihr Wesen zu kennzeichnen.

Das ist von Bedeutung für die Abhängigkeit, die zwangsläufig zwischen der Vereinigung und der Existenz der sie konstituierenden Personen bestehen muß. So ergibt sich bereits aus dem Wesen einer Personengesellschaft – und die offene Handelsgesellschaft, auf die sich die folgenden Untersuchungen beziehen, ist eine solche[12]) –, daß der Tod eines Gesellschafters das Gesellschaftsverhältnis berührt. Wo immer Personengesellschaften rechtlich geregelt werden, muß diese Frage Gegenstand der Regelung sein. Für eine solche Regelung ergeben sich drei Möglichkeiten:

1. die Gesellschaft wird durch den Tod eines Gesellschafters aufgelöst,
2. die Gesellschaft wird unter den überlebenden Gesellschaftern fortgesetzt,
3. beim Tode eines Gesellschafters treten der oder die Erben an seine Stelle in der Gesellschaft.

Der Grundsatz der Auflösung der Gesellschaft ist im römischen Recht

---

[12]) Hueck, OHG § 3, S. 20ff.; Weipert RGRK Anm. 7 zu § 103 HGB.

streng durchgeführt worden[13]). Der Grund für diese Regelung wurde darin gesehen, daß jeder Gesellschafter sich nur bestimmte Personen aussucht, um eine Gesellschaft zu gründen[14]). Das Vertrauen zu den Mitgesellschaftern, der »intuitus personae«, wurde als Beweggrund des Zusammenschlusses betont. Dieses Vertrauensverhältnis wird zwar durch den Tod eines Gesellschafters zunächst einmal bloß auf die überlebenden Gesellschafter eingeschränkt, aber darüber hinaus ist es möglich, daß es selbst unter ihnen nun nicht mehr besteht, weil das persönliche Kräfteverhältnis verändert worden sein kann. Diese Möglichkeit genügte offenbar den römischen Juristen, um den Fortbestand der Gesellschaft auch nur unter den überlebenden Gesellschaftern abzulehnen und in *jedem* Fall beim Tod eines Gesellschafters Auflösung eintreten zu lassen[15]). Dem folgen noch heute die meisten Rechte.

Andererseits gibt es aber auch Rechtsordnungen, die nicht die Auflösung der Gesellschaft, sondern ihre Fortsetzung unter den überlebenden Gesellschaftern als Grundsatz statuieren. Das wird vor allem für das italienische Recht angenommen[16]). Diese Lösung orientiert sich also an der wesentlich wirklichkeitsnäheren tatsächlichen Vermutung, daß der consensus unter den überlebenden Gesellschaftern durch den Tod eines Mitgesellschafters nicht angetastet wird, sondern fortbesteht. Es wird in der Tat ein Ausnahmefall sein, daß das Vertrauensverhältnis unter den überlebenden Gesellschaftern abhängig ist von der Person des Verstorbenen.

Es zeigt sich also, daß die Grundlage der Gesellschaft, das Vertrauensverhältnis, keineswegs verlangt, daß der Tod eines Gesellschafters den Zusammenschluß auflöst. Allerdings bedeutet die Anordnung der Fortsetzung unter den überlebenden Gesellschaftern bereits eine gewisse Verselbständigung der Gesellschaft gegenüber den Gesellschaftern und tendiert damit zu einer mehr sozialrechtlichen Auffassung. Für eine individualrechtliche Ausgestaltung des Rechts der Personenvereinigungen, wie sie gerade für das römische Recht besonders typisch ist[17]), ist es dagegen konsequent, die Gesellschaft aufzulösen.

Die dritte Möglichkeit: die Fortsetzung der Gesellschaft mit den Erben des verstorbenen Gesellschafters, ist in keiner der hier in Betracht gezogenen Rechtsordnungen statuiert[18]). Sie kollidiert in einem bestimmten Sinne mit dem Wesen der Gesellschaft wie es gemeinhin verstanden wird. Ist ein entscheidendes Element des Zusammenschlusses das gegenseitige Vertrauen der Gesellschafter, so wird damit deutlich, daß jede Personengesellschaft grundsätzlich »geschlossen« ist, d.h. das einem Mitgesellschafter entgegengebrachte Vertrauen bezieht sich nur auf seine Person und ist

---

[13]) Ulpian Dig. 17. 2. 63. 10 und Modestinus Dig. 17. 2. 4. 1; Gai III, Inst. 152; vgl. Kaser I, S. 479 und Studienbuch S. 173.

[14]) Justinian Inst. 3, 25, 5.

[15]) Paulus Dig. 17. 2. 65. 9.

[16]) Brunetti, S. 398 unter Nr. 210; vgl. im einzelnen im Länderbericht Italien.

[17]) J. v. Gierke a.a.O., S. 94; vgl. auch Max Weber a.a.O., S. 313 ff.

[18]) Anders nur in Österreich hinsichtlich der bürgerlichrechtlichen »Erwerbsgesellschaft«.

naturgemäß grundsätzlich unübertragbar. Würde der Gesetzgeber an die Stelle eines verstorbenen Gesellschafters dessen Erben treten lassen, so würden den überlebenden Gesellschaftern neue Gesellschafter aufgedrängt, und es würden Vertrauensverhältnisse schlichtweg dekretiert. Das aber wäre ein Widerspruch in sich.

Auf der anderen Seite darf man sich nicht darüber täuschen, daß auch dieser Standpunkt insofern relativ ist, als er auf einer individualrechtlichen Auffassung beruht, die allerdings den meisten modernen Rechtsordnungen zugrunde liegt. Dafür, daß man von einer entgegengesetzten Position aus auch zu einem anderen Ergebnis kommen kann, gibt das sozialrechtlich ausgestaltete frühere deutsche Recht ein Beispiel[19]). So hat das preußische ALR von 1794 die extreme Stellung bezogen, daß bei Gesellschaften »durch den Tod eines Gesellschafters in den Verhältnissen derselben nichts geändert« werde[20]). »Vielmehr treten die Erben ... lediglich an die Stelle des Erblassers«[21]). Bei Gesellschaften, die wir heute als Handelsgesellschaften bezeichnen würden, gestand man allerdings sowohl den Erben als auch den Gesellschaftern ein Recht zum »Rücktritt« vom Gesellschaftsvertrag zu[22]).

Auch in Deutschland hat sich dann aber der individualrechtliche Standpunkt durchgesetzt[23]), so daß als aktuelle gesetzliche Lösungen nurmehr die beiden ersten Möglichkeiten anzutreffen sind: Auflösung der Gesellschaft durch den Tod eines Gesellschafters oder – in Italien – Fortsetzung unter den überlebenden Gesellschaftern.

2. Abschnitt

Möglichkeiten gesellschaftsvertraglicher Regelung des Schicksals der Gesellschaft beim Tod eines Gesellschafters

Im Bereich des Gesellschaftsrechts haben heute vertragliche Regelungen eine erheblich größere Bedeutung als gesetzliche Normen. Das gilt auch für die Frage, welche Auswirkungen der Tod eines Gesellschafters auf den Bestand der Gesellschaft haben soll. Voraussetzung ist dabei allerdings, daß die entsprechenden Normen dispositiv sind. Die Grenzen der Privatautonomie werden in den verschiedenen Rechtsordnungen unterschiedlich gezogen.

Das klassische römische Recht war in dieser Hinsicht sehr rigoros. Vertragliche Vereinbarungen, wonach der Tod eines Gesellschafters die Gesellschaft nicht auflösen, sondern vielmehr Fortsetzung stattfinden sollte – sei es unter den überlebenden Gesellschaftern, sei es mit den Erben des Verstorbenen – waren unwirksam[24]).

---

[19]) J.v.Gierke a.a.O., S. 94.
[20]) § 278 I 17 ALR.
[21]) § 279 I 17 ALR.
[22]) § 281 I 17 ALR; vgl. auch § 661 II 8 ALR.
[23]) Vgl. Motive II, S. 622ff.
[24]) Kaser I, S. 480 insbes. Fußn. 28; vgl. Ulpian Dig. 17. 2. 35 und 17. 2. 58, 2 sowie

Erst unter Justinian wurde es zugelassen, daß man im voraus vereinbarte, die Gesellschaft – *nach* (!) Auflösung durch den Tod eines Gesellschafters – unter den überlebenden Gesellschaftern fortzusetzen[25]), – eine aus heutiger Sicht noch unwesentliche Lockerung. Es gibt aber auch heute noch Rechtsordnungen, die sich bei der Grenzziehung zwischen ius strictum und Parteiautonomie nicht erheblich anders verhalten als das römische Recht. Diese Grenze in den verschiedenen Rechtsordnungen zu verfolgen, wird u.a. Gegenstand der folgenden Untersuchungen sein.

Inhaltlich lassen sich die Möglichkeiten gesellschaftsvertraglicher Regelung auf folgende vier reduzieren:

1. Vereinbarung der Auflösung der Gesellschaft, sofern das Gesetz Fortsetzung unter den überlebenden Gesellschaftern vorsieht,
2. Vereinbarung der Fortsetzung unter den überlebenden Gesellschaftern, sofern das Gesetz Auflösung vorsieht,
3. Vereinbarung der Fortsetzung der Gesellschaft mit dem oder den Erben,
4. Vereinbarung der Fortsetzung mit einem oder mehreren Nichterben.

Da diese Möglichkeiten den Hintergrund der weiteren Erörterungen bilden, sollen sie kurz skizziert werden.

A. Vereinbarung der Auflösung der Gesellschaft, sofern das Gesetz Fortsetzung unter den überlebenden Gesellschaftern vorsieht

Die erste Alternative kommt für Italien in Betracht. Art. 2284 Codice civile statuiert den Grundsatz der Fortsetzung der Gesellschaft unter den überlebenden Gesellschaftern. Es ist aber den Parteien überlassen zu vereinbaren, daß die Gesellschaft durch den Tod eines Gesellschafters aufgelöst werden soll[26]).

B. Vereinbarung der Fortsetzung der Gesellschaft unter den überlebenden Gesellschaftern, sofern das Gesetz Auflösung vorsieht

In Deutschland und in allen übrigen Rechtsordnungen, die hier in die Betrachtung einbezogen werden und die den Grundsatz der Auflösung der Gesellschaft beim Tod eines Gesellschafters enthalten, ist die Abbedingung der Auflösungswirkung durch Vereinbarung der Gesellschafter möglich, indem sie die Fortsetzung unter den überlebenden Gesellschaftern beschließen[27]). Nur im amerikanischen Recht bestehen erhebliche Zweifel, ob

---

Pomponius Dig. 17. 2. 59 pr.; Paulus Dig. 17. 2. 65. 9 und Justinian Inst. 3. 25. 5 gelten als interpoliert (Kaser a.a.O.). Nur für eine im öffentlichen Interesse gebildete societas vectigatium war die Vererblichkeitsklausel wirksam: Dig. 17. 2. 59 pr. (Sabinus).

25) Kaser II, S. 299; Studienbuch S. 173; nur insoweit hat das Reichsgericht recht, wenn es die Wirksamkeit einer Fortsetzungsabrede im römischen Recht annimmt: RGZ 16, S. 40ff. (45); vgl. J.v.Gierke a.a.O., S. 94 Anm. 1.

26) Brunetti, S. 396 unter Ziff. 2.

27) Vgl. im deutschen Recht § 138 HGB.

durch eine solche Vertragsklausel wirklich die Auflösung der Gesellschaft vermieden werden kann.

Der Ausschluß der Auflösung kann im übrigen mit oder ohne Ausschluß eines etwa bestehenden Abfindungsanspruchs der Erben erfolgen. Daß ein solcher Anspruch gewährt wird, ist allen Rechtsordnungen gemeinsam. Sein Ausschluß ist aber an verschiedene positive und negative Voraussetzungen geknüpft[28]).

C. Vereinbarung der Fortsetzung mit dem oder den Erben – Abgrenzung von Eintrittsklauseln und Nachfolgeklauseln

Sowohl wenn das Gesetz beim Tode eines Gesellschafters die Fortsetzung unter den überlebenden Gesellschaftern vorsieht, als auch wenn es die Auflösung der Gesellschaft anordnet, ist außer der jeweils »entgegengesetzten« Möglichkeit auch denkbar, daß die Fortsetzung der Gesellschaft mit den Erben des verstorbenen Gesellschafters im Gesellschaftsvertrag vereinbart wird. Diese Möglichkeit kann nach heutiger Auffassung nicht Gegenstand einer gesetzlichen Regelung sein, die im Grundsatz das Schicksal einer Gesellschaft beim Tode eines Gesellschafters bestimmen soll. Sie kann aber durchaus im Rahmen der Parteiautonomie Gegenstand einer gesellschaftsvertraglichen Vereinbarung sein.

Solche Fortsetzungsklauseln, die den oder die Erben an die Stelle des früheren Gesellschafters treten lassen, haben jedoch keine einheitliche Wirkung. Die »Fortsetzung mit den Erben« ist auf zweierlei Weise denkbar: sie kann einmal bedeuten, daß beim Tode eines Gesellschafters dessen Erben in die Gesellschaft *eintreten* sollen. Es ist aber auch möglich, daß die Erben die Gesellschafterstellung ihres Erblassers als Nachlaßgegenstand *übernehmen* sollen. Im ersten Fall würde eine neue Gesellschafterstellung für den einzelnen Erben begründet, im zweiten Fall würde Rechtsnachfolge stattfinden. Diese beiden Möglichkeiten der Fortsetzung der Gesellschaft durch die überlebenden Gesellschafter mit den Erben des verstorbenen Gesellschafters werden heute – seit SIEBERT[29]) – mit den beiden Begriffen »Eintrittsklausel« und »Nachfolgeklausel« bezeichnet.

I. Die Eintrittsklausel

Die Eintrittsklausel gibt dem Begünstigten das Recht, nach dem Tode des Gesellschafters in die Gesellschaft einzutreten. Die Entscheidung darüber steht in seinem Ermessen. Da es einen Vertrag zu Lasten Dritter nicht gibt, kann die gesellschaftsvertragliche Eintrittsklausel ihn nicht zum Eintritt verpflichten.

---

[28]) Ferid a.a.O., S. 365ff.

[29]) Siebert, Vortrag, S. 12 und 16; vgl. Wiedemann, S. 162f.

Andererseits begründet eine solche Klausel für die überlebenden Gesellschafter die Pflicht, den Begünstigten auf sein Verlangen hin in die unter ihnen fortbestehende Gesellschaft aufzunehmen. Der Konstruktion nach handelt es sich um einen Vertrag zugunsten Dritter. Der Kreis der Begünstigten wird in diesem Fall nicht durch das Erfordernis der Erbeneigenschaft eingeschränkt. Da es für diese Alternative nicht um erbrechtliche Rechtsnachfolge geht, kann jeder beliebige mit einem Eintrittsrecht bedacht werden. Aus praktischen Gründen handelt es sich allerdings in der Regel dennoch um Erben.

1. Mitgliedschaftsrechtliche Bedeutung der Eintrittsklausel

Da im Falle der Eintrittsklausel der Eintrittsberechtigte durch Neueintritt Gesellschafter wird und nicht etwa die Gesellschafterstellung des verstorbenen Gesellschafters übernimmt, muß die Mitgliedschaft[30]) mit dem Tode des Gesellschafters aufgelöst werden, d.h. erlöschen. Die Fortsetzung der Gesellschaft erfolgt also durch Begründung einer neuen Mitgliedschaft. Dieser Eintritt hat gegenüber der jederzeit möglichen Neuaufnahme eines beliebigen Dritten in die Gesellschaft nur die Besonderheit, daß sich die überlebenden Gesellschafter im Gesellschaftsvertrag verpflichtet haben, mit dem Eintrittsberechtigten einen Aufnahmevertrag abzuschließen. Genau genommen ist also in diesem Fall die Mitgliedschaft gar nicht Gegenstand der gesellschaftsvertraglichen Fortsetzungsvereinbarung. Nicht die Mitgliedschaft wird dem Begünstigten zugewendet, sondern das Recht, Mitglied zu *werden.*

2. Vermögensrechtliche Bedeutung der Eintrittsklausel

Da die Mitgliedschaft des verstorbenen Gesellschafters erlischt, wird auch der Kapitalanteil aufgelöst, d.h. es entsteht der Abschichtungsanspruch zugunsten der Erben. Neben der Begründung einer Eintrittsberechtigung für eine bestimmte oder bestimmbare Person ist er der eigentliche Gegenstand der Eintrittsklausel. In der Regel beabsichtigen die Gesellschafter mit einer solchen Vereinbarung, daß das Gesellschaftsvermögen erhalten bleibt und nicht durch Abfindung der Erben vermindert wird. Das kann aber nur auf zweierlei Weisen erreicht werden:

1) Der Kapitalanteil kann der Gesellschaft dadurch erhalten bleiben, daß der Eintretende den Abschichtungsanspruch in die Gesellschaft einbringt, der dann in einen Kapitalanteil zurückverwandelt wird.

Das setzt aber Identität von Eintrittsberechtigtem und Gläubiger des Abschichtungsanspruchs voraus. Diese Identität läßt sich einmal von der erbrechtlichen Seite her dadurch erreichen, daß man den Eintrittsberech-

---

[30]) Die Ausdrücke Mitgliedschaft, Gesellschaftsanteil, Gesellschafterstellung, Teilhaberschaft werden synonym gebraucht, vgl. Rokas, S. 22 Fußn. 28.

tigten zum Erben einsetzt oder zum Vermächtnisnehmer macht. Zum anderen ist es naheliegend, im Gesellschaftsvertrag den Erben zum Eintrittsberechtigten zu machen.

Sind mehrere Erben vorhanden und »die Erben« eintrittsberechtigt, so kann nicht die Miterbengemeinschaft als solche eintreten, da sie keine Rechtspersönlichkeit besitzt. Die Erben müssen sich auseinandersetzen und dann mit ihrer Quote am Abschichtungsanspruch unter Umwandlung desselben in einen Kapitalanteil in die Gesellschaft eintreten. Ist nur einer von mehreren Erben eintrittsberechtigt (qualifizierte Eintrittsklausel), so muß auch er die Auseinandersetzung abwarten, da er vorher nicht Gläubiger eines Anspruchs ist, und kann dann mit seiner Quote in die Gesellschaft eintreten. Die volle Erhaltung des Kapitalanteils des verstorbenen Gesellschafters ist in diesem Fall nicht möglich, da gewissermaßen nur eine teilweise Identität zwischen Eintrittsberechtigtem und Inhaber des Abschichtungsanspruchs besteht, es sei denn, die übrigen Miterben werden mit einem Vermächtnis[31]) belastet. Diese Möglichkeit der Rückwandlung des Abschichtungsanspruchs birgt aber eine erhebliche Unsicherheit in sich: der oder die Erben können den Eintritt in die Gesellschaft ablehnen; darin sind sie frei[32]), es sei denn ihnen wird der Eintritt zur Auflage gemacht. Treten die Erben aber nicht ein, so können sie die Auszahlung des Abschichtungsguthabens verlangen. Damit würde der Zweck der Eintrittsklausel nicht erreicht.

2) Als zweite Möglichkeit, den Kapitalanteil für die Gesellschaft zu erhalten, wird deshalb der Ausschluß des Abschichtungsanspruchs bevorzugt. Dies bedeutet, daß der Kapitalanteil des verstorbenen Gesellschafters den überlebenden Gesellschaftern anwächst und nicht den Erben ausgezahlt wird.

Ganz überwiegend wird heute die Wirksamkeit eines solchen Ausschlusses bejaht[33]). Bei der Begründung ergeben sich aber manche Schwierigkeiten. Da im Ergebnis der Vermögenswert des Kapitalanteils nicht bei den überlebenden Gesellschaftern bleiben, sondern der Kapitalanteil des Eintretenden werden soll, muß auch erklärt werden, wie dieser den Anteil erhält. In seiner Eigenschaft als Erbe kann er ihn nicht erhalten, es bleibt nur ein rechtsgeschäftlicher Weg.

Eine in den Ausschluß des Abschichtungsanspruchs hineininterpretierte aufschiebend bedingte Schenkung zugunsten des Eintrittsberechtigten scheitert an § 2301 BGB[34]). Teilweise will man im Ausschluß eine Zuwendung an die Gesellschafter sehen, denen der Vermögenswert als Treuhänder des Erblassers anwächst, die dann aber gleichzeitig verpflichtet sein sollen, den Kapitalanteil dem Eintrittsberechtigten nach Ausübung des Eintrittsrechts wieder zuzuweisen. Auch eine solche Zuwendung würde aber unter dem Gesichtspunkt des § 2301 BGB zu prüfen sein[35]).

---

31) Möglich auch Vorausvermächtnis oder Teilungsanordnung.
32) Entgegen J. v. Gierke a. a. O., S. 306, Fußn. 26.
33) Wiedemann, S. 167ff.; BGHZ 22, S. 186ff. (194); Hueck, OHG § 28 II 2 c, S. 301.
34) Siebert, Vortrag, S. 15f.
35) Vgl. Wiedemann, S. 176ff. (185ff.).

3. Nachteile der Eintrittsklausel

Die durch eine Eintrittsklausel vereinbarte Fortsetzung der Gesellschaft auf dem Umweg über die Auflösung des Mitgliedschaftsrechts und den Neueintritt des Eintrittsberechtigten hat den nicht aufzuwiegenden Nachteil der Unsicherheit. Einerseits haben die überlebenden Gesellschafter keinerlei Gewißheit, ob der Eintrittsberechtigte zum Eintritt bereit ist und ob sie nicht womöglich doch das Abschichtungsguthaben an die Erben auszahlen müssen. Andererseits ist der Eintrittsberechtigte darauf angewiesen, sich u.U. den Kapitalanteil erst durch Vermittlung der überlebenden Gesellschafter zuwenden zu lassen. Solche Unsicherheiten sind häufig Ursache für Streitigkeiten.

II. Die Nachfolgeklausel

Die Nachfolgeklausel hat den Sinn, den Gesellschaftsanteil ohne Übertragungsakt oder Eintrittserklärung auf den oder die Nachfolger übergehen zu lassen, wenn ein Gesellschafter stirbt, und zwar im Wege der Rechtsnachfolge kraft Erbgangs[36]).

1. Mitgliedschaftsrechtliche Bedeutung der Nachfolgeklausel

Obwohl ein Gesellschafter stirbt, soll im Falle der Nachfolgeklausel die Mitgliedschaft nicht aufgelöst werden, sondern unter Wahrung der Identität auf den oder die Erben übergehen. Obwohl eine Gesellschaft auf dem »intuitus personae« beruht, also auch von dem besonderen Vertrauen der Mitgesellschafter gegenüber der Person des Erblassers abhängt, soll die Nachfolgeklausel die Gesellschafterstellung dem Erbrecht unterstellen, das die Aufgabe hat, Rechtsbeziehungen von der Person des Erblassers gerade unabhängig zu machen. Hier ist in der Tat die Mitgliedschaft Gegenstand des Rechtsgeschäfts.

Das römische Recht anerkannte diese Form der Fortsetzungsvereinbarung zu keiner Zeit[37]). Der römisch-rechtliche Grundsatz der Unvererblichkeit der Gesellschaftsrechte wurde erst vom usus modernus dahin eingeschränkt, daß er auf Kaufleute keine Anwendung zu finden habe, eine entsprechende Klausel sei verbindlich[38]). Zum römischen Recht stand das deutsche Recht in krassem Gegensatz, das teilweise die Vererbung der Gesellschafterstellung sogar gesetzlich statuierte[39]). In den modernen Rechtsordnungen ist die Situation sehr unterschiedlich.

---

[36]) Man kann allerdings die Nachfolgeklausel auch als Rechtsgeschäft unter Lebenden auffassen (Siebert, Vortrag, S. 17ff.); vgl. dazu weiter unten.

[37]) Paulus Dig. 17. 2. 65. 9 und Justinian Inst. 3. 25. 5 gelten insoweit als interpoliert (s. Kaser I, S. 480 Fußn. 28).

[38]) Klang-Wahle Anm. 1 zu § 1208 ABGB.

[39]) § 279 I 17 ALR (s.o.S. 5).

2. Vermögensrechtliche Bedeutung der Nachfolgeklausel

Da die Mitgliedschaft nicht erlischt, entsteht auch kein Abschichtungsanspruch. Der Gesellschaftsanteil bleibt wie er war, er bleibt auch auf der Seite des Kapitalanteils erhalten. Das ist von erheblicher Bedeutung für die Gesellschaft, denn dies ist letztlich das Ziel jeder Fortsetzungsvereinbarung. Weil die Nachfolgeklausel die Fortsetzung auf erbrechtlichem Wege anstrebt, hat sie auch den Vorteil größerer Sicherheit gegenüber einer Eintrittsklausel. Während das Eintrittsrecht völlig frei angenommen oder abgelehnt werden kann, kann der nachfolgeberechtigte Erbe nur zwischen Annahme und Ablehnung der ganzen Erbschaft wählen. Die Aussicht der überlebenden Gesellschafter darauf, daß der Nachfolger die Gesellschaft mit ihnen fortsetzt, ist also in diesem Fall erheblich größer als bei einem Eintrittsberechtigten. Andererseits hat es auch der Nachfolger einfacher, sich den Gesellschaftsanteil zu verschaffen: es genügt die Annahme der Erbschaft. Wegen dieser Vorteile wird die Nachfolgeklausel der Eintrittsklausel gegenüber bevorzugt, und sie kann nicht schon deshalb im konkreten Fall abgelehnt werden, weil im Gesellschaftsvertrag von dem »Eintritt« eines Nachfolgers gesprochen wird[40]). Auf der anderen Seite ergeben sich bei der Nachfolgeklausel mancherlei Schwierigkeiten aus der Kollision von Gesellschaftsrecht und Erbrecht.

D. Vereinbarung der Fortsetzung der Gesellschaft mit einem Nachfolger, der nicht Erbe ist

Eine Fortsetzungsvereinbarung, die die Fortsetzung der Gesellschaft mit einem Nichterben zum Ziel hat, kann – wie sich aus den bisherigen Erörterungen ergibt – nicht den Charakter einer Nachfolgeklausel haben. Die Nachfolge kraft Erbgangs ist allen Nichterben zwangsläufig verschlossen. In diesem Fall kann es sich also nur um eine Eintrittsklausel handeln.

Von besonderer Bedeutung ist bei einer solchen Vereinbarung die Regelung der vermögensrechtlichen Seite. Wollen die Gesellschafter – wie regelmäßig – den Vermögenswert des Gesellschaftsanteils der Gesellschaft erhalten, so bedarf es außer der Begründung eines Eintrittsrechts noch einer entsprechenden Verfügung, da der Kapitalanteil ja ebenfalls nicht – in Form des Abschichtungsanspruchs – auf den Nachfolger übergehen kann, wenn er nicht Erbe ist.

Ebenso wie wenn einem oder mehreren Erben ein Eintrittsrecht zugewendet wird, bestehen auch hier zwei Möglichkeiten: entweder wird der Abschichtungsanspruch auf irgendeine Weise dem Eintrittsberechtigten zugewendet und er bringt diesen dann in die Gesellschaft ein, oder der Abschichtungsanspruch wird überhaupt ausgeschlossen.

Um den eintrittsberechtigten Nichterben zum Inhaber des Abschichtungs-

[40]) Wiedemann, S. 164.

anspruchs zu machen, besteht einmal vom Erbrecht her die Möglichkeit, die Erben mit dem Vermächtnis zu beschweren, diesen Anspruch an den Nachfolgeberechtigten abzutreten. Dasselbe läßt sich auch durch eine Auflage erreichen. – Vom Gesellschaftsvertrag her besteht zunächst einmal *nicht* die Möglichkeit, die Erben zu verpflichten, den Abschichtungsanspruch einem Dritten zuzuwenden. Der Erblasser kann im Gesellschaftsvertrag keine Verpflichtungen ausschließlich zu Lasten der Erben begründen, die in seiner Person gar nicht mehr entstehen, sondern sich nur gegen seine Rechtsnachfolger richten können[41]). Eine aufschiebend bedingte Schenkung scheitert an § 2301 BGB[42]). Dagegen ist denkbar, daß die Gesellschafter versprechen, den Abschichtungsanspruch nicht dem Erben zu schulden, sondern dem Eintrittsberechtigten. Der Anspruch ändert dann auf Grund dieses Vertrages zugunsten Dritter (gem. §§ 328, 331 BGB) für den Erbfall seine Leistungsrichtung. Ferner ist denkbar, daß die überlebenden Gesellschafter entweder als ermächtigt oder bevollmächtigt anzusehen sind, den Anspruch des Erblassers nach dessen Tod an den Eintrittsberechtigten abzutreten oder eine entsprechende Willenserklärung als Boten weiterzuleiten (Vollmacht, Ermächtigung und Auftrag überdauern den Tod)[43]).

Ist dagegen der Abschichtungsanspruch ausgeschlossen, so findet wiederum Anwachsung zugunsten der überlebenden Gesellschafter statt, die ihrerseits wieder als Treuhänder des Erblassers den Vermögenswert an den Eintrittsberechtigten weitergeben (vgl. S. 9).

3. Abschnitt

Gegenstand der Untersuchung

Die Untersuchungen dieser Arbeit betreffen die *Nachfolgeklausel*. Aus der oben vorgenommenen Skizzierung der Fortsetzungsmöglichkeiten ist deutlich geworden, daß sie an Bedeutung die Eintrittsklausel übertrifft. Sie ist meist die interessengemäßere Fortsetzungsmöglichkeit[44]). Es ist weiter deutlich geworden, daß es sich bei ihr um Fortsetzung durch *Rechtsnachfolge* handelt. Daraus ergibt sich zwangsläufig das Erfordernis der Kongruenz erbrechtlicher und gesellschaftsrechtlicher Regelungen. Aber gerade dieses Zusammenspiel von Erbrecht und Gesellschaftsrecht ist Ursache besonderer Schwierigkeiten. Einerseits ist das Erbrecht von gewissen Zwangsläufigkeiten beherrscht, denen das Gesellschaftsrecht entsprechen muß, wenn eine Nachfolgeklausel zum Ziel führen soll. Auf der anderen Seite stehen bestimmte erbrechtliche Regelungen im Rahmen des Gesellschaftsrechts zu

---

41) Wiedemann, S. 175.
42) Siebert, Vortrag, S. 15f.
43) Wiedemann, S. 175.
44) So auch Wiesmann, S. 37ff.

wirtschaftlichen Überlegungen in krassem Widerspruch. Diese Kollision ist seit langer Zeit Gegenstand eingehender Erörterungen[45]).

In den folgenden Untersuchungen soll geprüft werden, inwieweit ausländische Rechtsordnungen vor ähnlichen Problemen stehen und ob deren Lösungen für die Diskussion im deutschen Recht fruchtbar gemacht werden können.

---

[45]) Vgl. die umfangreichen Literaturnachweise bei Wiedemann, S. 151ff. und Hueck, OHG § 28, S. 293 Fußn. 1.

2. Teil

LÄNDERBERICHTE

1. Abschnitt

Deutscher Rechtskreis

A. Deutschland

I. Begriff und Wesensmerkmale der offenen Handelsgesellschaft

Die offene Handelsgesellschaft (OHG) ist eine Personengesellschaft[46]), genauer: eine Abart der bürgerlichrechtlichen Gesellschaft i. S. d. § 705 BGB[47]). Sie ist also ein vertraglicher Zusammenschluß von Personen zur Erreichung eines gemeinsamen Zwecks. Eine Gesellschaft ist dann OHG, wenn dieser Zweck im Betrieb eines Handelsgewerbes[48]) unter gemeinsamer Firma besteht und wenn bei keinem der Gesellschafter die Haftung gegenüber den Gesellschaftsgläubigern beschränkt ist (§ 105 I HGB). Es besteht ferner ein Gesellschaftsvermögen, das gesamthänderisch gebunden ist (§ 105 II HGB i. V. m. §§ 718, 719 BGB).

Die wesentlichen Merkmale der OHG, an die auch der Vergleich mit ausländischen Rechtsordnungen anzuknüpfen hat, sind demnach:

1. Personenmehrheit,
2. vertraglicher Zusammenschluß,
3. gemeinsamer Zweck: Betrieb eines Handelsgewerbes; das bedeutet wiederum:
   a. Dauerverhältnis,
   b. Absicht der Gewinnerzielung,
4. gesamthänderische Bindung des Gesellschaftsvermögens,
5. unbeschränkte Haftung der Gesellschafter,
6. gemeinsame Firma,
7. ferner: Geschäftsführungsbefugnis und Vertretungsrecht grundsätzlich für alle Gesellschafter (§§ 114, 125 HGB).

---

[46]) Hueck, OHG § 3 I, S. 20.

[47]) Die Diskussion um ihre Qualität als juristische Person kann als abgeschlossen angesehen werden, vgl. Weipert RGRK zu § 105 HGB; Hueck, OHG § 3 IV, S. 23; vgl. neuerdings Kämmerer, Die Rechtsnatur der offenen Handelsgesellschaft, NJW 1966, 801 ff.

[48]) Der Begriff des Handelsgewerbes ergibt sich aus §§ 1–3 HGB.

II. Auflösung der offenen Handelsgesellschaft durch den Tod eines Gesellschafters nach dem Gesetz

Die OHG wird im deutschen Recht durch den Tod eines Gesellschafters grundsätzlich aufgelöst gem. § 131 Ziff. 4 HGB, »weil die offene Handelsgesellschaft als ausgesprochene Personengesellschaft auf dem Grundsatz der persönlichen Zusammenarbeit und des persönlichen Vertrauens der Gesellschafter beruht«[49]). Hinsichtlich des Gesellschaftsvermögens setzen sich die Gesellschafter dann durch Liquidation auseinander, wobei an die Stelle des verstorbenen Gesellschafters dessen Erben treten (§§ 145, 146 HGB)[50]). Sie werden Gesellschafter der Liquidationsgesellschaft, allerdings in ihrer Verbundenheit als Erbengemeinschaft. Sie haben einen gemeinsamen Vertreter zu bestellen (§ 146 I 2 HGB)[51]).

III. Fortsetzung der Gesellschaft durch Vererbung der Mitgliedschaft auf Grund einer gesellschaftsvertraglichen Nachfolgeklausel

1. Abdingbarkeit der gesetzlichen Regelung im Sinne einer Nachfolgeklausel

a) § 131 Ziff. 4 HGB

Dem gesetzlichen Grundsatz der Auflösung der Gesellschaft durch den Tod eines Gesellschafters steht sehr häufig das Interesse der Gesellschafter gegenüber, die Gesellschaft und damit das Unternehmen als Wirtschaftseinheit und Vermögenswert zu erhalten. Dem hat der Gesetzgeber dadurch Rechnung getragen, daß er gem. § 131 Ziff. 4 HGB die Auflösung nur dann eintreten läßt, wenn »nicht aus dem Gesellschaftsvertrage sich ein anderes ergibt«[52]). Es ist also der Parteiautonomie überlassen, die Fortsetzung der Gesellschaft zu vereinbaren. Das hat geradezu zur Umkehrung des gesetzlichen Regel-Ausnahme-Verhältnisses geführt, die mit dem Wandel der sozialen und ökonomischen Verhältnisse der OHG zu erklären ist[53]). Im Rahmen der vorliegenden Untersuchung geht es um die Frage, inwieweit die Abdingbarkeit im Sinne einer Nachfolgeklausel zulässig ist und zum gewünschten Erfolg führen kann, d.h. ob eine unmittelbare Nachfolge des oder der Erben in die Gesellschafterstellung möglich ist.

---

49) Weipert RGRK Anm. 26 zu § 131 HGB.
50) Dabei handelt es sich nicht um eine echte Fortsetzung der Mitgliedschaft! S. Siebert, Vortrag, S. 9.
51) Schlegelberger-Geßler Rdnr. 3 zu § 146 HGB.
52) So ausdrücklich § 131 Ziff. 4 HGB.
53) Vgl. Wiesmann, S. 23ff. und 32ff.

b) Die Nachfolgeklausel als Rechtsgeschäft unter Lebenden

Von vornherein ist die Interpretation der Nachfolgeklausel als Rechtsgeschäft unter Lebenden auszuschalten. Sie spielt im deutschen Recht praktisch keine Rolle:

Es könnte sich einmal um einen *verfügenden Vertrag zugunsten Dritter* handeln[54]). Abgesehen davon, daß sich schon konstruktive Bedenken ergeben[55]), und daß die Anerkennung eines solchen Vertrages im deutschen Recht höchst umstritten ist, würde er im vorliegenden Fall zugleich einen unzulässigen Vertrag zu Lasten Dritter enthalten, da ein Gesellschaftsanteil auch Pflichten umfaßt[56]).

Man könnte die Nachfolgeklausel aber auch als eine durch den Tod des Gesellschafters *aufschiebend bedingte Übertragung* des Gesellschaftsanteils deuten[57]). Dann würde die gesellschaftsvertragliche Vereinbarung zugleich ein Angebot an den Nachfolgeberechtigten enthalten. Dieses Angebot müßte der Nachfolger noch zu Lebzeiten des verfügenden Gesellschafters rechtswirksam annehmen. Der Nachfolger müßte also bereits bestimmt sein. Die eigentliche »crux« eines solchen Verfügungsvertrages zwischen Gesellschafter und Nachfolger liegt aber in § 2301 BGB. Unentgeltliche Zuwendungen, die unter der Bedingung erfolgen, daß der Beschenkte den Schenker überlebt, unterfallen nach deutschem Recht den erbrechtlichen Formvorschriften, wenn sie nicht zu Lebzeiten des Verfügenden »vollzogen« sind. Da die gesellschaftsvertragliche Nachfolgeklausel aber regelmäßig nicht den erbrechtlichen Formerfordernissen entspricht, entscheidet der »Vollzug« der Verfügung über ihre Wirksamkeit. Wann die Übertragung eines Gegenstandes im Sinne des § 2301 BGB vollzogen ist, ist eine der schwierigsten Fragen des deutschen Zivilrechts[58]). Ob eine durch den Tod des Schenkers aufschiebend bedingte Verfügung noch als Vollzug zu Lebzeiten angesehen werden kann, wird von den Vertretern einer subjektiven und denen einer objektiven Theorie verschieden abgegrenzt. Verlangen diese ein objektives Vermögensopfer, mindestens eine unwiderrufliche Verfügungserklärung, so wollen jene die subjektive Überzeugung des Verfügenden genügen lassen, die Zuwendung sei endgültig[59]). Wie dem auch sei, bei einer Nachfolgeklausel im Gesellschaftsvertrag wird dem Gesellschafter in der Regel überhaupt der *Wille* fehlen, sich endgültig gegenüber dem Nachfolgeberechtigten zu binden[60]). Das ist der Grund dafür, daß die Auslegung der Nachfolgeklausel als durch den Tod des Gesellschafters aufschiebend bedingte Verfügung in den meisten Fällen nicht zum Ziel führt und daher praktisch bedeutungslos ist.

---

[54]) So Weipert RGRK Anm. 15 zu § 139 HGB.

[55]) S. im einzelnen Prasch, S. 85ff,

[56]) Vgl. Siebert, Vortrag, S. 17; Wiesmann, S. 92ff.

[57]) Die Übertragung wird heute nicht mehr als Kopplung von Ein- und Austritt mit Zwischenanwachsung verstanden, sondern als echte Verfügung, die unmittelbaren Übergang bewirkt: vgl. Wiesmann S. 54 m.w.N.; Siebert, Vortrag, S. 17.

[58]) Vgl. die eingehenden Erörterungen bei Wiedemann, S. 176ff.

[59]) Wiedemann, S. 181f. m.w.N.

Kann der Übergang des Gesellschaftsanteils auf den Nachfolger beim Tode des Gesellschafters nicht als Rechtserwerb unter Lebenden erklärt werden, so bleibt zwangsläufig nur dessen *erbrechtliche* Einordnung übrig. Sie soll im weiteren näher untersucht werden.

2. Die Mitgliedschaft als Gegenstand des Erbrechts

Wenn der Übergang der Mitgliedschaft auf einen oder mehrere Nachfolger beim Tode eines Gesellschafters erbrechtlicher Natur sein soll, so muß die prinzipielle Frage gestellt werden, ob der Gesellschaftsanteil überhaupt Gegenstand des Erbrechts sein kann, ob er m.a.W. vererblich ist.

a) Analyse der Rechtsentwicklung in Deutschland

Die erbrechtliche Grundnorm, die die Rechtsnachfolge von Todes wegen anordnet bzw. möglich macht, ist § 1922 BGB:

> »Mit dem Tode einer Person (Erbfall) geht deren Vermögen (Erbschaft) als Ganzes auf eine oder mehrere andere Personen (Erben) über.«

Die Frage nach der Vererblichkeit des Gesellschaftsanteils ist also präzis genommen die, ob der Gesellschaftsanteil als ganzer Bestandteil des »Vermögens« des Erblassers i.S.d. § 1922 BGB ist, ob er zur »Erbschaft« gehört. In der Diskussion in Deutschland zieht man vor, von seiner Zugehörigkeit zum »Nachlaß« zu sprechen[61]); »Nachlaß« und »Erbschaft« werden zwar im BGB fast gleichbedeutend gebraucht, aber der erste der beiden Begriffe hat die Funktion, das Vermögen in seiner Zuordnung an einen neuen Rechtsträger zu bezeichnen[62]). Die Tatsache, daß man also das Problem aus der Sicht des Erben sieht, deutet zugleich auf eine ganz bestimmte Perspektive hin, aus der lange Zeit die Frage der Vererblichkeit des Gesellschaftsanteils beurteilt wurde und vereinzelt noch heute erörtert wird. Um dies vorwegzunehmen: es ging bei dieser Sicht vor allem darum, mit der Antwort auf die Frage der Vererblichkeit den Konflikt zwischen Gesellschaftsrecht und Erbrecht zu lösen, z.B. die Problematik der Haftung, der Testamentsvollstreckung und der Nachfolge mehrerer Erben. Es ging also eigentlich um die Frage, ob die Nachlaßvorschriften auch auf den Gesellschaftsanteil anzuwenden seien. Das wird sofort deutlich, wenn man die drei grundlegenden höchstrichterlichen Entscheidungen analysiert, die zugleich die Wandlungen des Blickwinkels markieren, unter dem das Problem betrachtet worden ist.

Im Anfang steht »ein wahrhaft Epoche machendes Urteil«[63]) des Reichs-

---

60) Vgl. Wiedemann, S. 187; Siebert, Vortrag, S. 17ff.; BGHZ 22, 186ff. (188).
61) Vgl. Wiedemann, S. 157ff.
62) Wiedemann, S. 158; Motive V, S. 603f.
63) So Wiedemann, S. 154.

gerichts vom 17. März 1886[64]), das noch zu Art. 123 Nr. 2 des ADHGB von 1861 ergangen ist[65]). Dieser Vorschrift entspricht im HGB § 131 Ziff. 4.

Die Frage lautete:

»Unter welchen Voraussetzungen besteht eine offene Handelsgesellschaft gem. Art. 123 Nr. 2 ADHGB mit den Erben des verstorbenen Gesellschafters fort, und in welcher Weise haften diejenigen Personen, mit denen, nachdem sie den verstorbenen Gesellschafter beerbt haben, die offene Handelsgesellschaft fortbesteht, für die Verbindlichkeiten dieser Gesellschaft?«[66]).

Das Reichsgericht kam zur unbeschränkten Haftung und begründete dies folgendermaßen:

»Es handelt sich gar nicht um die Erfüllung einer Schuldverpflichtung des Erblassers durch seine Erben als solche, auch nicht um die Erfüllung einer von dem Erblasser den Erben auferlegten Verwendung seiner Verlassenschaft[67]), sondern um die gesetzliche Konsequenz der Rechtsstellung als Gesellschafter der offenen Handelsgesellschaft, welche ... selbst *keineswegs eine durch erbrechtliche Nachfolge derivierte*, sondern auf Grund im Gesetz bestimmter Tatsachen (von welchen die Tatsache der Beerbung des verstorbenen Gesellschafters eines der gesetzlich fixierten Momente ist) kraft Bestimmung des ADHGB entstanden ist«[68]).

Hiernach handelt es sich bei der Nachfolge eines Erben in den Gesellschaftsanteil um einen Erwerbsvorgang besonderer Art auf Grund einer gesetzlichen Bestimmung des ADHGB[69]). Nachfolgeklausel und Beerbung sind nichts als Tatbestandsmerkmale dieser Norm, wobei das Erbrecht nur die Funktion hat, die Person des Nachfolgers zu konkretisieren. Der Erbe rückt also in die Gesellschafterstellung ein, aber es soll sich *nicht* um *erbrechtliche* Gesamtrechtsnachfolge handeln. Daher gehört der Gesellschaftsanteil nach dieser Auffassung nicht zum Nachlaß, die Nachlaßvorschriften sind unanwendbar, es stellen »erbrechtliche Prinzipien keinen angemessenen Maßstab für das Maß der Verbindlichkeiten des Nachfolgers dar«[70]).

Diese als »Gesetzestheorie« bezeichnete Ansicht hat sich dann auch im Schrifttum durchgesetzt und findet bis heute gelegentlich Anhänger[71]); zuletzt hat sie HALLERMANN[72]) vertreten mit folgendem Gedankengang:

Bei konsequenter Durchführung einer erbrechtlichen Auffassung gehöre der Gesellschaftsanteil zum Nachlaß des verstorbenen Mitglieds und das Nachlaßrecht müsse auf den Anteil Anwendung finden. Dann komme es bei der OHG in einer Reihe von Fällen zu einem Zusammentreffen erb- und gesellschaftsrechtlicher Grundsätze, das

---

64) RGZ 16, S. 40ff.

65) Art. 123 Nr. 2 ADHGB lautete folgendermaßen: »Die Gesellschaft wird aufgelöst ... 2. durch den Tod eines der Gesellschafter, wenn nicht der Vertrag bestimmt, daß die Gesellschaft mit den Erben des Verstorbenen fortbestehen soll.«

66) Leitsatz Nr. 1.

67) Das ist der »Nachlaß«.

68) RGZ 16, S. 40ff. (57f.) (Hervorhebung vom Verf.).

69) Um welche Vorschrift es sich präzis handeln soll, wird offen gelassen! – so richtig Wiesmann, S. 76 im Anschluß an Hallermann.

70) RGZ 16, S. 40ff. (59).

71) Vgl. Nachweise bei Wiesmann, S. 58.

72) Die Rechtsstellung des Testamentsvollstreckers bei Beteiligung des Erblassers in einer Personalgesellschaft, Diss. Münster 1954.

der erbrechtlichen Auffassung unlösbare Probleme aufgebe wie z.B. die Haftung und die Nachfolge mehrerer Erben.
Das unlösbare Zusammentreffen gesellschafts- und erbrechtlicher Grundregeln sei nur dadurch zu vermeiden, daß man den Erwerb des Gesellschaftsanteils an einer OHG durch die Erben nicht als Erbfolge ansehe, sondern im Anschluß an RGZ 16, 40ff. als einen Erwerb kraft Gesetzes auf Grund einer besonderen gesetzlichen Zulassung. Hallermann will sie in einer Analogie zu § 1483 BGB sehen, d.h. entsprechend dem Einrücken der gemeinschaftlichen Abkömmlinge in die allgemeine Gütergemeinschaft beim Tode eines Ehegatten[73]).

Die zweite Stufe der Entwicklung markiert ein Urteil des Reichsgerichts vom 4. März 1943[74]), in dem es um die Frage ging, ob der Testamentsvollstrecker befugt ist, die Mitgliedschaftsrechte des Erben auszuüben, der nach dem Gesellschaftsvertrag in die Gesellschafterstellung des Erblassers bei einer OHG »eingetreten« ist[75]).

Die Antwort lautete jetzt:

»Die Rechtsstellung, die der Erbe mit dem Eintritt in die OHG erwirbt, *beruht* zwar *auf der Erbfolge;* ihr Inhalt bestimmt sich aber nicht nach den Grundsätzen des Erbrechts, sondern sowohl im Innen- und Außenverhältnis als auch personen- und vermögensrechtlich ausschließlich nach Gesellschaftsrecht«[76]).

Der entscheidende Schritt besteht darin, daß die Rechtsprechung von nun an die *Vererblichkeit* des Gesellschaftsanteils anerkannte. Unter dem Gesichtspunkt der Anwendung der Nachlaßvorschriften dagegen änderte sich nichts: sie werden wegen des Vorrangs des Gesellschaftsrechts global als derogiert angesehen.

In dieser Entscheidung des Reichsgerichts ist also die Trennung der Frage der Vererblichkeit von der Frage der Anwendung erbrechtlicher Nachlaßvorschriften vorgenommen worden, die dann später Liebisch zu der These verleitet hat, daß die Mitgliedschaft »trotz ihrer Vererblichkeit und somit ihrer Zugehörigkeit zur Erbschaft nicht zum Nachlaß gehört«[77]). Liebisch kommt so zu einer quantitativen Unterscheidung von Erbschaft und Nachlaß. Er stützt seine These darauf, daß der Gesellschaftsanteil »Sondergut« sei[78]), was der Sache nach nichts anderes bedeutet als »Vorrang des Gesellschaftsrechts«.

Die letzte Phase der Entwicklung ist gekennzeichnet durch ein Urteil des Bundesgerichtshofs vom 22. 11. 1956[79]). Zu der Frage, in welcher Weise ein Erbe in die Gesellschafterstellung einrückt, führt der BGH aus:

»Bei der Prüfung dieser Frage ist davon auszugehen, daß der Anteil eines Gesellschafters an einer offenen Handelsgesellschaft grundsätzlich unübertragbar und unvererblich ist. Die Vererblichkeit eines solchen Gesellschaftsanteils ist nur gegeben, wenn und soweit sie in dem Gesellschaftsvertrag vorgesehen und zugelassen ist. Ist das im Einzelfall geschehen und damit der Gesellschaftsanteil vererblich, so regelt

---

73) Zit. nach Wiesmann, S. 58ff.
74) RGZ 170, S. 392ff.
75) S. Leitsatz Nr. 1.
76) RGZ 170, S. 392ff. (394) (Hervorhebung vom Verf.).
77) Liebisch ZHR 116, S. 128ff. (137).
78) Liebisch ZHR 116, S. 128ff. (133ff., 137).
79) BGHZ 22, S. 186ff.

sich die Nachfolge in einer Personalhandelsgesellschaft grundsätzlich auch nach erbrechtlichen Gesichtspunkten. Der Nachfolger wird mit dem Tode des bisherigen Gesellschafters automatisch an dessen Stelle Gesellschafter, und zwar *auf Grund seines Erbrechts*, nachdem der Gesellschaftsvertrag die Möglichkeit einer Erbfolge durch eine dahingehende Bestimmung eröffnet hat. *Dabei unterscheidet sich die Rechtslage hier im grundsätzlichen durch nichts gegenüber derjenigen, wie sie bei der Erbfolge ganz allgemein gegeben ist*«[80]).

Das bedeutet, daß die höchstrichterliche Rechtsprechung in Deutschland nun nicht mehr bloß die Vererblichkeit des Gesellschaftsanteils anerkennt, sondern auch die prinzipielle Anwendbarkeit der Nachlaßvorschriften. Der Konflikt mit gesellschaftsrechtlichen Normen wird also nicht mehr global durch die Annahme der Unvererblichkeit der Mitgliedschaft oder durch einen generellen Vorrang des Gesellschaftsrechts gelöst.

Im einzelnen wird an dieser Entwicklung folgendes deutlich:

Soweit die Vererblichkeit des Gesellschaftsanteils abgelehnt wird, geht man von der Prämisse aus, daß die gegenteilige Ansicht die Mitgliedschaft zum Nachlaß rechnen und folglich dem gesamten Nachlaßrecht unterwerfen müsse. Da man sich aber vor die Tatsache gestellt sieht, daß bestimmte erbrechtliche Vorschriften aus gesellschaftsrechtlichen Notwendigkeiten heraus nicht auf die Gesellschafterstellung anwendbar sind, wird die Erbfolge überhaupt abgelehnt. Das steht hinter der Auffassung von HALLERMANN, und war auch schon der Hintergrund der Entscheidung des Reichsgerichts von 1886.

Die Fehler dieser Auffassung sind diese: Es handelt sich bei der Frage der Vererblichkeit des Gesellschaftsanteils und der Frage der Anwendbarkeit von Nachlaßvorschriften um zwei sachlich *verschiedene* Fragen. Geht es bei der ersten darum, ob die Gesamtrechtsnachfolge gem. § 1922 BGB eingreift, ob der Wechsel der Rechtszuständigkeit erbrechtlicher Natur sein kann, ob m.a.W. die Mitgliedschaft »Vermögen« i.S.d. § 1922 BGB sein kann, so geht es bei der zweiten darum, welche *Rechtsfolgen* das haben soll, wenn man die Erbfolge, bejaht. Verneint man die Erbfolge, weil das Nachlaßrecht nicht angewendet werden soll, so wird der logische Rang beider Fragen geradezu umgekehrt.

Zum anderen bleibt offen, auf Grund welcher Vorschrift die automatische aber nicht erbrechtliche Nachfolge erfolgen soll. Das deutsche Recht kennt eine solche Vorschrift nicht. Daß auch HALLERMANNS Versuch einer Analogie zu § 1483 BGB nicht trägt, muß durch WIESMANNS detaillierte Erörterung als erwiesen angesehen werden[81]). Im übrigen muß die Frage gestellt werden, ob die generelle Ablehnung der Anwendung des Nachlaßrechts auf den Gesellschaftsanteil eine adäquate Lösung wäre.

Aus der Überwindung der »Gesetzestheorie« ist die Lehre zu ziehen, daß – wie LIEBISCH zutreffend bemerkt[82]) – mit der Feststellung der Vererblich-

---

[80]) BGHZ 22, S. 186ff. (191) (Hervorhebungen vom Verf.).

[81]) Wiesmann, S. 76ff.; vgl. auch die allerdings nicht ausdrücklich mit Bezug auf Hallermann gemachten Ausführungen bei Wiedemann, S. 159.

[82]) Liebisch ZHR 116, 128ff. (135).

keit der Mitgliedschaft nichts über ihre Beziehung zum Nachlaß unter dem Gesichtspunkt gesagt ist, ob und inwieweit die dafür geltenden Regeln anwendbar sind. Beide Fragen sollen daher im folgenden getrennt behandelt werden.

b) Begründung der Vererblichkeit der Mitgliedschaft

aa) Die Struktur des Vermögensbegriffs in § 1922 BGB

Ausgangspunkt der Untersuchung muß – wie erwähnt – die Grundnorm des § 1922 BGB sein. Was in dieser Vorschrift unter »Vermögen« zu verstehen ist, ergibt sich aus dem Gesetz selbst nicht. Eine in allen Fällen zutreffende Definition ist auch Rechtsprechung und Schrifttum nicht gelungen, wenngleich immer wieder versucht worden. Meist wird der allgemeine Vermögensbegriff zum Ausgangspunkt genommen. Aber schon dieser ist nicht eindeutig bestimmbar. Sohm wollte das Merkmal der Verfügbarkeit als wesentliches Kriterium ansehen[83]), die heute h. L. stellt auf den Geldwert[84]) eines Gegenstandes ab[85]) bzw. auf seine Zweckbestimmung[86]). Eine Auseinandersetzung mit den verschiedenen Ansichten zum Vermögensbegriff würde den Rahmen dieser Untersuchungen überschreiten. Soviel läßt sich aber sagen: die Verfügbarkeit, der Geldwert und auch die Zweckbestimmung sind Merkmale, die etwas Typisches am Vermögensgegenstand treffen, die aber jedenfalls im Rahmen des § 1922 BGB keine eindeutigen und vor allem richtigen Abgrenzungen erlauben. So gibt es Gegenstände, die der Verfügbarkeit entzogen aber dennoch vererblich sind[87]). Andererseits kann auch der von der h. L. betonte Geldwert eines Gegenstandes nicht über seine Vererblichkeit entscheiden: »einerseits weil eine Reihe von Rechten, Pflichten, Rechts- und Bindungslagen, die als solche zweifellos geldwert sind und daher zum Vermögen[88]) gehören, kraft ausdrücklicher oder aus ihrer höchstpersönlichen Zweckbestimmung zu folgernder Sondervorschrift der Vererbung entzogen sind; andererseits, weil mannigfache Rechtsbeziehungen, die man als solche nicht zum Vermögen rechnen kann, durch positive Gesetzesbestimmung für vererblich erklärt worden sind«[89]). Faßt man also den Vermögensbegriff definitorisch, indem man ein bestimmtes Merkmal zum zwingenden Begriffsmerkmal erklärt, dann kommt man zu dem mißlichen Ergebnis, »daß das ›Vermö-

---

[83]) Sohm, Gegenstand, S. 21 ff.; kritisch dazu Wiesmann, S. 116 unter Hinweis auf Binder a.a.O.

[84]) D.h. »Tauschwert« *und* »Gebrauchswert«.

[85]) Staudinger-Boehmer Rdnr. 65 zu § 1922 BGB m.w.N.

[86]) Enneccerus-Nipperdey § 78 II, S. 453 ff.; Staudinger-Boehmer Rdnr. 67 u. 149 zu § 1922 BGB; Wiesmann, S. 119; für öffentlich-rechtliche Ansprüche vgl. Kipp-Coing § 91 III 1 e, S. 398; vgl. auch BVerwG FamRZ 1963, 563 ff.

[87]) Vgl. im einzelnen Binder a.a.O., S. 16 ff.

[88]) Im allg. Sinne.

[89]) Staudinger-Boehmer Rdnr. 67 zu § 1922 BGB.

gen‹ des Erblassers für den Umfang der auf den Erben übergehenden Masse von Rechten, Pflichten und rechtlichen Beziehungen kein erschöpfender Ausdruck ist«[90]). Dann ist der Vermögensbegriff im Rahmen des § 1922 BGB nicht in der Lage, seine eigentliche Funktion zu erfüllen.

Das legt es nahe, einen Weg, der »definitorisch« ans Ziel gelangen will, bereits methodisch für verfehlt zu erachten. Der Vermögensbegriff muß zumindest im Rahmen des § 1922 BGB vielmehr als »typologisch« charakterisiert werden[91]). Man muß bei § 1922 BGB davon ausgehen, daß der Vermögensbegriff die Funktion hat, die Gegenstände zu bezeichnen, die der Erbfolge unterliegen sollen. Die Aufgabe des Erbrechts ist es, Rechtsverhältnisse eines Menschen von seiner Person, d.h. von seinem Tod unabhängig zu machen. Vererblich sind demnach solche Gegenstände, die von der Person des Erblassers abgelöst werden können[92]). Bezeichnet man mit »Vermögen« i.S.d. § 1922 BGB alle von der Person des Erblassers ablösbaren Rechtsbeziehungen, dann gibt man nicht nur dem Begriff seine Funktion zurück, sondern man gewinnt auch ein materielles Kriterium zur Abgrenzung im Einzelfall. So ist zwar der Geldwert eine typische Eigenschaft eines vererblichen Gegenstandes. Fehlt dieses Merkmal, so ist damit aber noch nicht gesagt, daß ein Gegenstand nicht dem Strukturtypus »Vermögen« i.S.d. § 1922 BGB zuzuordnen ist. Dieser Gedankengang steht im Grunde auch hinter der Auffassung, daß die Zweckbestimmung einer Rechtsbeziehung für ihre Vererblichkeit ausschlaggebend sei[93]).

Wir kommen also zu dem Ergebnis, daß der Vermögensbegriff im Rahmen des § 1922 BGB seinem Wesen nach typologisch ist, daß er die Funktion hat, die vererblichen Rechtsbeziehungen zu bezeichnen und daher in seinem Umfang bestimmt ist durch die Ablösbarkeit der Rechtsbeziehungen vom Rechtssubjekt des Erblassers im Einzelfall[94]).

bb) Die Struktur der Mitgliedschaft

Mit Wiedemann läßt sich die Mitgliedschaft folgendermaßen charakterisieren: »Das Mitgliedschaftsrecht bestimmt die Stellung einer Person

---

[90]) Staudinger-Boehmer Rdnr. 149 zu § 1922 BGB.

[91]) Vgl. Larenz, S. 343: »Im Gegensatz zum (abstrakten) Begriff ist der Typus ›offen‹. Das soll besagen, daß die ihn bildenden Merkmale nicht eine geschlossene Anzahl bilden in dem Sinne, daß er nur dann vorliegen könne, wenn alle diese Merkmale im Einzelfall gegeben sind. Der Typus ist, anders ausgedrückt, nicht im strengen Sinne ›definiert‹. Von den Zügen, die insgesamt ›typisch‹, d.h. als für diesen Typus charakteristisch angesehen werden, kann im Einzelfall der eine oder der andere fehlen oder in seiner Bedeutung eingeschränkt sein, ohne daß damit die Zugehörigkeit dieses Individuums zum Typus bereits in Frage gestellt zu sein braucht.«

[92]) In diesem Sinne auch generell Binder a.a.O., S. 24f.: »Solche Rechte sind Vermögen ..., bei denen die Anwendung bestimmter Rechtsnormen ... sich als zweckmäßig und vernünftig erweist und deshalb der Tendenz dieser Gesetze entspricht.«

[93]) Nachweise s.o.N. 86.

[94]) Daß sich *allgemeine* Regeln für die Vererblichkeit nicht aufstellen lassen, deuten schon die Motive an, s. Bd. V, S. 2.

infolge der Zugehörigkeit zu einem Verband. Es umschreibt die Eigenschaft eines Rechtssubjekts, Glied eines bestimmten Personenverbandes zu sein und legt gleichzeitig ihre damit übernommenen Befugnisse und Verpflichtungen fest«[95]). Diese Befugnisse und Verpflichtungen werden heute allgemein eingeteilt in Mitverwaltungsrechte und Vermögensrechte (sowie die entsprechenden Pflichten). Die ersten bilden den eigentlichen Kern einer Mitgliedschaft und umfassen vor allem Teilnahmerechte im Hinblick auf die gemeinsamen Angelegenheiten, insbesondere Geschäftsführungs-, Mitsprache-, Wahl-, Auskunfts- und Kontrollrechte sowie das Kündigungsrecht und das Recht auf Mitwirkung an der Liquidation. Diese Rechte sind es, die die Gesellschafterstellung konstituieren, die durch die Gesamthandsberechtigung am Gesellschaftsvermögen *allein* noch nicht begründet wird[96]). Das Charakteristische dieser Befugnisse ist, daß sie grundsätzlich vom Gesellschafter selbst auszuüben und insofern persönlichkeitsbezogen sind[97]). Das gilt ebenso für die entsprechenden Pflichten wie Tätigkeitspflicht und Treuepflicht. Die Vermögensrechte sind vor allem die Rechte auf Gewinn, Entnahme, Aufwendungsersatz und der Anspruch auf das Auseinandersetzungsguthaben bei Auflösung der Gesellschaft.

Eine etwas andere Einteilung hat Siebert vorgeschlagen. Er will die »eigentliche Mitgliedschaft«, die sich aus der persönlichen Stellung des Gesellschafters in der Gesellschaft und aus dem Mitgesamthändersein zusammensetzt, von der »vermögensmäßigen Beteiligung« unterscheiden, die im »Kapitalanteil« zum Ausdruck kommt[98]). Dem läßt sich aber entgegenhalten, daß die Zugehörigkeit zur Gesellschaft, also zu einem Gesamthandsverband, notwendig zur Folge hat, daß jeder Gesellschafter Rechtsträger hinsichtlich des Gesamthandsvermögens ist[99]). Darum gehört die Gesamthandsberechtigung zur vermögensrechtlichen Seite der Mitgliedschaft[100]). Mit der »persönlichen Stellung« meint Siebert andererseits die Mitverwaltungsrechte. Daher ist der üblichen Einteilung in Mitverwaltungsrechte und Vermögensrechte zuzustimmen.

Bei dieser Differenzierung stehenzubleiben, ist aber gerade hinsichtlich der Frage der Vererblichkeit der Mitgliedschaft fehlerhaft, weil der Blick dafür getrübt wird, was eigentlich Gegenstand der Vererbung sein kann und sein muß.

Es ist wichtig, zu erkennen, daß unter diesem Gesichtspunkt die mehr oder weniger starke Person-Bezogenheit der einzelnen Gesellschafterrechte von sekundärer Bedeutung ist, daß es vielmehr auf deren gemeinsame Grundlage ankommt. Die Mitverwaltungsrechte des Gesellschafters sind gewiß in dem Sinne höchstpersönlich, daß sie vom Gesellschafter selbst

---

95) Wiedemann, S. 23.
96) Vgl. Wiedemann, S. 33.
97) Statt aller: Hueck, OHG § 18 III 3, S. 195; BGH JZ 1960, 490.
98) Siebert, Vortrag, S. 6.
99) Wiedemann, S. 31.
100) Wiedemann, S. 32 Fußn. 1; Hueck, OHG § 16 II 2, S. 159f.; Würdinger, Gesellschaften I, S. 61; Schlegelberger-Geßler Anm. 36 zu § 105 HGB; RGZ 57, S. 414ff. (415).

auszuüben sind[101]). Die Personengesellschaft ist ja gerade ein Zusammenschluß von Personen, die *sich* verpflichten, für den gemeinsamen Zweck tätig zu werden; auf die Erfahrung und Entschlußfreudigkeit des *Gesellschafters* kommt es an. Das Entscheidende ist also, daß derjenige, der Gesellschafter ist, die Verwaltungsrechte wahrnimmt bzw. die entsprechenden Pflichten erfüllt, denn *ihm* vertrauen die anderen Gesellschafter. In *dieser* Weise sind Gesellschafterstellung und Verwaltungsrechte miteinander verknüpft. Daraus wird aber deutlich, daß diese Befugnisse und Pflichten nicht mit einer bestimmten *Person*, sondern mit einer bestimmten *Rechtsstellung* verbunden sind[102]). Diese Rechtsstellung heißt Mitgliedschaft.

Dasselbe gilt im Grunde auch für die Vermögensrechte. Auch sie sind ja keine isolierten Rechte einer Person, sondern Rechte, die aus der Rechtsstellung als Gesellschafter fließen, also aus der Mitgliedschaft[103]). Es ist daher in einem bestimmten Sinne ungenau, wenn man sagt, die Vermögensrechte wie Gewinnanteil, Entnahmerecht, Anspruch auf Aufwendungsersatz und Abschichtungsanspruch seien der vermögensrechtliche »Teil« der Mitgliedschaft. Diese Ansprüche sind nur *Folgen* der vermögensmäßigen Beteiligung an der Gesellschaft.

Wir kommen also zu dem Ergebnis, daß die Mitgliedschaft ein *einheitliches Rechtsverhältnis* ist – im Sinne der oben gegebenen Charakterisierung –, das nur *als ganzes* Gegenstand einer Rechtsnachfolge sein kann. Diese gewissermaßen als »Einheitstheorie« zu bezeichnende Auffassung setzt sich heute durch[104]).

cc) Die Mitgliedschaft als Vermögensgegenstand i. S. d. § 1922 BGB

Die Mitgliedschaft ist vererblich, wenn sie als Vermögensgegenstand i. S. d. § 1922 BGB angesehen werden kann.

§ 131 Ziff. 4 HGB, der zu den Spezialnormen gehört, die § 1922 BGB erläutern, ergänzen oder abwandeln[105]), schließt die Vererbung der Mitgliedschaft im Grundsatz aus, indem er die Auflösung der Gesellschaft durch den Tod eines Gesellschafters anordnet. Grundsätzlich gehört die Mitgliedschaft also nicht zum Vermögen i. S. d. § 1922 BGB.

Die Frage ist nun, ob eine gesellschaftsvertragliche Nachfolgeklausel die Wirkung haben kann, daß der Gesellschaftsanteil vererblich wird, d. h. daß er nicht mehr dem Grundsatz des § 131 Ziff. 4 HGB, sondern § 1922 BGB unterfällt[106]).

---

[101]) Vgl. Wiedemann, S. 350; Hueck, OHG § 18 III 3, S. 195; Einmahl AcP 160, S. 29ff. (34).
[102]) So richtig Einmahl AcP 160, S. 29ff. (34).
[103]) Vgl. Wiesmann, S. 122f.; Einmahl a.a.O.; Liebisch ZHR 116, S. 128ff. (135).
[104]) Vgl. Wiedemann, S. 23, S. 40; Einmahl AcP 160, S. 29ff. (35); Prasch, S. 22ff. (24); Rokas, S. 22f.; Weiler DNotZ 1952, 283ff. (288f.); Liebisch ZHR 116, 128ff. (135); im Ergebnis auch Siebert, Vortrag, S. 8 i.V.m. S. 19ff.
[105]) Vgl. Staudinger-Boehmer Einl. § 28 Rdnr. 28ff.
[106]) In diesem Zusammenhang kann es dahinstehen, ob das Verhältnis von § 131 Ziff. 4

In diesem Zusammenhang hält ein Teil des Schrifttums die Unterscheidung von Mitverwaltungsrechten und Vermögensrechten für bedeutsam. Einige Autoren wollen an diese Unterscheidung gerade hinsichtlich der Vererbung verschiedene Rechtsfolgen knüpfen. Der »vermögensrechtliche Teil« der Mitgliedschaft soll nach ihnen – dem Grundsatz entsprechend – gem. § 1922 BGB vererblich sein. Die Mitverwaltungsrechte dagegen sollen nicht durch Rechtsnachfolge auf den Erben übergehen können, sondern in seiner Person neu entstehen; denn die Mitverwaltungsrechte seien »höchstpersönlich« und daher kein Vermögenswert, der vererblich wäre[107]).

Gegen diese Auffassung bestehen aus verschiedenen Gründen Bedenken. Zunächst läßt sich feststellen, daß ihre Vertreter die Frage der Vererblichkeit mit dem Blick darauf erörtern, ob die Nachlaßvorschriften auf die Mitgliedschaftsrechte Anwendung finden, insbesondere ob der Testamentsvollstrecker die Verwaltungsrechte ausüben kann. Dadurch erhält die Fragestellung eine bestimmte Tendenz, die bereits oben abgelehnt worden ist (vgl. S. 20f.).

Vor allem geht diese Meinung von der Prämisse aus, daß der Vermögensbegriff des § 1922 BGB der allgemeine sei, der nur geldwerte Güter umfaßt. Legt man diesen Maßstab an die Mitverwaltungsrechte an, so ist es einfach, zu begründen, daß sie keine Vermögensrechte sind. Würde man dagegen die Ablösbarkeit einer Rechtsbeziehung von ihrem Rechtssubjekt, also den selbständigen Vermögensbegriff des § 1922 BGB als Kriterium nehmen, dann wäre die Antwort schon nicht mehr so eindeutig negativ.

Aber der entscheidende Fehler dieser Ansicht liegt bereits im Denkansatz. Indem die Frage der Vererblichkeit an der Unterscheidung von Mitverwaltungsrechten und Vermögensrechten orientiert wird, werden Überlegungen am falschen Gegenstand angestellt. Beide Gruppen von Gesellschafterrechten sind – wie oben dargestellt wurde – nur Folgen einer gemeinsamen einheitlichen Rechtsstellung, der Mitgliedschaft. Sie können daher kein von ihr getrenntes Schicksal haben. *Sie* ist es, um die es bei der Frage der Vererblichkeit geht. Nicht auf die Rechtsnatur der einzelnen aus der Mitgliedschaft fließenden Rechte kommt es an, sondern auf die Vermögensqualität der Mitgliedschaft selbst als eines einheitlichen Rechtsverhältnisses.

Daß sie kein Vermögensrecht im allgemeinen Sinne ist, ist bereits oben angedeutet worden: es fehlt das für ein Vermögensrecht entscheidende Merkmal der Zuordnung eines wirtschaftlichen Wertes, also die dem Vermögensrecht eigene Funktion, einen individualisierbaren wirtschaftlichen Wert einem bestimmten Rechtssubjekt ausschließlich zuzuweisen[108]). »Ge-

---

HGB und § 1922 BGB so zu verstehen ist, daß die Spezialnorm der Grundnorm einen »an sich« dieser unterfallenden Sachverhalt entzieht, die Nachfolgeklausel also die Vererblichkeit nur »wiederherstellt«, oder ob die Spezialnorm nur erläutert und klarstellt, so daß die Vertragsklausel die Vererblichkeit erst *begründet;* vgl. Staudinger-Boehmer Einl. § 28 Rdnr. 24f.

[107]) So Donner DR 1943, 1205ff. (1207); ders. DNotZ 1944, 143ff. (150); Michaelis ZAkDR 1943, 233; Schlicht NJW 1954, 984ff. (986); Wolf NJW 1954, 1549.

[108]) Vgl. Wiedemann, S. 5 und 14.

genstand der Zuordnung bei einem Mitgliedschaftsrecht ist nicht das zweckgebundene Gesellschaftsvermögen, sondern die Stellung innerhalb eines Verbandes und die damit gegebene Einflußmöglichkeit in der Gesellschaft«[109]). Auch der Kapitalanteil ist kein Vermögensrecht[110]), da auch er keinen Wert zuordnet, sondern *Maßstab* ist für bestimmte gesellschaftliche Rechte und Pflichten, sowohl vermögens- wie auch personenrechtlicher Art[111]). Die Mitgliedschaft kann daher nur als *personenrechtliches* Rechtsverhältnis qualifiziert werden. Dem entspricht die grundsätzliche Unvererblichkeit.

Mit dieser Kennzeichnung der Mitgliedschaft ist aber nichts gesagt darüber, ob sie vererblich *gemacht* werden kann. Man muß sich vor Augen halten, daß die Gruppe der persönlichkeitsbezogenen Rechte nicht einheitlich ist. Die Skala bewegt sich vom Persönlichkeitsrecht bis zu den Ansprüchen aus §§ 847 und 1300 BGB, also von der absoluten Unvererblichkeit bis zur Vererblichkeit unter bestimmten Voraussetzungen.

Sohm hat nachgewiesen, daß sich auch die heutigen Vermögensrechte einmal in personenrechtlicher Gebundenheit befunden haben[112]). »Alle subjektiven Rechte sind ursprünglich Ausfluß der Zugehörigkeit zur volklichen Genossenschaft und Ausdruck der Stellung, welche dem Rechtsträger in seinem Volke zukommt«[113]). Man kann also geradezu sagen, daß *alle* subjektiven Rechte im Ursprung Mitgliedschaftsrechte waren. Das gilt sogar für das Sachenrecht katexochen: das Eigentum. Es hat einer langen Rechtsentwicklung bedurft – in Gang gesetzt vor allem durch die moderne Verkehrswirtschaft – um heute so selbstverständliche Vermögensrechte wie Warenzeichen-, Urheber- und Erfinderrechte vom Rechtssubjekt zu lösen, von einer Eigenschaft der Person zu einem Rechtsobjekt, einem Gegenstand, werden zu lassen.

Die wesentliche Erkenntnis aus dieser historischen Entwicklung ist die, daß die Qualität einer Rechtsbeziehung keine vorrechtliche Gegebenheit ist, sondern auf dem normativen Akt der Rechtsordnung beruht[114]). Es gibt keine Rechtsbeziehung, die in einer solchen Weise an die Person geknüpft ist, daß ihre Verobjektivierung durch den Gesetzgeber begrifflich ausgeschlossen wäre und damit auch ihre Vererblichkeit[115]).

Diese »Qualifizierungsbefugnis« kann die Rechtsordnung aber auch delegieren und Privatrechtssubjekten überlassen. Das erfolgt dann in der Weise, daß eine Vorschrift nachgiebig gestaltet wird. Ein Beispiel dafür sind §§ 38, 40 BGB. Danach ist die Vereinsmitgliedschaft grundsätzlich unübertragbar

---

109) Wiedemann, S. 40; vgl. auch Wiesmann, S. 122f.; Sohm, Gegenstand, S. 68.

110) A.A. im Anschluß an Kohler AcP 91, S. 155ff. (159, 205) und Würdinger, Gesellschaften I, § 25 III 3, S. 116 sowie JZ 1953, 227, die von einem »Wertrecht« sprechen: Siebert, Vortrag, S. 7 Anm. 4; Schlegelberger-Geßler Rdnr. 10 zu § 120 HGB m.w.N.; Rokas, S. 25ff.

111) H.M.; vgl. Wiedemann, S. 307ff. (308) m.w.N.; Hueck, OHG § 16 V 1, S. 168.

112) Sohm JherJb 53, S. 380ff.

113) Sohm ebendort, S. 380f.

114) So richtig Wiesmann, S. 129ff.

115) Wiesmann, S. 131.

und unvererblich, es ist aber der Satzung überlassen, die Übertragbarkeit und Vererblichkeit zu statuieren. Daß auch § 131 Ziff. 4 HGB in diesem Sinne zu verstehen ist, ergibt sich eindeutig aus § 139 HGB. *Die Nachfolgeklausel hat daher die Kraft, die Mitgliedschaft zu einem Gegenstand zu verobjektivieren.* Die gesellschaftsvertragliche Vereinbarung macht also aus der Mitgliedschaft zwar kein Vermögensrecht im allgemeinen Sinne, aber sie macht sie zu einer vom Erblasser *ablösbaren* Rechtsbeziehung und damit zu einem *Vermögensgegenstand i.S.d. § 1922 BGB*[116]). *Auf diese Weise wird sie zu einem vererblichen Rechtsgut.*

Dieses Ergebnis wird im deutschen Recht heute fast einhellig vertreten[117]) [118]).

c) Anwendung von Nachlaßvorschriften auf die vererbte Mitgliedschaft

Die Frage nach der Anwendbarkeit der Nachlaßvorschriften auf den Gesellschaftsanteil wird methodisch in Rechtsprechung und Schrifttum auf zwei verschiedene Weisen zu beantworten versucht.

Die eine – gewissermaßen generalisierende – Methode stellt die Frage, ob die Mitgliedschaft »in den Nachlaß fällt«, und verneint dies. Der Konflikt zwischen Gesellschaftsrecht und Erbrecht, der sich aus der Besonderheit der Mitgliedschaftsrechte ergibt, wird gelöst, indem man den Gesellschaftsanteil zum »Sondergut« erklärt[119]) oder einen globalen »Vorrang des Gesellschaftsrechts« postuliert[120]). Auf diese Weise wird versucht, durch

---

116) An dieser Stelle zeigt sich auch, daß es richtig ist, den Vermögensbegriff in § 1922 BGB typologisch zu fassen (vgl. oben S. 22). Der Gegensatz zwischen vermögensrechtlichen und personenrechtlichen Rechtsbeziehungen wird auf diese Weise relativiert.
Vgl. Larenz, S. 351: »Die Fähigkeit des typologischen Denkens, Gegensätze, die das isolierend-abstrahierende Denken als »fest«, als unauflösbar betrachtet, zu relativieren, Übergänge und Zwischenstufen verständlich zu machen, legt die Frage nahe, ob nicht manche der so ärgerlichen Widersprüche oder »Systemwidrigkeiten« . . . dann aufhören, für das Denken befremdlich zu sein, wenn die gemeinhin zugrundegelegten abstrakten Begriffe oder Klassenbegriffe auf diejenigen Typen zurückgeführt werden, die ihnen in der Realität entsprechen.«

117) Die gängige Begründung lautet dabei meist so: Die Mitgliedschaft sei von Gesetzes wegen nur deshalb unübertragbar und unvererblich, weil das vom Gesetz vorausgesetzte große Vertrauensverhältnis der Gesellschafter untereinander einen Gesellschafterwechsel ohne das Einverständnis aller Gesellschafter nicht zulasse. Der gesetzliche Ausschluß sei jedoch kein Wesensmerkmal der Personengesellschaft, sondern nur eine Schutzmaßnahme zugunsten der Gesellschafter selbst. Die Gesellschafter könnten auf die persönliche Bindung verzichten. So z.B. Liebisch ZHR 116, 128ff. (131ff.).

118) BGHZ 22, 186ff. (191); Staudinger-Boehmer Rdnr. 162 zu § 1922 BGB; Hueck, OHG § 28 II 1, S. 296; Würdinger, Gesellschaften I, S. 68; Siebert, Vortrag, S. 19; Wiesmann, S. 132; Weiler DNotZ 1952, 283ff. (288f.); Prasch, S. 22ff.; Rokas, S. 42ff.; Einmahl AcP 160 S. 29ff. (31f.); Wiedemann, S. 162 m.w.N.; a.A: Hallermann a.a.O., dessen Auffassung aber als wiederlegt angesehen werden kann (vgl. o. S. 20f.). Lange, Erbrecht § 5 V 3, S. 52.

119) So Liebisch ZHR 116, S. 128ff. (133ff., 137).

120) So RGZ 170, 392ff. (394); vgl. auch Ferid, a.a.O. S. 369 u. 374: »Sonderstatut bricht Gesamtstatut«; Schlicht NJW 1954, 984; weitere Nachweise bei Wiedemann, S. 158 Fußn. 1.

einen juristischen Begriff die Freiheit zu gewinnen, trotz Vererbung der Mitgliedschaft beliebig die Nachlaßvorschriften derogieren zu können, ohne daß über die Notwendigkeit der Derogation im einzelnen Fall Rechenschaft abgelegt wird. Der Gesellschaftsanteil »fällt« eben nicht in den Nachlaß. – Daß diese Ansicht im Grunde mit Behauptungen arbeitet, aber auch vom Ergebnis her unannehmbar ist, weil sie zur völlig unnötigen Derogation auch solcher Normen führt, deren Anwendung auf den Gesellschaftsanteil durchaus wünschenswert ist, ist mehrfach nachgewiesen worden[121]).

Die Methode, die sich heute immer mehr durchsetzt, geht schon in der Fragestellung spezialisierend vor. Es wird nicht eine globale Lösung angestrebt, sondern der Konflikt zwischen Erbrecht und Gesellschaftsrecht wird an der einzelnen Nachlaßvorschrift entschieden[122]). Das Ergebnis ist dann: die Nachlaßvorschriften sind grundsätzlich auch auf den Gesellschaftsanteil anzuwenden, es sei denn, die besondere Eigenart der Mitgliedschaft verbiete es im Einzelfall. Dieser Methode wird auch in dieser Untersuchung gefolgt.

3. Voraussetzungen der Nachfolge in die Mitgliedschaft

a) Vorliegen einer wirksamen Nachfolgeklausel

Aus den bisherigen Ausführungen ist hinreichend deutlich geworden, daß die erbrechtliche Nachfolge in die Mitgliedschaft eine entsprechende gesellschaftsvertragliche Vereinbarung voraussetzt, daß also eine bloße letztwillige Verfügung nicht ausreichen kann, weil ein Gesellschafterwechsel ohne Zustimmung der übrigen Gesellschafter nicht möglich ist[123]).

Die Wirksamkeit der Nachfolgeklausel hängt von einer bestimmten Form nicht ab. Die Vereinbarung braucht nicht einmal ausdrücklich getroffen zu sein, sie kann sich auch durch Auslegung des Gesellschaftsvertrages ergeben[124]).

b) Identität von Nachfolger und Erben

Im Falle der Nachfolgeklausel soll sich der Zuordnungswechsel hinsichtlich der Mitgliedschaft beim Tode eines Gesellschafters auf erbrechtlichem Wege vollziehen. Das Erbrecht kennt aber als unmittelbar den Erblasser ablösendes Zuordnungssubjekt nur den Erben. Soll die Nachfolge automatisch

---

[121]) Vgl. Buchwald AcP 154, S. 22ff. (23); Wiesmann, S. 66f.; vgl. Wiedemann S. 157ff. (158); Prasch, S. 39ff. (43); in diesem Sinne auch Siebert, Vortrag, S. 5.

[122]) Vgl. BGHZ 22, S. 186ff. (192f.); Wiesmann, S. 70, 73; Buchwald AcP 154, S. 22ff.; Einmahl AcP 160 S. 29ff. (35); vgl. auch Wiedemann, S. 196ff.

[123]) Vgl. §§ 717 Satz 1 und 719 I BGB; Weipert RGRK Anm. 2 zu § 139 HGB.

[124]) Weipert RGRK Anm. 2 zu § 139 HGB; Hueck, OHG § 28 I 2, S. 295; Schlegelberger-Geßler Rdnr. 2 zu § 139 HGB.

eintreten, so ist daher Voraussetzung, daß der durch die gesellschaftsvertragliche Vereinbarung zur Nachfolge Bestimmte zugleich auch Erbe des verstorbenen Gesellschafters ist, d.h. neues Zuordnungssubjekt für den Gesellschaftsanteil.

c) Zusammenfallen von Rechtszuständigkeit und Rechtsausübungsbefugnis beim Erben

Damit, daß dem Nachfolgeberechtigten durch das Erbrecht die Mitgliedschaft zugeordnet werden kann, weil er Erbe ist, ist die Nachfolge jedoch noch nicht gesichert.

Außer der Rechtszuständigkeit, die auf diese Weise dem Erben hinsichtlich des Gesellschaftsanteils zukommt, stellt das Gesellschaftsrecht noch eine weitere Anforderung: der Inhaber der Mitgliedschaft muß selbst seine Rechte – insbesondere die Mitverwaltungsrechte – unmittelbar, autonom und (relativ) gleichberechtigt ausüben können. Dies Erfordernis ergibt sich aus dem Wesen der OHG. Zum einen weil sie eine Personengesellschaft ist, die »auf den Kreis miteinander bekannter und sich gegenseitig vertrauender Gesellschafter zugeschnitten« ist, »von denen jeder *sich* verpflichtet, nach seinen Kräften das gemeinsame Unternehmen zu fördern«[125]). Darum müssen – wie schon in anderem Zusammenhang erwähnt wurde – die Mitverwaltungsrechte persönlich ausgeübt werden, und darum auch ist rechtsgeschäftliche Stellvertretung – selbst durch einen Mitgesellschafter – ausgeschlossen[126]). »Erfahrung und Entschlußfreudigkeit der Gesellschafter, nicht ihrer Vertreter, soll die Unternehmensführung prägen«[127]).

Zum anderen muß der persönlichen Haftung, die jeden Gesellschafter einer OHG trifft, die Möglichkeit entsprechen, die Gesellschaftsrechte selbst auszuüben, insbesondere Geschäftsführungs- und Vertretungsbefugnis[128]).

Noch ein dritter Gesichtspunkt verlangt danach: die Mitgliedschaft in einer Gesellschaft führt für das Mitglied zu einem gewissen »Souveränitätsverlust«[129]), der dadurch ausgeglichen wird, daß jedes Mitglied Mitverwaltungsrechte hat und vor allem Kontrollrechte, die seine Interessen schützen[130]). Die »Beschränkung der Autonomie« wird aber nur dann durch die »Erweiterung des Aktionskreises« wettgemacht[131]), wenn das Mitglied autonom in diesem Aktionskreis handeln kann, d.h. persönlich seine Rechte selbständig auszuüben in der Lage ist. Rechtszuständigkeit *und* Rechtsausübungsbefugnis müssen daher beim Gesellschafter-Erben zusammenfallen.

---

[125]) Wiedemann, S. 350 (Hervorhebung vom Verf.).
[126]) Wiedemann, S. 350.
[127]) Wiedemann, ebendort.
[128]) Vgl. Rokas, S. 63.
[129]) Wiedemann, S. 29.
[130]) Wiedemann, S. 30.
[131]) Wiedemann, S. 29.

4. § 139 HGB

§ 139 HGB gewährt jedem Erben das Recht, im Falle einer Nachfolgeklausel sein Verbleiben in der Gesellschaft davon abhängig zu machen, daß ihm die Stellung eines Kommanditisten eingeräumt wird. Ohne diese Möglichkeit sähe sich der Erbe vor die sehr krasse Alternative gestellt, entweder sich den einschneidenden Bindungen als offener Handelsgesellschafter zu unterwerfen, oder aber die ganze Erbschaft auszuschlagen. Bei einer Milderung dieser Gegensätze mußten sowohl die Interessen des (der) nachfolgeberechtigten Erben als auch die der Gesellschafter am Fortbestand der Gesellschaft und an der Erhaltung des Gesellschaftsvermögens berücksichtigt werden. Die Lösung des § 139 HGB gibt dem einzelnen Erben einen befristeten Anspruch gegen die überlebenden Gesellschafter auf Umwandlung der vom Erblasser erworbenen Rechtsstellung in die eines Kommanditisten (Beschränkung der Haftung auf die Einlage des Erblassers!). Weigern sich die Gesellschafter, so kann der Erbe fristlos aus der im übrigen fortbestehenden Gesellschaft austreten. Diese Regelung ist unabdingbar (§ 139 V HGB)[132]). Auf diese Weise ist im deutschen Recht ein Mittelweg gefunden worden, der letztlich der Erhaltung der Gesellschaft dient. Die OHG wird im Falle der Ausübung dieses Wahlrechts durch einen Erben automatisch zur KG umgewandelt.

IV. Fallgestaltungen

1. Nachfolgeberechtigung eines Alleinerben

Ist im Gesellschaftsvertrag bestimmt, daß beim Tode eines Gesellschafters die Gesellschaft mit dem Erben fortgesetzt werden soll und ist nur ein Erbe vorhanden – sei es auf Grund eines Testaments, sei es nach der gesetzlichen Rechtslage –, so bestehen keinerlei Schwierigkeiten. In diesem Fall ist Identität von Nachfolgeberechtigtem und Erben gegeben, und der Erbe ist auch allein und selbständig zur Ausübung seiner Rechte in der Lage[133]).

Auch ein Minderjähriger kann nach deutschem Recht auf diese Weise Gesellschafter werden. Die Ausübung seiner Rechte erfolgt dann allerdings durch den gesetzlichen (!) Vertreter. Wegen der besonderen Funktion der gesetzlichen Stellvertretung besteht damit aber kein Widerspruch zu dem Erfordernis, daß der Gesellschafter seine Rechte persönlich ausüben muß. Eine Genehmigung des Vormundschaftsgerichts nach § 1822 Ziff. 3 und 10 BGB ist nicht erforderlich, denn es handelt sich weder um den Abschluß oder die Abänderung eines Gesellschaftsvertrages noch um die

---

[132]) Der Ausschluß durch eine letztwillige Verfügung bleibt jedoch möglich! Vgl. Hueck, OHG § 28 II 1a, S. 296.

[133]) Im Falle einer Testamentsvollstreckung ergeben sich aber wieder besondere Probleme, vgl. Einmahl AcP 160, S. 29ff.

rechtsgeschäftliche Übernahme der Haftung für fremde Verbindlichkeiten, sondern nur um eine Folge des Erbfalls[134]).

Der Alleinerbe wird also automatisch Gesellschafter, sofern er die Erbschaft annimmt. Schlägt er aus, so kommt es darauf an, ob der Nachfolger im Gesellschaftsvertrag namentlich bestimmt war oder nicht. Wenn ja, so geht die Nachfolgeklausel ins Leere. Konsequenterweise müßte es dann zur Auflösung der Gesellschaft kommen. Zugunsten der überlebenden Gesellschafter wird aber wenigstens eine Fortsetzungsklausel angenommen werden können, so daß nur der Gesellschaftsanteil des verstorbenen Gesellschafters aufgelöst wird. Ist in der Nachfolgeklausel nur ganz allgemein vom Erben die Rede, so wird derjenige Nachfolger, der schließlich die Erbschaft annimmt. Die Frage, ob in letzter Linie der Fiskus Nachfolger werden kann, wird überwiegend mit der Begründung verneint, daß dies im allgemeinen nicht gewollt sei und daß der Fiskus die Erbschaft nicht ausschlagen, ihm aber die Gesellschafterstellung nicht aufgedrängt werden könne[135]).

2. Nachfolgeberechtigung mehrerer (aller) Erben

Sind im Gesellschaftsvertrag »die Erben« zur Nachfolge bestimmt und sind mehrere Erben vorhanden, so ergeben sich im deutschen Recht erhebliche Schwierigkeiten. Sie resultieren daraus, daß einerseits im Falle mehrerer Erben besondere Nachlaßvorschriften gelten, die sämtliche Erben zu einer »Miterbengemeinschaft« zusammenfassen, und andererseits daraus, daß auf den Gesellschaftsanteil diese Vorschriften nicht angewendet werden können. Das wird deutlich, wenn man sich die Struktur der Miterbengemeinschaft vor Augen hält.

a) Die Struktur der Miterbengemeinschaft

§ 2032 BGB bestimmt:

> »Hinterläßt der Erblasser mehrere Erben, so wird der Nachlaß gemeinschaftliches Vermögen der Erben.«

Es handelt sich also um einen Fall der Beteiligung mehrerer Personen an bestimmten Rechten, und zwar in der Weise, daß jede Person zu jedem Recht in Beziehung steht[136]). Um die Struktur einer solchen Beteiligung zu

---

[134]) Hueck, OHG § 28 II 1 a, S. 296 Anm. 6; Weipert RGRK Anm. 17 zu § 193 HGB; KG Beschl. v. 14. 10. 1932 JW 1933, 118f.

[135]) So z.B. Hueck, OHG § 28 II 2 b, S. 301 m.w.N.

[136]) Es ist anerkannt, daß nicht der Nachlaß als solcher, sondern die in ihm enthaltenen einzelnen Gegenstände Objekt der Beziehung sind; a.A. die Theorie von der Einheit des Nachlasses, die aber die Frage nach der Trägerschaft der einzelnen Rechte nicht beantworten kann; vgl. Staudinger-Lehmann Rdnr. 6 zu § 2032 BGB; KG JW 1938, 3115; Kunz, S. 1f.; V.A. Haas, S. 20.

analysieren, ist es erforderlich, den Dualismus zu beachten, der jeder Rechtszuordnung innewohnt[137]). Sie ist einerseits formeller Natur, insofern es darum geht, das Rechtssubjekt zu bestimmen, das Träger des Rechts sein soll *(Rechtszuständigkeit)*. Sie ist andererseits materieller Natur, insofern es darum geht, die Person zu bestimmen, die das Recht ausüben soll *(Rechtsausübungsbefugnis)*. Zwar fallen gewöhnlich Rechtszuständigkeit und Rechtsausübungsbefugnis in derselben Person zusammen. Dennoch müssen beide Zuordnungsformen begrifflich auseinandergehalten werden. Der Grund dafür liegt in der Unterscheidung von Rechtsfähigkeit und Handlungsfähigkeit, die der Gesetzgeber aus praktischen Erwägungen macht[138]).

Unter dem Gesichtspunkt der *Rechtszuständigkeit* lassen sich zwei Konstruktionen unterscheiden, die die Rechtsordnung zur Beteiligung mehrerer an demselben Recht zur Verfügung stellt: die juristische Person und die Rechtsgemeinschaft. Bei der juristischen Person ist der Personenverband selbst Rechtssubjekt, d.h. die Mehrheit von Personen als solche ist Träger von Rechten und Pflichten. Diese Zuordnung ist demnach eine einfache: es gibt nur *einen* Träger. Bei der Rechtsgemeinschaft dagegen besteht keine Verselbständigung des Personenverbandes zum Rechtssubjekt, sondern es stehen hier mehrere Rechtssubjekte in gleicher Beziehung zu bestimmten Rechten. Die mehreren Rechtssubjekte sind *alle* Träger der Rechte, die Zuordnung ist also eine mehrfache. Juristische Person und Rechtsgemeinschaft unterscheiden sich demnach durch die Art der Rechtszuständigkeit. Die beiden Arten schließen sich gegenseitig aus[139]).

Die *Miterbengemeinschaft* ist nach der heute weitaus überwiegenden Meinung *Rechtsgemeinschaft*[140]).

Die sog. Theorie der geteilten Mitberechtigung, wonach jeder einzelne Miterbe ein selbständiges Teilrecht innehaben soll, wird heute nicht mehr vertreten[141]). Folgte man ihr, so läge keine Rechtsgemeinschaft, sondern eine bloße Sachgemeinschaft vor[142]).
Andererseits hat Otto v. Gierkes Theorie, die Miterbengemeinschaft als Personeneinheit aufzufassen, keine Anhänger gefunden. Danach soll die Gemeinschaft als solche, als Personeneinheit, Träger der Rechte und Pflichten, aber doch nicht juristische Person sein[143]). Diese Unterscheidung einer »kollektiven Einheit« und der »höheren ideellen Einheit« der juristischen Person, ist schlechthin unverständlich[144]). »Entweder ist die Gemeinschaft subjektiver Zuordnungspol der ... Rechte und Pflichten, dann ist sie rechtsfähig und damit auch juristische Person, oder sie ist es nicht, dann bleiben nur noch die Mitglieder als Rechtsträger, und zwar jedes einzelne Mitglied für sich. Tertium non datur«[145]).

---

137) Vgl. die ausführlichen Erörterungen bei Kunz, S. 16ff., 19ff. und 31ff.
138) Kunz, S. 31ff. (33).
139) Vgl. Kunz, S. 71.
140) Staudinger-Lehmann Rdnr. 6 zu § 2032 BGB.
141) Staudinger-Lehmann ebendort.
142) Kunz, S. 60.
143) O. v. Gierke Arch bürgR 19, 114ff. (118).
144) Vgl. Buchda, S. 258.
145) Kunz, S. 75; vgl. auch Staudinger-Lehmann Rdnr. 7 zu § 2032 BGB; abw. V. A. Haas, S. 14ff., dessen Behauptung, sowohl die Gemeinschaft als solche wie auch die Gemeinschafter selbst seien Rechtsträger, unerklärbar ist.

Da die Miterbengemeinschaft mithin im deutschen Recht als Rechtsgemeinschaft angesehen wird, sind Zuordnungssubjekte für die einzelnen im Nachlaß enthaltenen Gegenstände die Erben. Jeder Miterbe ist Träger jedes Rechts und jeder Pflicht, und zwar in vollem Umfang. Daß damit nun nicht etwa eine Vervielfältigung des Rechts eintritt, ergibt sich daraus, daß die mehrfache Rechtszuständigkeit lediglich eine formale Beziehung zwischen dem Recht und den mehreren Rechtssubjekten darstellt, womit über die Verwirklichung des Rechts*inhalts* nichts gesagt ist. Sie ist eine Frage der Rechtsausübungsbefugnis. Der gesetzestechnische Normalfall ist der, daß das Rechtssubjekt, welches Träger eines Rechts ist, zugleich auch die Rechtsausübungsbefugnis innehat, d.h. den Rechtsinhalt verwirklichen kann. Das ist unproblematisch, solange es für ein Recht nur einen Träger gibt. Sind dagegen *mehrere* Rechtssubjekte für *ein* Recht zuständig, wie bei einer Rechtsgemeinschaft, so würde in der Tat das Recht vervielfältigt, wenn jeder Träger für sich das Recht in vollem Umfang auch ausüben könnte. Das wäre unzulässig, weil der Inhalt eines Rechts konstant und unabhängig davon ist, ob das Recht einem oder mehreren Rechtssubjekten zugeordnet wird[146]). Darum bedarf es bei einer Rechtsgemeinschaft notwendig einer Regelung der Rechtsausübung mit dem Ziel, daß der Gesamtinhalt eines Rechts nur einmal verwirklicht werden kann. Hierfür hält das deutsche Recht zwei gegensätzliche Konzeptionen bereit: die Bruchteilsgemeinschaft einerseits und die Gesamthandsgemeinschaft andererseits.

Bei der *Bruchteilsgemeinschaft*[147]) ist die Rechtsausübungsbefugnis in ebensoviele *Quoten* aufgeteilt wie Gemeinschafter vorhanden sind. Jeder von ihnen übt über seinen Bruchteil *allein* die Herrschaft aus, unter Ausschluß der Mitgemeinschafter. Auf diese Weise wird die Ausübung des Rechts geteilt, ohne daß sie insgesamt vervielfältigt würde. Der Sprung zu dem Gedanken, es handle sich bei den Bruchteilen um selbständige Teilrechte, die sich nur auf einen gemeinsamen Gegenstand beziehen, die Bruchteilsgemeinschaft sei also im Grunde nicht *Rechts*- sondern *Sach*gemeinschaft, liegt zwar nahe, wäre aber falsch. Denn die Bruchteile sind nicht selbst subjektive Rechte[148]). Nicht das Recht ist geteilt, sondern nur die Befugnis, es auszuüben.

Bei der *Gesamthandsgemeinschaft*[149]) ist die Rechtsausübung – auch nicht quotal – den Gemeinschaftern zugeordnet, sondern einheitlich allen Gemeinschaftern gemeinsam, also der Gemeinschaft. Die Verfügungsmacht steht also einer Einheit zu, die nun aber keine Einheit im Sinne der Rechtsträgerschaft ist, m.a.W. kein Rechtssubjekt, sondern eine »Einheit des Handelns«[150]). Der einzelne Gemeinschafter hat keine eigene Herrschaftsbefugnis. »Also bedeutet die Gesamthand begrifflich eine Mehrheit von Subjekten, denen gewisse Rechte dergestalt angehören, daß jeder einzelne

---

146) Kunz, S. 92ff.; Buchda, S. 281ff. (287).
147) Sie ist generell geregelt in §§ 741ff. BGB.
148) Kunz, S. 102ff.; Buchda, S. 287ff.; vgl. auch Enneccerus-Nipperdey § 72 I 4, S. 437.
149) Sie ist im deutschen Recht nicht generell geregelt, vgl. dagegen Art. 652ff. ZGB.
150) Kunz, S. 110.

Gemeinder als Subjekt der Rechte und Pflichten erscheint, wobei diese Subjekte ... nur in Gemeinschaft zur Rechtsausübung befähigt sind«[151]). Die Gesamthand ist also vor allem Gemeinschaft der Rechts*ausübung*[152]).

Die Einordnung der Erbengemeinschaft läßt sich nun anhand der §§ 2032 I und 2033 II BGB vornehmen. Nach der ersten Vorschrift ist der Nachlaß (genauer: die den Nachlaß bildenden Gegenstände) – wie oben erwähnt – gemeinschaftliches Vermögen der Erben, d.h. sie bilden eine Rechtsgemeinschaft. Jedes im Nachlaß befindliche Recht ist also jedem der Erben gleichermaßen zugeordnet. § 2033 II BGB bestimmt:

> »Über seinen Anteil an den einzelnen Nachlaßgegenständen kann der Miterbe nicht verfügen.«

Im Gegenteil also: verfügen kann nur die Gemeinschaft, die Gesamtheit der Erben (vgl. §§ 2038 I 1, 2040 I BGB). Die *Miterbengemeinschaft* ist daher *Gesamthandsgemeinschaft*[153]).

b) Kollision der Vorschriften über die Miterbengemeinschaft mit dem Wesen der Mitgliedschaft

Bei der Frage nach der Vereinbarkeit der Vorschriften über die Miterbengemeinschaft mit der rechtlichen Eigenart der Mitgliedschaft in einer OHG handelt es sich der Sache nach um die Frage, ob im Falle einer Miterbengemeinschaft alle Voraussetzungen erfüllt sind, unter denen allein die erbrechtliche Nachfolge in den Gesellschaftsanteil erfolgen kann (vgl. oben S. 28ff.). Eine wirksame Nachfolgeklausel vorausgesetzt, geht es also einmal um die Identität von Nachfolger und Erben, zum anderen um das Zusammenfallen von Rechtszuständigkeit und Rechtsausübungsbefugnis hinsichtlich der Mitgliedschaftsrechte bei den Erben.

---

[151]) Indem also Rechtszuständigkeit und Verfügungsmacht auseinandergehalten werden, löst sich die Schwierigkeit, die Zuordnung *eines* Rechts an *mehrere* Personen ohne Vervielfältigung des Rechts zu erklären – die Hauptschwierigkeit der Gesamthandslehre; vgl. Kunz, S. 1ff. und S. 115. Ohne diese sachlich gebotene Differenzierung ist eine widerspruchslose Dogmatik der Gesamthand nicht möglich. Das Ergebnis ist andernfalls keine Erklärung, sondern bloße Verdunkelung, wofür die jüngst von V.A. Haas entwickelte »Theorie der Verbindungsperson« (S. 14ff., 16ff.) ein neuerliches Beispiel liefert. Haas kommt zwar zu einer doppelten Zuordnung, indem er sowohl die Gesamthand als auch die Gesamthänder als Zuordnungspol begreift. Er sieht aber nicht, daß das widerspruchslos nur dann möglich ist, wenn jeweils etwas Verschiedenes zugeordnet wird. – Die Erörterung der einzelnen Gesamthandtheorien ist im Rahmen dieser rechtsvergleichenden Untersuchung nicht möglich, zumal eine Reihe von Erklärungsversuchen der Vergangenheit angehört (vgl. die Übersicht bei Buchda, S. 166ff. und 189ff.).

[152]) Kunz, S. 110ff.; Buchda, S. 265f.; in diesem Sinne auch Staudinger-Lehmann Rdnr. 5, 6 zu § 2032 BGB.

[153]) So die heutige im deutschen Recht wohl einhellige Meinung, vgl. Staudinger-Lehmann Rdnr. 5 zu § 2032 BGB.

aa) Identität von Nachfolger und Erben

α) *Wer ist Erbe?*

Der Begriff des Erben bezeichnet das Rechtssubjekt, welches nach dem Tode des Erblassers neues Zuordnungssubjekt, d.h. neuer Rechtsträger wird. Nachdem die Struktur der Miterbengemeinschaft analysiert worden ist, ist die Rechtsträgerschaft bei einer Mehrheit von Erben eindeutig: Zuordnungspole für die im Nachlaß befindlichen Rechte, also auch für die Mitgliedschaft, sind die einzelnen Gesamthandsmitglieder, sie sind daher in der Tat »Erben«[154]). Die Identität von Nachfolger und Erben wird also durch die Vorschriften über die Erbengemeinschaft nicht berührt; es besteht insofern keine Kollision zwischen gesellschaftsrechtlichen und erbrechtlichen Normen. Die Folge ist: jeder Erbe wird automatisch Gesellschafter (Träger der Mitgliedschaft).

Allerdings besteht die Besonderheit, daß die eine vom Erblasser hinterlassene Mitgliedschaft jedem der Erben zugeordnet ist[155]). Jeder Erbe ist also hiernach Gesellschafter auf Grund derselben identischen Mitgliedschaft. Das widerspricht aber keinem gesellschaftsrechtlichen Grundsatz[156]). Es sind jedenfalls auch im Falle mehrerer Erben Nachfolger und Erben identisch.

Im Schrifttum finden sich einige Gegenstimmen. So ist SIEBERT der Auffassung, es bestehe streng genommen *keine* Identität zwischen Nachfolger und Erben im Falle einer Erbenmehrheit. Das Erbrecht kenne als Erben nur die Erbengemeinschaft zur gesamten Hand[157]). »Streng genommen decken sich also gesellschaftsrechtliche Nachfolgeklausel und Erbenbestimmung nicht«[158]).

Abgesehen davon, daß eine Betrachtungsweise, die den Ausdruck »die Erben« in einer gesellschaftsvertraglichen Nachfolgeklausel als mit der »Erbengemeinschaft« nicht übereinstimmend ansieht, überspitzt formal ist, ist SIEBERTS Auffassung mit der Struktur einer Miterbengemeinschaft unvereinbar[159]). Wäre die Erbengemeinschaft als solche wirklich Erbin, so müßte *sie* Trägerin des Nachlasses sein, was ihre Rechtssubjektivität voraussetzen würde. Diese Konsequenz wird aber nicht gezogen[160]). Daher ist nicht die Erbengemeinschaft Erbin, sondern nur die einzelnen Gemeinschafter haben diese Qualität.

---

[154]) Vgl. Wiesmann, S. 148.
[155]) Prasch, S. 30.
[156]) Es ist ja dasselbe anerkannt bei der Mitgliedschaft einer OHG in einer anderen OHG, also einer Gesamthandsgemeinschaft in einer anderen; Weipert RGRK Anm. 8 und 27 zu § 105 HGB.
[157]) Siebert, Vortrag, S. 21; vgl. auch Eiselt AcP 158, 319ff. (320): »Sollen alle Miterben automatisch in der OHG an die Stelle des Erblassers treten, so erbt eine Erbengemeinschaft ...«; so auch Römer, S. 71.
[158]) Siebert, Vortrag, S. 21.
[159]) Vgl. Wiesmann, S. 148.
[160]) Völlig alleinstehend ist die abweichende Ansicht von V.A. Haas, S. 14ff., 23ff.

β) *Eintritt der Erbengemeinschaft in die Gesellschaft?*

Nach den bisherigen Erörterungen kann die Antwort auf die Frage, ob die Erbengemeinschaft als solche Nachfolgerin in den Gesellschaftsanteil sein kann, nur negativ beantwortet werden, da sie kein Rechtssubjekt ist. Dennoch findet man auch bei Autoren, die die Erbengemeinschaft gar nicht als Rechtsperson ansehen wollen, die Auffassung, daß sie zur Nachfolge geeignet sei[161]). Daraus wird aber bereits deutlich, daß der Kern der Problematik nicht primär die Rechts*zuständigkeit* – also die formelle Zuordnung der Mitgliedschaft – betrifft. Es geht vielmehr um die Frage, ob die Erben, nachdem sie durch den Erbfall Inhaber des Gesellschaftsanteils und damit Gesellschafter geworden sind, noch gesamthänderisch verbunden bleiben können, ob m.a.W. die für eine Erbenmehrheit geltenden besonderen Nachlaßvorschriften mit dem Wesen der Mitgliedschaft vereinbar sind. Daher kann sich nach der Struktur der Miterbengemeinschaft – die als Gesamthandsgemeinschaft ja vor allem Rechts*ausübungs*gemeinschaft ist – eine Kollision zwischen Erbrecht und Gesellschaftsrecht nur vom Blickwinkel der Ausübung der den Erben zustehenden Mitgliedschaftsrechte her ergeben. Damit ist aber schon die zweite Voraussetzung für eine reibungslose Nachfolge angesprochen: die Identität des einzelnen Erben mit dem zur Rechtsausübung Befugten.

bb) Zusammenfallen von Rechtszuständigkeit und Rechtsausübungsbefugnis in der Person der Erben

α) *Konflikt zwischen dem Institut der Miterbengemeinschaft und dem Wesen der Mitgliedschaft*

Bei der Analyse der Struktur einer Miterbengemeinschaft war festgestellt worden, daß Rechtsträger die einzelnen Gemeinschafter, d.h. die Erben sind, daß aber die Rechtsausübungsbefugnis keinem der Miterben allein, auch nicht zu einem Bruchteil zusteht, sondern allen gemeinsam, d.h. der Gemeinschaft. Das ergab sich vor allem aus §§ 2033 II, 2038 I 1 und 2040 I BGB[162]). Es war ferner festgestellt worden, daß alle Nachlaßvorschriften, also auch die über eine Miterbengemeinschaft, auf den vererbten Gesellschaftsanteil anzuwenden sind, es sei denn, die besondere Eigenart der Mitgliedschaft verbiete es im Einzelfall[163]). Das Wesen der Mitgliedschaft verlangt nun, daß Rechtszuständigkeit und Rechtsausübungsbefugnis bei demselben Rechtssubjekt zusammenfallen[164]). Jeder Erbe muß als Rechts-

---

[161]) So ohne nähere Begründung Buchwald JR 1955, 173ff. (175); ferner Eiselt AcP 158, 321ff.

[162]) Vgl. oben S. 34.

[163]) Vgl. oben S. 27f.

[164]) Vgl. oben S. 29; dasselbe meinen der Sache nach auch Siebert, wenn er von der »persönlichen Natur der Mitgliedschaft« spricht (Vortrag, S. 24) und Wiesmann,

träger auch autonom seine Rechte ausüben können, wenn anders die Nachfolge nicht scheitern soll. Dem stehen aber gerade die §§ 2033 II, 2038 I 1 und 2040 I BGB – also die Struktur der Miterbengemeinschaft als Gesamthandsgemeinschaft – entgegen[165]). Danach steht die Befugnis zur Verfügung und Verwaltung des gemeinschaftlichen Nachlaßgegenstandes allen Miterben gemeinschaftlich zu. Von besonderer Bedeutung ist § 2038 II 1 BGB, wonach bestimmte Vorschriften über die Bruchteilsgemeinschaft entsprechende Anwendung finden. Im vorliegenden Zusammenhang sind die §§ 744, 745 BGB von entscheidender Wichtigkeit. Danach gilt bei der den Miterben gemeinschaftlich zustehenden Verwaltungsbefugnis der Grundsatz der Stimmenmehrheit, soweit es um die »ordnungsmäßige« Verwaltung geht. Daraus erhellt, daß dem einzelnen Miterben nicht in der Weise die autonome Befugnis zur Rechtsausübung zusteht, wie es das Wesen der Mitgliedschaft in einer OHG verlangt. Weil die Willensbildung auf einem Mehrheitsbeschluß beruht, hätte der Wille der Minderheit keinen Einfluß auf die Geschäfte der Gesellschaft, obwohl auch diese Minderheit unbeschränkt haftet. Daher kann die Mitgliedschaft nicht denselben Regeln unterliegen wie alle übrigen Nachlaßgegenstände. An *diesem* Punkt besteht also die seit langem diskutierte Kollision von Gesellschaftsrecht und Erbrecht.

Dagegen taucht in der Literatur geradezu stereotyp die Wendung auf, die Erben könnten deshalb nicht in ihrer gesamthänderischen Verbundenheit Gesellschafter werden, weil die Miterbengemeinschaft weder im Rechtsverkehr als geschlossene Einheit auftreten, noch die unbeschränkte Haftung für ihre Mitglieder übernehmen könne[166]). Dabei handelt es sich um zwei sachlich verschiedene aber gleichermaßen unzutreffende und das wahre Problem verschleiernde Gesichtspunkte[167]).

Das Argument, die Miterbengemeinschaft könne nicht als geschlossene Einheit auftreten, ist insofern richtig, als sie keine Rechtsperson darstellt. Aber in anderer Weise ist eine Mehrheit von Erben zu einheitlichem Auftreten geradezu gezwungen: Verwaltungsmaßnahmen und insbesondere Verfügungen müssen von allen Miterben gemeinschaftlich vorgenommen werden (§§ 2038 I 1, 2040 I BGB). Allerdings wird ganz überwiegend und zu Recht diese gemeinschaftliche Ausübung als im Gesellschaftsrecht unannehmbar angesehen, weil diese Form der Willensbildung zu schwerfällig ist und die im Wirtschaftsleben erforderliche Beweglichkeit der OHG unerträglich behindern würde[168]). Es würde auch dem Prinzip der Einzelge-

---

wenn er die »fortdauernde sozialrechtliche Bindung der Teilhaberschaft« betont (a.a.O. S. 157).

165) Es handelt sich also durchaus um ein in der Struktur der Erbengemeinschaft begründetes Problem und nicht nur um »wirtschaftliche Zweckmäßigkeitserwägungen« wie es Prasch annimmt (a.a.O., S. 45ff., *48*f.); abw. auch Wiedemann, S. 201.

166) Vgl. z.B. Hueck, OHG § 28 II 2 a, S. 300; Siebert, Vortrag, S. 21; Römer, S. 71.

167) Bereits indem man immer von der »Nachfolgeunfähigkeit der Erbengemeinschaft« spricht, verschleiert man das Problem.

168) Wiedemann, S. 210; Rokas, S. 59; das übersieht Haas, S. 27.

schäftsführungsbefugnis und Einzelvertretungsmacht widersprechen[169]). Dem läßt sich nicht entgegenhalten, auch die Fortführung eines Handelsgeschäfts durch eine Erbengemeinschaft sei ja anerkannt[170]); denn dann sind eben nur die Erben selbst von der schwerfälligen Willensbildung betroffen und sie haben es selbst in der Hand, sich auseinanderzusetzen. Auch kann aus der Fähigkeit einer OHG, Gesellschafterin einer anderen OHG zu sein, für die Erbengemeinschaft nichts hergeleitet werden[171]), weil eine OHG vom Gesetz als handelnde Einheit anerkannt wird: § 124 HGB[172]).

Ginge es wirklich nur um das einheitliche Auftreten der Erbengemeinschaft, so wäre aber ein anderer Weg denkbar, um sie zu erreichen: die Bestellung eines gemeinsamen Vertreters[173]). Durch eine solche Vertreterbestellung würde aber ein entscheidendes Erfordernis des Gesellschaftsrechts mißachtet, und das ist denn auch letztlich der eigentliche Grund dafür, daß die Erben nicht in ihrer gesamthänderischen Verbundenheit verbleiben können: die Identität des Trägers der Mitgliedschaft mit der Person, die die Gesellschafterrechte ausübt, wäre nicht gewahrt. Die mangelnde Fähigkeit einer Miterbengemeinschaft, als Einheit zu handeln, ist daher nur ein Symptom, eine Folge der Kollision, die darin besteht, daß das Gesellschaftsrecht für die Gesellschaftererben die autonome Verfügungsmacht verlangt, die ihnen das Erbrecht versagt[174]).

Der zweite Einwand gegen die Aufrechterhaltung der gesamthänderischen Bindung hinsichtlich der Mitgliedschaft – die Miterbengemeinschaft sei nicht nachfolgefähig, weil sie nicht die unbeschränkte Haftung für ihre Mitglieder übernehmen könne – betrifft der Sache nach ein ganz anderes Kollisionsproblem als das vorliegende. Es geht darum, daß gem. § 128 HGB jeder Gesellschafter persönlich unbeschränkt haftet, während § 2059 I BGB die Haftung der Erben entweder gegenständlich auf den Nachlaß oder summenmäßig auf die Erbquote beschränkt. Diese Kollision betrifft allerdings nur die vom Erblasser hinterlassenen Schulden, für die Neu-Schulden gilt selbstverständlich § 128 HGB[175]). Es ist also deutlich,

---

169) Prasch (S. 48) wendet ein, das Gesetz selbst lasse ja auch bei der OHG Gesamtgeschäftsführung und Gesamtvertretung (§§ 115 II und 125 II 1 HGB) zu. Das ist jedoch nicht stichhaltig, weil dort eine *Vereinbarung* unter den Gesellschaftern vorliegt.

170) So Eiselt AcP 158 S. 322f.

171) So Eiselt AcP 158, S. 321f.

172) Ebensowenig läßt sich daraus, daß die Erbengemeinschaft Mitglied einer Liquidationsgesellschaft sein kann (§ 146 I HGB), etwas herleiten, weil es sich dabei nicht mehr um eine werbende Personengesellschaft handelt; ihren kapitalistischen Einschlag betont auch Rokas, S. 58 Anm. 12; Schlegelberger-Geßler Rdnr 3 zu § 146 HGB; Siebert, Vortrag, S. 9.

173) Allerdings nicht – wie es Eiselt AcP 158, S. 323 vorschlägt – in Analogie zu § 146 II 1 HGB (Bestellung eines Vertreters für die Erbengemeinschaft im Falle der Liquidation), weil der dort genannte Vertreter nicht *alle* Verwaltungsbefugnisse innehat, sondern nur die Geschäftsführungsbefugnis und die Vertretungsmacht; vgl. Rokas, S. 59 insbes. Anm. 9.

174) Abw. Prasch, S. 45ff., der diese Kollision verkennt.

175) Vgl. z.B. Rokas, S. 60.

daß es dabei wiederum um das Problem geht, Erbrecht und Gesellschaftsrecht zu harmonisieren. Aber die Tatsache, daß dort eine Kollision vorliegt, kann nicht als Argument für oder gegen eine bestimmte Lösung des hier erörterten Konflikts verwendet werden, wie das gemeinhin geschieht. Hält man sich vor Augen, daß die Frage der Haftung in eben derselben Weise auch bei einem Alleinerben auftaucht, indem dort § 128 HGB und §§ 1975 ff. BGB kollidieren, so zeigt sich weiter, daß es sich um eine Schwierigkeit handelt, die völlig unabhängig davon ist, ob es einen oder mehrere Erben gibt, also auch davon, ob die Struktur der Miterbengemeinschaft mit dem Wesen der Mitgliedschaft vereinbar ist[176]). Haftung und Zuordnung der Mitgliedschaft müssen gesondert behandelt werden[177]).

Die Schwierigkeit liegt also – um das zusammenfassend zu wiederholen – weder in der mangelnden Einheit der Miterbengemeinschaft noch in dem Problem der Haftung, sondern allein darin, daß das Gesellschaftsrecht bzw. das Wesen der Mitgliedschaft das Zusammenfallen von Rechtszuständigkeit und Rechtsausübungsbefugnis in derselben Person fordert, während das Erbrecht durch die Normen über die Miterbengemeinschaft dem einzelnen Erben gerade die autonome Verfügungsmacht entzieht. »Bei dieser Rechtslage würde eine uneingeschränkte Anwendung erbrechtlicher und gesellschaftsrechtlicher Grundsätze dazu führen, daß mehrere Erben trotz der vom Gesellschaftsvertrag vorgesehenen und zugelassenen Vererblichkeit des Gesellschaftsanteils diesen im Wege der Erbfolge nicht erwerben könnten«[178]).

β) *Lösung des Konflikts*

Die Lösung des Konflikts kann nur zu zwei möglichen Ergebnissen führen: entweder es wird die Nachfolge mehrerer Erben abgelehnt, oder sie wird in einer Weise zugelassen, die dem einzelnen Erben ein Stück autonomer Rechtsausübungsbefugnis einräumt. Die erste Konsequenz wird zu Recht von niemandem mehr gezogen. Die praktischen Bedürfnisse sprechen ganz entschieden dagegen; »es ist verständlich, daß die Rechtsprechung und die überwiegende Ansicht im Schrifttum diese Folgerung für unannehmbar erklärt haben«[179]).

Eine annehmbare Lösung kann daher nur in einer Derogation der gesamt-

---

[176]) Es zeigt sich auch, daß die Lösung der Haftungsfrage einheitlich sein muß. Da die ganz h. M. (s. Hueck, OHG § 28 V 1, S. 314 m.w.N.) beim Alleinerben § 130 und § 139 IV HGB (bei der letzten Vorschrift als argumentum e contrario) anwenden und ihn unbeschränkt haften lassen, besteht kein Grund, dasselbe nicht auch bei mehreren Erben gelten zu lassen; vgl. Rokas, S. 60f.; Wiedemann, S. 199f., der § 2059 I BGB »den Anforderungen des Handelsrechts weichen« läßt.

[177]) Vgl. Rokas, S. 60f.; Prasch, S. 50f.; diese Trennung in »Außenverhältnis« (Haftung) und »Innenverhältnis« (Zuordnung der Mitgliedschaft) nimmt auch Wiedemann, S. 199ff. vor.

[178]) BGHZ 22, 186ff. (192).

[179]) BGHZ 22, 186ff. (192).

händerischen Bindung der Mitgliedschaft (§§ 2032 I, 2033 II BGB) bestehen[180]).

αα) Notwendigkeit der Einzelrechtsnachfolge

Es ist die Frage, wie es zu denken ist, daß jeder Erbe zur Rechtsausübung autonom befugt sein kann. Es liegt nahe, zunächst zu untersuchen, ob sich die Lösung nicht im Rahmen der »materiellen« Zuordnung finden läßt, ohne die »formelle« Zuordnung der Mitgliedschaft zu berühren. Es muß also zuerst nach einer Möglichkeit gesucht werden, die Verwaltungs- und Verfügungsmacht unter die Erben zu verteilen, ohne das Recht selbst – die Mitgliedschaft – zu teilen, d.h. ohne die Rechtsgemeinschaft aufzulösen[181]).

Eine solche Teilung ist *nicht* in der Weise denkbar, daß jeder der Erben die volle Verfügungsmacht über das ganze Mitgliedschaftsrecht hat, denn das wäre eine Vervielfältigung des Rechts. Zwar könnte man sich eine Regelung vorstellen, die – ähnlich wie bei der Gesamtgläubigerschaft nach § 428 BGB – nur die einmalige Ausübung der aus der Mitgliedschaft fließenden Rechte erlaubt, so daß, wenn ein Erbe sie geltend macht, die Rechtsausübung auch für die übrigen Erben verbraucht ist. Das würde aber aus denselben Gründen dem Wesen der OHG widersprechen wie deren gesamthänderische Bindung.

Denkbar ist daher nur eine *quotale* Teilung der Rechtsausübungsbefugnis. Dies würde bedeuten, daß die ganze Mitgliedschaft jedem der Erben zugeordnet (Rechtsgemeinschaft), die Rechtsausübungsbefugnis dagegen den Erbquoten entsprechend aufgeteilt wäre. Damit würde der Konstruktion nach eine *Bruchteilsgemeinschaft* vorliegen[182]).

Die Frage ist, ob damit den Erfordernissen des Gesellschaftsrechts genüge getan wäre, m.a.W. ob die Erben als Bruchteilsgemeinschaft Gesellschafter sein können. Es ist wichtig, zu erkennen, daß auch die Bruchteilsgemeinschaft eine Rechtsgemeinschaft darstellt und nicht ein bloßes Nebeneinander von Rechten an demselben Objekt. Daraus ergeben sich bestimmte Konsequenzen, die in §§ 742ff. BGB normiert sind. Gem. § 741 BGB finden diese Vorschriften immer dann Anwendung, wenn ein Recht mehreren gemeinschaftlich zusteht. Im vorliegenden Zusammenhang sind insbesondere die §§ 744, 745 BGB von Bedeutung. Das Wichtigste ist, daß danach die Verwaltung des gemeinschaftlichen Gegenstandes den Teilha-

---

180) Kontrovers ist, ob nicht wenigstens die übertragbaren Vermögensrechte, die zu einer Mitgliedschaft gehören, der gesamthänderischen Bindung unterliegen; bejahend Hueck, OHG § 28 II 2 a, S. 300 Anm. 25 m.w.N.; ablehnend Prasch, S. 71ff.; Liebisch ZHR 116, 142ff.; differenzierend Rokas, S. 69f.

181) Vgl. Siebert, Vortrag, S. 21: »Die Gesamthand würde dann im Wege der erbrechtlichen Gesamtnachfolge die Mitgliedschaft erwerben, aber die Ausübung der erworbenen Mitgliedschaft geschähe ipso iure durch verselbständigte Mitgliedsrechte der einzelnen Miterben.«

182) Der Entwurf I zum BGB hatte übrigens die Erbengemeinschaft als Bruchteilsgemeinschaft konzipiert, vgl. § 2151 E I zum BGB, Motive V, S. 526ff. u. 687.

bern gemeinschaftlich zusteht und daß durch Stimmenmehrheit eine »ordnungsmäßige« Verwaltung beschlossen werden kann. Daraus erhellt, daß auch bei der Bruchteilsgemeinschaft dem einzelnen Gemeinschafter nicht in der Weise ein Stück autonomer Verfügungsmacht zugewiesen ist, wie es das Wesen einer OHG bzw. das der Mitgliedschaft verlangt. Weil die Willensbildung auch der Bruchteilsgemeinschaft auf einem Mehrheitsbeschluß beruht, hätte der Wille der Minderheit keinen Einfluß auf die Gesellschaft. So wird denn auch im deutschen Recht die Mitgliedschaft einer Bruchteilsgemeinschaft in einer Personengesellschaft abgelehnt, m. a. W. die Mitgliedschaft kann nicht mehreren i. S. d. § 741 BGB »gemeinschaftlich« zustehen[183]). Daher ist die Bruchteilsgemeinschaft ebensowenig wie die Gesamthand eine geeignete Konstruktion, um den anstehenden Konflikt zu lösen[184]).

Eine Lösung läßt sich demnach überhaupt auf der Ebene der Rechtsausübung allein nicht finden. Die Konsequenz ist, daß nur eine Teilung des Rechts selbst zum Ziel führen kann. Nur indem die Mitgliedschaft in selbständige Teile unter die Erben zerlegt wird, läßt sich erreichen, daß jeder Erbe als Gesellschafter seine Rechte in dem erforderlichen Maße und in dem erörterten Sinne autonom wahrnehmen kann.

Das Ergebnis ist also, daß das Gesellschaftsrecht die Einzelnachfolge jedes Erben in einen seiner Erbquote entsprechenden Teil der Mitgliedschaft des Erblassers verlangt. Dieser Teil stellt dann selbst einen eigenständigen Gesellschaftsanteil dar. Für ihn ist der einzelne Erbe Zuordnungspol sowohl für das Mitgliedschaftsrecht selbst, als auch hinsichtlich der Rechtsausübungsbefugnis. Nur so läßt sich die für jeden Gesellschafter erforderliche Autonomie erreichen. Diese Einzelnachfolge wird heute im deutschen Recht nahezu einhellig akzeptiert[185]).

Damit, daß mithin dem Gesellschaftsrecht vor dem Erbrecht ein Vorrang eingeräumt wird, wird den wirtschaftlichen Bedürfnissen Rechnung getragen, ohne daß auf der anderen Seite wesentliche Zwecke des Erbrechts vereitelt würden: der den Nachlaßgläubigern durch die gesamthänderische Bindung des Nachlasses zukommende Schutz wird durch die Einzelnachfolge nicht verringert; denn die Mitgliedschaft wird auf Grund der besonderen Eigenart des Gesellschaftsvermögens als Sondervermögen durch die Einzelnachfolge nicht leichter übertragbar als sie es nach den Vorschriften über die Erbengemeinschaft ist. Der Zugriff der Nachlaßgläubiger wird also nicht zusätzlich gefährdet[186]).

---

183) Soergel-Siebert-Schultze-v. Lasaulx Rdnr. 12 zu § 741 BGB; vgl. auch Prasch, S. 44.

184) Unrichtig daher Ferid, Festschr. Hueck, S. 368f., wenn er meint, die Lösung bestehe darin, daß die Gesamthandsgemeinschaft der Erben in eine Bruchteilsgemeinschaft transponiert werde. Auch der BGH (BGHZ 22, 186ff.), auf den sich Ferid berufen zu können glaubt (s. a.a.O. S. 369 Fußn. 106), nimmt nicht die Nachfolge der Erben als Bruchteilsgemeinschaft, sondern unmittelbar geteilte Nachfolge in die Mitgliedschaft an.

185) BGHZ 22, 186ff. (192); Hueck, OHG § 28 II 2 a, S. 300; Siebert, Vortrag, S. 21ff.; Wiesmann, S. 155ff.; Wiedemann, S. 196ff. (201f.) m.w.N. S. 196 Anm. 1; abw. Eiselt AcP 158, S. 319ff. (321); Haas, S. 23; Buchwald JR 1955, 175.

186) Vgl. dazu Wiedemann, S. 202; Rokas, S. 65f.

ββ) *Begründung der Einzelnachfolge*

Während über das Ergebnis der Einzelnachfolge im wesentlichen Einmütigkeit herrscht[187]), macht die Begründung erhebliche Schwierigkeiten und ist entsprechend kontrovers. Es lassen sich gewisse Gruppen von Begründungsversuchen erkennen, von denen einige bereits vom Ansatz her abzulehnen sind, und zwar aus Gründen, die sich aus der bisherigen Darstellung ergeben.

(1) Die erbrechtumgehenden (kollisionsverneinenden) Lösungen:
Hierunter sind die Auffassungen zu verstehen, nach denen die Mitgliedschaft nicht »in den Nachlaß fällt«. Danach soll das Nachlaßrecht generell keine Anwendung finden auf den Gesellschaftsanteil. Es wird also im Grunde das Bestehen der oben beschriebenen Kollision überhaupt negiert. Es handelt sich dabei um die Auffassungen von
– Weipert, der die Nachfolgeklausel als lebzeitige Zuwendung (Vertrag zugunsten Dritter gem. § 328 BGB) interpretieren will[188]);
– Liebisch, der die Mitgliedschaft zum »Sondergut« erklärt, das zwar zur Erbschaft, aber nicht zum Nachlaß gehöre[189]).

Diese Auffassungen sind bereits oben abgelehnt worden (vgl. S. 16f., 27f.).

(2) Theorie vom Vorrang des Gesellschaftsrechts:
Sie wird vertreten
– vom Reichsgericht, das einen globalen »Vorrang des Gesellschaftsrechts vor dem Erbrecht« postulierte und damit glaubte, die Mitgliedschaft dem Nachlaßrecht entziehen zu können[190]);
– von den Autoren, die § 139 HGB als lex specialis ansehen, die die Nachlaßvorschriften verdrängt[191]). Nach ihnen ergibt sich die Einzelnachfolge zwingend daraus, daß »jeder Erbe« sein Verbleiben in der Gesellschaft davon abhängig machen kann, daß ihm die Stellung eines Kommanditisten eingeräumt wird. Die Selbständigkeit dieser Rechte sei unvereinbar mit dem Zwang zur gemeinschaftlichen Verfügung bei einer Erbengemein-

---

[187]) Gewisse Bedenken bei Prasch, S. 59ff.; eine unterschiedliche Behandlung der personenrechtlichen Bestandteile der Mitgliedschaft einerseits und der vermögensrechtlichen andererseits, wie sie teilweise vorgenommen wird (s.o. N. 107), ist wegen der Einheitlichkeit der Mitgliedschaft abzulehnen; vgl. auch dazu Prasch, S. 69ff. m.w.N.

[188]) Weipert RGRK Anm. 15 zu § 139 HGB; dagegen Wiesmann, S. 92ff.; Siebert, Vortrag, S. 17; zu den Fehlern dieser Auffassung vgl. oben S. 16f.

[189]) Liebisch ZHR 116, 128ff. (133ff., 139); dagegen Wiesmann, S. 146f.; Wiedemann, S. 160f.; Prasch, S. 39ff.; zu den Einwänden gegen diese Meinung vgl. oben S. 27f.; Eiselts Annahme eines erbrechtlichen Erwerbs »außerhalb der §§ 1922, 2032 BGB« bezieht sich nur auf die qualifizierte Form der Nachfolgeklausel; s. AcP 158, 330.

[190]) RGZ 170, 392ff. (394); weitere Stimmen s. o. N. 120; zu den Bedenken gegen diesen Standpunkt vgl. oben S. 27f.

[191]) Hueck, OHG § 28 II 2a, S. 300; vgl. auch Weipert RGRK Anm. 25 zu § 139 HGB; Würdinger, Gesellschaften I, S. 135; Zunft NJW 1957, 1129ff. (1130); Schlegelberger-Geßler Anm. 25 zu § 139 HGB.

schaft (§§ 2038, 2040 BGB)[192]). Es entspreche daher vernünftiger Auslegung, Einzelnachfolge als logische Voraussetzung des selbständigen Wahlrechts und daher als in § 139 HGB gesetzlich mitgeregelt anzusehen. »Mit der Anordnung der Einzelnachfolge in § 139 HGB als Sondernorm ist zugleich § 2032 I BGB außer Kraft gesetzt«[193]).

Gegen diese letzte Ansicht werden ebenfalls zu Recht erhebliche Bedenken geltend gemacht. § 139 HGB schaffe nicht die Einzelnachfolge, sondern setze sie voraus[194]). Würde § 139 HGB die Teilung schaffen, so wäre nicht einsichtig und logisch notwendig, daß sie bereits beim Erbfall eintritt[195]). Im übrigen könne § 139 HGB allenfalls die Möglichkeit der Einzelnachfolge, nicht aber ihre Zwangsläufigkeit beweisen[196]). Die Bestimmung sei schließlich eine Schutzvorschrift zugunsten der Erben, die hinsichtlich der Zuordnung nichts über den Schutzzweck Hinausgehendes auszusagen vermöge[197]). Man müsse berücksichtigen, daß das Problem der Einzelnachfolge auch bei anderen Personengesellschaften auftauche, wo es erst recht nicht mit § 139 HGB gelöst werden könne, aber mit derselben Dringlichkeit gelöst werden müsse[198]).

(3) Theorien der Kollisionslücke:
Es handelt sich hierbei um die Auffassung, daß die kontradiktorischen Regelungen des Gesellschaftsrechts und des Erbrechts eine Lücke schaffen, die durch Analogie zu ähnlichen Erscheinungen auszufüllen sei. Dafür werden zwei verschiedene Wege vorgeschlagen:
– SIEBERT[199]) hat die Einzelnachfolge als *Sondererbfolge in Analogie zum Höferecht* erklären wollen. Im Höferecht ist die Vererbung von Bauernhöfen besonders geregelt, und zwar landesrechtlich sehr verschieden. Besonders typisch für die Ausgestaltung einer Sondererbfolge ist das Anerbenrecht der Höfeordnung für die britische Zone[200]), wonach ein Hof kraft Gesetzes nur einem der Erben anfällt. Eine solche Sondererbrechtsordnung enthält also »erbrechtliche Vorschriften bezüglich bestimmter Vermögensrechte, die die allgemeinen bürgerlichrechtlichen Vorschriften zurückdrängen, um eine bestimmte Vermögensnachfolge zu garantieren«[201]), wodurch die

---

192) In der Frage, ob die Ausübung des Rechts aus § 139 HGB eine Verfügung über die Mitgliedschaft ist, entscheidet sich allerdings die überwiegende Ansicht negativ; vgl. Rokas, S. 61; Hueck, OHG § 28 III 1, S. 307 Anm. 62 m.w.N.; Prasch, S. 54ff. (57).

193) Prasch, S. 64.

194) Siebert, NJW 1955, 810 Anm. 12; RG DR 1943, 1228; Wiesmann, S. 138; Liebisch ZHR 116, 128ff. (134); das sieht aber auch Prasch, S. 63.

195) Rokas, S. 62; vgl. auch Eiselt AcP 158, 325.

196) Wiedemann, S. 198; in diesem Sinne auch Wiesmann, S. 138; vgl. auch Buchwald AcP 154, 26 Anm. 10.

197) Wiedemann, S. 202 Anm. 3.

198) Vgl. Wiesmann, S. 139.

199) Vortrag, S. 23ff.; NJW 1955, 809ff. (811); BB 1956, 837ff. (838); BB 1957, 18ff. unter III.; ihm folgend: Kipp-Coing § 91 IV 8 d, S. 403; Soergel-Siebert-Schultze-v. Lasaulx Rdnr. 18 zu § 727 BGB.

200) Verordnung Nr. 84 vom 24. April 1947 (Amtsblatt der MilReg. Nr. 18, S. 505).

201) Wiedemann, S. 203.

wirtschaftliche Einheit der Bauernhöfe zum Nutzen der Allgemeinheit erhalten werden soll. – Die Frage ist, ob bei dieser Charakterisierung des Anerbenrechts ein Analogieschluß hinsichtlich der Vererbung einer Mitgliedschaft erlaubt ist. Das wird von einem großen Teil des Schrifttums verneint[202]).

Das Institut der Sondererbfolge sei kein allgemein ausgestaltetes Rechtsprinzip, sondern eine auf seltene Fälle beschränkte Ausnahmeregelung[203]). Das Anerbenrecht sei das »bäuerliche Fideikommißrecht«[204]). Fideikommissarische Vermögensbindungen seien aber schon durch Art. 155 II 2 WeimarerRV (Aufhebung von Art. 59 EGBGB) allgemein verboten worden. Zur Durchbrechung dieses Verbots sei daher eine positivrechtliche Grundlage erforderlich[205]). Zudem läßt sich manches gegen die für einen Analogieschluß erforderliche Ähnlichkeit der Lage sagen: während beim Anerbenrecht der Bauernhof auf *einen* Erben übergehen soll, damit der Hof als Wirtschaftseinheit erhalten bleibt, wird die Einzelnachfolge mehrerer Erben in einen Gesellschaftsanteil nicht durch das Unternehmensinteresse selbst gefordert, sondern durch die »persönliche Natur der Mitgliedschaft«[206]). Im übrigen leidet Sieberts Analogieversuch an mangelnder Konsequenz insofern, als er das Sondererbfolgerecht der Anerbgesetze *nur* hinsichtlich der dinglichen Zuordnung anwenden will[207]).
– WIEDEMANN[208]) stößt bei der Suche nach einem anderen Fall der Gesamtrechtsnachfolge, bei der ebenfalls die Schwierigkeit besteht, daß mehrere Nachfolgeberechtigte nicht in der Lage sind, alle übernommenen Rechte gemeinsam zu erwerben, auf die eheliche Gütergemeinschaft. Rechte, die ihrer Natur nach nicht an der durch den Ehevertrag begründeten Universalsukzession teilnehmen können, bleiben dem jeweiligen Ehegatten als »Sondergut« (§ 1417 BGB). Dazu gehören insbesondere solche Rechte, die auf eine Gesamthandsgemeinschaft wie die Gütergemeinschaft nicht übergehen können, vor allem auch die Mitgliedschaft in einer Personengesellschaft[209]). Analog dazu will Wiedemann hinsichtlich der Mitgliedschaft ein *erbrechtliches Sondergut*[210]) der einzelnen Nachfolgeberechtigten annehmen, »gebildet aus Rechten, die zwar vererblich sind, aber den Miterben in ihrer Verbundenheit nicht zustehen können«[211]). »Auf diesem Wege scheint es möglich,

---

[202]) Wiedemann, S. 202ff.; Wiesmann, S. 141ff.; Rokas, S. 66f.; Kaufmann JZ 1959, 522f.; Prasch, S. 31ff.

[203]) Rokas, S. 66f.

[204]) Kaufmann JZ 1959, 523.

[205]) Wiesmann, S. 142.

[206]) So zunächst Siebert selbst, Vortrag, S. 24; vgl. auch Wiedemann, S. 204 und Rokas, S. 67.

[207]) Siebert, Vortrag (Anhang II), S. 43 Anm. 8a; vgl. dazu kritisch Wiedemann, S. 205; Wiesmann, S. 144f.

[208]) A.a.O., S. 205ff.

[209]) Unbestrittene Meinung in Rspr. und Schrifttum, vgl. Wiedemann, S. 205 m.w.N. in Fußn. 3 und 4.

[210]) Nicht zu verwechseln mit Liebischs Sonderguttheorie (vgl. oben S. 19 u. 27f.); s. Wiedemann, S. 206, Anm. 2.

[211]) Wiedemann, S. 206.

die unmittelbare dingliche Zuordnung auf den Erben zu erklären, ohne die allgemeine bürgerlichrechtliche Nachlaßregelung durchbrechen und die Wertungen der gesetzlichen Anerbenfolge übernehmen zu müssen«[212]). Das Ziel, daß jeder Erbe seine Mitgliedschaft autonom ausüben kann, wäre damit erreicht, denn »jeder Erbe verwaltet sein Sondergut selbständig (§ 1417 III 1 BGB)«[213]). Die Erbengemeinschaft tritt hiernach in einer OHG nicht in Erscheinung. Das kann aber – wenn anders die Analogie nicht inkonsequent sein soll – nur für die Zuordnung und Verwaltung der Mitgliedschaft gelten. Die Nutzungen müssen dagegen gem. § 1417 III 2 BGB in das Gesamtgut fallen, für dessen Rechnung das Sondergut verwaltet wird[214]). Das würde hinsichtlich des Gesellschaftsanteils heißen: sie fallen in den gesamthänderisch gebundenen Nachlaß[215]). Die Sonderzuordnung endet mit der Teilung des Nachlasses bzw. der Auseinandersetzung der Miterbengemeinschaft[216]).

Die Kritik dieser Begründungsversuche bleibt – gemäß dem Ziel dieser Untersuchung – dem rechtsvergleichenden Teil vorbehalten.

3. Nachfolgeberechtigung eines von mehreren Erben (qualifizierte Nachfolgeklausel)

a) Konflikt zwischen Gesellschaftsrecht und Erbrecht

Die qualifizierte Nachfolgeklausel in einem Gesellschaftsvertrag soll erreichen, daß die Mitgliedschaft vererblich wird, aber kraft Erbgangs nicht auf alle, sondern nur auf einen bestimmten oder bestimmbaren Erben übergeht. Es sind vor allem praktische Bedürfnisse, die diese Form der Nachfolgevereinbarung herausgebildet haben. In vielen Fällen würde die Nachfolge *aller* Erben des verstorbenen Gesellschafters zu unliebsamen Machtverschiebungen führen, oder die dadurch bedingte Erhöhung der Gesellschafterzahl würde die wirtschaftliche Beweglichkeit der OHG beeinträchtigen[217]). Diese Folgen könnten die Gesellschafter – ohne Zulässigkeit der qualifizierten Nachfolgeklausel – nur durch die mit mancherlei Nachteilen behaftete Möglichkeit vermeiden, dem erwünschten Nachfolger ein bloßes Eintrittsrecht zuzuwenden[218]). Eine reibungslose Nachfolge wäre dann nur mit sämtlichen Miterben möglich, d.h. die Gesellschafter wären nicht mehr völlig frei in der Auswahl künftiger Gesellschafter. Aus diesen Gründen

---

[212]) Wiedemann, S. 206.
[213]) Vgl. im einzelnen Wiedemann, S. 206f.
[214]) Vgl. Soergel-Siebert-Vogel Rdnr. 5 zu § 1417 BGB.
[215]) Wiedemann zieht offenbar auch diese Konsequenz, wenn er sagt, daß alle geldwerten Ansprüche zum gesamthänderischen Nachlaß rechnen (a.a.O., S. 207).
[216]) Wiedemann, S. 207.
[217]) Vgl. dazu Hueck ZHR 125, 2 unter 2.
[218]) Dies halten in der Tat für die einzige Möglichkeit: Staudinger-Geiler Rdnr. 8 zu § 727 BGB; Wolf NJW 1954, 1559; vgl. weitere Nachweise bei Rokas, S. 74 Fußn. 7.

wird heute in Deutschland ganz überwiegend die Zulässigkeit der qualifizierten Nachfolgeklausel anerkannt[219]).

Gegenstand heftiger Diskussion ist allerdings, ob und in welcher Weise die qualifizierte Nachfolgeklausel insbesondere mit dem geltenden deutschen Erbrecht vereinbar ist. – Ein grundlegendes Prinzip des Erbrechts ist die *Gesamtnachfolge*, d.h. das Vermögen des Erblassers geht *als Ganzes* (§ 1922 BGB) auf *alle Erben* (§ 2032 BGB) über (Grundsatz der successio in universitatem per universitatem) [220]). Ein einzelner vererblicher Gegenstand kann prinzipiell nur mittelbar zu einer bestimmten Person hingelenkt werden, und das auch nur durch ganz bestimmte, erbrechtlichen Formerfordernissen unterworfene, letztwillige Verfügungen wie Vermächtnis, Auflage, Teilungsanordnung. Dem widerspricht eine qualifizierte Nachfolgeklausel zunächst einmal diametral: nicht nur, weil sie nicht als letztwillige Verfügung angesehen werden kann, sondern weil sie *einen* Erbschaftsgegenstand auf *einen* bestimmten Erben übergehen lassen will. Es liegt an dieser Stelle wiederum ein Konflikt zwischen Erbrecht und Gesellschaftsrecht vor. Auch hier ist es wichtig, diese zunächst recht allgemein formulierte Kollision zu analysieren, damit die Lösung am richtigen Punkt ansetzen kann.

b) Lösung des Konflikts

aa) Analyse des Prinzips der Gesamtrechtsnachfolge: Unterscheidung von Zuordnung und Wertverteilung beim Erbgang

Der Ansatz aller Überlegungen muß das erbrechtliche Prinzip der Gesamtrechtsnachfolge sein, wonach beim Erbfall das *ganze* Vermögen auf *alle* Erben übergehen soll. Das bedeutet zunächst einmal, daß alle Gegenstände allen Erben gleichermaßen zugeordnet werden. Alle Nachlaßgegenstände gehören allen Erben, sie bilden hinsichtlich jedes Nachlaßbestandteils eine *Rechtsgemeinschaft*.

Das Prinzip der Gesamtrechtsnachfolge bedeutet aber noch etwas anderes, von der Frage der Zuordnung verschiedenes: *alle* Erben sind am Wert des Nachlasses beteiligt. Sie bilden auch eine *Wertgemeinschaft*[221]).

Daß diese beiden Formen der Beteiligung am Nachlaß scharf zu unterscheiden und durchaus nicht identisch sind, ergibt sich aus folgender Überlegung: Es fällt auf, daß von der Frage, wem die Nachlaßgegenstände *gehören*, völlig unabhängig ist, wem sie *gebühren*, d.h. nicht allen Erben gebühren auch alle vererbten Rechte. Denn die Erbquoten sind in der Regel sehr verschieden, sei es nach dem Gesetz, sei es auf Grund testamentarischer Anordnung. Vor allem sind es die letztwilligen Verfügungen, welche die Zuweisung des Wertes des Nachlasses beeinflussen. So kommt

---

[219]) Vgl. z.B. BGHZ 22, 186ff. (193); Hueck, OHG § 28 II 2c, S. 301; Siebert BB 1957, 18ff. (19); Rokas, S. 77; Prasch, S. 74.
[220]) Vgl. Staudinger-Boehmer Rdnr. 1 zu § 1922 BGB.
[221]) Vgl. Wiedemann, S. 208.

es, daß z.B. den Erben Gegenstände zugeordnet werden, die sie nicht behalten dürfen (etwa bei einem Vermächtnis gem. § 2174 BGB), andererseits dem Nachlaß Werte hinzugerechnet werden, die den Erben nicht gehören (vgl. § 2325 BGB)[222]. Zuordnung der im Nachlaß befindlichen Rechte und Verteilung der im Nachlaß befindlichen Werte sind also zu trennen.

Es läßt sich hiernach folgendes festhalten:

(1) Der Erbfall läßt sich sowohl als rechtliche Neuzuordnung wie auch als wertmäßige Neuverteilung des Erblasservermögens begreifen.

(2) Im Hinblick auf die Zuordnung werden alle Erben *absolut* gleich behandelt. Dieser Zustand ist aber ein nur vorübergehender, er währt bis zur Auseinandersetzung, also bis zur Verwirklichung der Wertverteilung.

(3) Hinsichtlich der Wertverteilung sind alle Erben *relativ* gleichberechtigt. Gleich, weil sämtliche Erben am Wert des Nachlasses beteiligt sind; relativ, weil der Umfang der Beteiligung verschieden ist.

(4) Nicht die Zuordnung, sondern die Wertverteilung ist der endgültige Zustand nach einem Erbfall. Sie ist gesetzlich festgelegt und kann nur durch ganz bestimmte erbrechtliche Verfügungen in ganz bestimmten Formen verändert werden. In diesem Sinne trägt sie zwingenden Charakter.

Das Prinzip der Gesamtrechtsnachfolge bedeutet also: absolute Gleichheit der Zuordnung und relative Gleichheit bei der Beteiligung am Wert des Nachlasses. Es wird zu untersuchen sein, an welcher Stelle die qualifizierte Nachfolgeklausel eine Ungleichbehandlung wirklich erfordert.

bb) Zuordnung der Mitgliedschaft

α) *Notwendigkeit der Sonderzuordnung*

Vererbung bedeutet einerseits – wie gezeigt wurde – Neu-Zuordnung. In dieser Hinsicht besagt das erbrechtliche Prinzip der Gesamtrechtsnachfolge: alle Nachlaßgegenstände werden allen Erben zugeordnet.

Die Mitgliedschaft in einer OHG ist nun nur auf Grund des Gesellschaftsvertrages vererblich. Das heißt nichts anderes, als daß die Fähigkeit des Gesellschaftsanteils, an dieser Neuzuordnung teilzunehmen, der Parteiautonomie der Gesellschafter unterliegt. Dieser Parteiautonomie unterliegt weiterhin unbestritten die Auswahl des neuen Zuordnungssubjekts, weil die Gesellschafter in der Wahl neuer Gesellschafter frei sein müssen. Darum sind sie in der Lage, die Neuzuordnung der Mitgliedschaft durch Erbgang für nur einen von mehreren Erben zuzulassen[223].

Beließe man es bei dieser Diskrepanz zwischen qualifizierter Nachfolgeklausel und erbrechtlicher Gesamtrechtsnachfolge, so würde die Folge sein, daß – da nach Erbrecht nur alle oder keiner der Erben den Gesellschafts-

---

[222]) Vgl. Wiedemann, S. 194.

[223]) Vgl. z.B. Wiedemann, S. 197; Prasch, S. 76; Liebisch ZHR 116, 150; Rokas, S. 78 m.w.N. auf S. 79 Fußn. 32.

anteil erwerben könnte, nach Gesellschaftsstatut aber nur einer von ihnen als Nachfolger zugelassen ist – die Mitgliedschaft nicht neu zugeordnet, d.h. nicht vererbt werden könnte. Da das Recht jedoch nicht subjektlos werden kann, müßte es mit dem Tod des Gesellschafters aufgelöst werden, und die Miterbengemeinschaft würde den Abfindungsanspruch erhalten[224]).

Um dieses Ergebnis zu vermeiden, bleibt nichts anderes übrig, als die Zuordnung des Gesellschaftsanteils an nur einen der Erben zuzulassen und *insoweit* das Prinzip der Gesamtrechtsnachfolge zu derogieren. Da die qualifizierte Nachfolgeklausel für zulässig erachtet wird, muß man die Konsequenz in Kauf nehmen und die Sonderzuordnung der Mitgliedschaft akzeptieren.

Es läßt sich also feststellen, daß die qualifizierte Nachfolgeklausel nur in *diesem* Sinne eine Ungleichbehandlung der Erben verlangt.

β) *Begründung der Sonderzuordnung*

Die Problematik der Sonderzuordnung ist der Sache nach dieselbe wie die der Einzelnachfolge mehrerer Erben. Es ist wichtig, zu erkennen, daß auch bei der Einzelnachfolge *die einzelne Teil-Mitgliedschaft nur einem einzigen Erben* unter Ausschluß der übrigen zugeordnet wird[225]). Daß bei der qualifizierten Nachfolgeklausel der Nachfolger die *ganze* Mitgliedschaft erhalten soll, ist nur ein *quantitativer* Unterschied. Das berührt den Gesichtspunkt der Wertverteilung, der mit der Frage der Zuordnung nicht vermischt werden sollte und der getrennt zu erörtern sein wird. Anerkennt man die Einzelnachfolge, sobedeutet es also im Grunde keinen zusätzlichen Schritt mehr, wenn man auch die Sonderzuordnung akzeptiert[226]).

Die dogmatische Begründung der Sonderzuordnung macht dennoch erhebliche Schwierigkeiten, und die Begründungsversuche sind deshalb entsprechend zahlreich und divergierend. Gemeinsam ist fast allen Auffassungen, daß sie im Ergebnis dazu kommen, daß der nachfolgeberechtigte Erbe Inhaber der ganzen Mitgliedschaft wird, in demselben Umfang wie sie der Erblasser innehatte. Die Wege dahin sind aber sehr verschieden. Vom Denkansatz her lassen sich zwei große Gruppen von Auffassungen unterscheiden, von denen die eine vom Prinzip der »Teil-Nachfolge«, die andere von dem der »Voll-Nachfolge« ausgeht.

---

[224]) Vgl. Wiedemann, S. 197.

[225]) So auch Rokas, S. 87 Fußn. 69; Zunft NJW 1957, 1131; es ist unrichtig, wenn Prasch (a.a.O., S. 99) meint, der erbrechtliche Grundsatz, daß alle Miterben an allen Gegenständen der Erbschaft berechtigt sind, werde durch die selbständige Nachfolge der Miterben nicht angetastet! Diese Ansicht beruht auf der Annahme, wenn alle Erben als Zuordnungssubjekte berücksichtigt würden, sei die Zuordnungsform nicht mehr entscheidend.

[226]) In diesem Sinne auch Rokas, S. 74; abw. offenbar Prasch, S. 100.

αα) *Teil-Nachfolge und Voll-Nachfolge*

Der Grundsatz der Teil-Nachfolge bedeutet, daß der im Gesellschaftsvertrag zur Nachfolge zugelassene Erbe nur den seiner Erbquote entsprechenden Teil der Mitgliedschaft erwirbt. Die übrigen Bruchteile verwandeln sich – sofern das nicht ausgeschlossen ist – gem. § 738 BGB in schuldrechtliche Abfindungsansprüche gegen die Gesellschaft, die den nicht nachfolgeberechtigten Miterben zur gesamten Hand zustehen[227]). Am deutlichsten hat der BGH diesen Standpunkt in seinem Urteil vom 22. 11. 1956[228]) gemacht:

Der BGH[229]) charakterisiert die qualifizierte Nachfolgeklausel als einen Mischtatbestand zwischen der Nachfolgeberechtigung *aller* Erben und dem Ausschluß der Nachfolge überhaupt. Im ersten Fall erhält jeder Miterbe einen seiner Erbquote entsprechenden Teil, im zweiten Fall erhält die Miterbengemeinschaft einen schuldrechtlichen Abfindungsanspruch gegen die Gesellschaft. Der BGH fährt dann fort:
»Was für diese beiden Fälle einzeln gilt, muß entsprechend gelten, wenn diese beiden Tatbestände wie hier miteinander gemischt auftreten. Der Miterbe, der als Gesellschafter-Nachfolger zugelassen ist, erhält kraft seines Erbrechts nur einen Teil des Gesellschaftsanteils seines Erblassers, während die Miterben, die als Gesellschafter-Nachfolger nicht zugelassen sind, zur gesamten Hand einen Abfindungsanspruch nach Maßgabe der gesellschaftsvertraglichen Regelung, und zwar unter Berücksichtigung der ihnen zustehenden Erbteile, gegen die Gesellschaft erhalten. Beides erscheint als zwangsläufige Folge der erbrechtlichen Stellung der einzelnen Miterben. Denn ihr Rechtserwerb vollzieht sich nach erbrechtlichen Gesichtspunkten: der gesellschaftsrechtlichen Regelung kommt dabei nur die Bedeutung zu, daß sie die Art des Rechtserwerbs – Rechtsnachfolger als Gesellschafter oder Abfindungsanspruch – bestimmt«[230]).

Die Voll-Nachfolge läßt sich demgegenüber mit Siebert[231]) folgendermaßen kennzeichnen: »Der im Gesellschaftsvertrag zur Nachfolge zugelassene Erbe erwirbt die gesamte Gesellschafterstellung; die übrigen nichtnachfolgeberechtigten Miterben werden weder an der Gesellschafterstellung beteiligt, noch steht ihnen ein Abfindungsanspruch gegen die Gesellschaft zu«.

ββ) *Auffassungen, die vom Prinzip der Teil-Nachfolge ausgehen*

Wie man vom Ausgangspunkt der Teil-Nachfolge dazu kommen kann, daß der Nachfolger dennoch im Ergebnis Vollnachfolger wird, d.h. die Mitgliedschaft im vollen Umfang erhält, wird verschieden beurteilt.

(1) Der BGH anerkennt, daß der Abfindungsanspruch im Gesellschaftsvertrag ausgeschlossen werden kann. Das aber habe nicht zur Folge, daß der nachfolgeberechtigte Erbe dann die ganze Mitgliedschaft erhält. »Das

---

227) Vgl. Siebert BB 1957, 18ff. (19).
228) BGHZ 22, 186f.
229) BGHZ ebendort, 193ff.
230) BGHZ 22, 194.
231) BB 1957, 18ff. (19).

ist deshalb ausgeschlossen, weil der Gesellschafter-Miterbe insoweit nur das und nur so viel erlangen kann, wie ihm auf Grund seines Erbrechts zusteht«[232]). Der nachfolgeberechtigte Miterbe erhält hiernach unmittelbar in *jedem* Fall nur einen seiner Erbquote entsprechenden Teil der Mitgliedschaft – unabhängig davon, ob die übrigen Miterben nachfolgeberechtigt sind oder nicht –, während der übrige Teil, wenn die übrigen Miterben nicht nachfolgeberechtigt sind, den überlebenden Gesellschaftern »*zuwächst*«. Nach Ansicht des BGH kann der Nachfolger nur dadurch in demselben Umfang Gesellschafter werden wie der Erblasser, daß die überlebenden Gesellschafter die ihnen angewachsenen Mitgliedschaftsteile auf ihn übertragen. Dazu seien sie allerdings nach dem Gesellschaftsvertrag verpflichtet[233]).

(2) HUECK nimmt denselben Ausgangspunkt wie der BGH, läßt dagegen den bloßen Ausschluß des Abfindungsanspruchs genügen, damit der nachfolgeberechtigte Erbe Voll-Nachfolger wird[234]). Durch den Ausschluß habe jeder Gesellschafter und somit auch der Erblasser über seine Beteiligung an der Gesellschaft zugunsten desjenigen Miterben, der in die OHG eintritt, verfügt. Diese Bindung des Erblassers müßten alle Erben gegen sich gelten lassen[235]).

(3) LIEBISCH, EISELT und PRASCH wollen die Mitgliedschaft aufteilen und den »personenrechtlichen Teil« und die »vermögensmäßige Beteiligung« getrennt behandeln. Einigkeit herrscht unter diesen Autoren darüber, daß die persönliche Mitgliedsstellung im ganzen dem nachfolgeberechtigten Erben zufalle, insoweit also *Voll-Nachfolge* stattfindet. LIEBISCH[236]) begründet dies damit, daß die Vererblichkeit auf eine Auswahl unter den Erben beschränkt werden könne. Ferner trete dieses Ergebnis auch bei der vertraglichen Fortsetzung mit allen Erben auf dem Weg über § 139 HGB ein, wenn die Gesellschafter einzelnen Miterben die beantragte Kommanditstellung versagen und diese deshalb ausscheiden. Infolgedessen müsse es der Vertrag gleich so vorsehen können. EISELT[237]) nimmt insoweit ohne Begründung eine »Vererblichkeit außerhalb der §§ 1922, 2032 BGB« an, ohne sie aber als Sondererbfolge zu kennzeichnen[238]). PRASCH[239]) meint, die allgemeine Überzeugung von der Gültigkeit der qualifizierten Nachfolgeklausel habe zu einer gewohnheitsrechtlich anerkannten Sondererbfolge in die persönliche Mitgliedsstellung eines offenen Handelsgesellschafters geführt.

Hinsichtlich der vermögensmäßigen Beteiligung sind die vertretenen

---

[232]) BGHZ 22, 186ff. (195).

[233]) BGHZ ebendort.

[234]) OHG § 28 II 2 c, S. 301 u. S. 302 Anm. 37; Hueck läßt allerdings die »Zuwachsung« auch zugunsten des Gesellschafter-Erben eintreten (JZ 1957, 223).

[235]) Ähnlich Schlegelberger-Geßler Rdnr. 25a Abs. 2 u. 25b Abs. 2 zu § 139 HGB; in Widerspruch dazu steht Rdnr. 25a.

[236]) ZHR 116, 150.

[237]) AcP 158, 330.

[238]) Vgl. dazu Wiedemann, S. 197 Anm. 1.

[239]) A.a.O., S. 79 Anm. 6.

Meinungen unterschiedlich und entsprechen wieder dem Prinzip der *Teil-Nachfolge:* EISELT[240]) weist die gesamte vermögensmäßige Beteiligung in Form des Auseinandersetzungsanspruchs der Erbengemeinschaft zu. Über diesen Anspruch müsse eine Teilauseinandersetzung erfolgen; danach bringe dann der nachfolgeberechtigte Miterbe den auf ihn entfallenden Teil wieder in die Gesellschaft ein, wozu er durch den Gesellschaftsvertrag verpflichtet sei. Solle der *ganze* Wert der Beteiligung erhalten bleiben, so bedürfe es »zweckentsprechender« testamentarischer Verfügungen der Gesellschafter, d.h. bestimmter Teilungsanordnungen[241]). LIEBISCH will über den Ausschluß des Abfindungsanspruchs dazu kommen, »daß der zur Beteiligung gelangte Erbe diese zum vollen Kapitalanteil des Erblassers und somit ohne Einbuße an ihrem wirtschaftlichen Wert erhält«[242]). PRASCH[243]) gelangt zur Voll-Nachfolge in die vermögensmäßige Beteiligung, indem er auch insoweit Sondererbfolge annimmt. Nur so könne erklärt werden, warum der Nachfolger mehr erhalte als ihm nach Erbrecht zusteht. Damit wird Prasch dem Ausgangspunkt der Teil-Nachfolge jedoch bereits untreu, ebenso wie dem der getrennten Behandlung der persönlichen Mitgliedsstellung und der vermögensmäßigen Beteiligung[244]). Diesem Standpunkt ist Prasch nur noch insofern verhaftet, als er eine besondere gesellschaftsvertragliche Vereinbarung fordert, in welcher die Gesellschafter ihren Willen zur Vollnachfolge bekunden, um die Aufspaltung der vermögensmäßigen Beteiligung zu verhindern[245]).

γγ) *Kritik dieser Auffassungen*

Die Kritik der eben behandelten Ansichten betrifft zunächst einmal die gemeinsame Grundthese, der Gesellschafter-Erbe könne als Miterbe nur das und nur so viel erhalten, wie ihm auf Grund seines Erbrechts zustehe, also nur einen Bruchteil der Mitgliedschaft. Dem liegt die falsche Prämisse zugrunde, Zuordnung und Wertverteilung entsprächen sich[246]). Es ist bereits erörtert worden, daß beide voneinander unabhängig sind[247]). Beide Gesichtspunkte dürfen daher nicht durcheinandergebracht werden, wenn anders die Problematik nicht verschleiert und eine klare dogmatische Lösung nicht verhindert werden soll. Nach Erbquoten richtet sich die Wertverteilung, nicht die Zuordnung[248]). Bei der Frage der Sonderzuordnung

---

[240]) AcP 158, 327ff.
[241]) AcP 158, 334.
[242]) ZHR 116, 152.
[243]) A.a.O., S. 96.
[244]) Vgl. auf S. 96: »Dogmatisch kann die erbrechtliche Nachfolge des Gesellschafter-miterben in den gesamten Gesellschaftsanteil nur durch eine echte Sondererbfolge in die ungeteilte Mitgliedschaft erklärt werden.« (Hervorhebung vom Verf.).
[245]) A.a.O., S. 102f.
[246]) Darauf hat mit Recht Wiedemann a.a.O., S. 193f., hingewiesen.
[247]) S. o. S. 46f.
[248]) Vgl. Rokas, S. 84 Anm. 56: »Mit dem Begriff des Erbteils meint das BGB lediglich den Bruchteil der Beteiligung (Wertanteil) jedes Miterben am Nachlaßwert und nicht die gesamthänderische Mitberechtigung daran«; vgl. Wiedemann, S. 193.

geht es um die Möglichkeit, einen einzelnen Nachlaßgegenstand einem der Erben unter Ausschluß der übrigen zuzuordnen. Diese Schwierigkeit wird durch die Annahme der Teil-Nachfolge nicht gelöst. Denn auch dabei wird ja ein einzelner Nachlaßgegenstand nur einem der Erben ausschließlich zugewiesen[249]), weil der Gesellschafter-Erbe die Teilhaberschaft in Einzelrechtszuständigkeit und nicht bloß eine (erbrechtliche) Beteiligung daran erwirbt. Wenn man aber die Sonderzuordnung eines Teils der Mitgliedschaft anerkennt, dann steht auch der Sonderzuordnung der ganzen Mitgliedschaft nichts im Wege. Eine Privilegierung des Gesellschaftererben über seinen Erbteil hinaus liegt darin nicht. Man muß sich bei der Frage der Zuordnung von jeder wertmäßigen Betrachtung freimachen und sich immer die Vorläufigkeit der Ungleichheit in der Zuordnung vergegenwärtigen[250]). Die Erbquote behält ihre Bedeutung für die Frage der Wertverteilung bei der Auseinandersetzung[251]).

Aber auch in den Folgerungen ist die Auffassung von der Teilnachfolge problematisch. So ist zunächst zu fragen, was aus dem Teil der Mitgliedschaft wird, der nicht der Erbfolge unterliegen soll. Der BGH spricht von »Zuwachsung« zugunsten der überlebenden Gesellschafter, HUECK schließt dabei den nachfolgeberechtigten Miterben mit ein. Die »Anwachsung« nach § 738 BGB kann damit nicht gemeint sein, da sie sich auf die gesamthänderische Mitberechtigung bezieht, die nur von der Zahl der Gesellschafter und nicht von der wertmäßigen Beteiligung abhängt. Die Zahl der Gesellschafter aber verändert sich ja nicht, weil der Gesellschafter-Erbe nachrückt[252]). Gemeint ist wohl die restliche Kapitalbeteiligung. Wie ihr Anfall an die überlebenden Gesellschafter rechtlich zu begründen ist, bleibt offen[253]).

Einen weiteren Ansatzpunkt zu erheblicher Kritik stellt die Frage dar, ob die Voll-Nachfolge durch Ausschluß des Abfindungsanspruchs erreicht werden kann, wenn man einmal von der Teilnachfolge ausgeht. Ein derartiger Ausschluß ist überhaupt nur unter bestimmten Voraussetzungen sinnvoll und seine Wirksamkeit oft zweifelhaft[254]). Voraussetzung ist, daß der Abfindungsanspruch überhaupt entstehen kann. Gem. § 738 BGB ist dazu das Ausscheiden eines Gesellschafters erforderlich. Im Falle der qualifizierten Nachfolgeklausel scheidet jedoch niemand aus, weil der Nachfolger die Mitgliedschaft des Erblassers ja gerade fortsetzt[255]).

---

[249]) Wiedemann, S. 194f.

[250]) Rokas, S. 85.

[251]) Rokas ebendort.

[252]) Vgl. Siebert, Vortrag Anhang II, S. 44f.; Prasch, S. 90 Anm. 3 u. S. 94.

[253]) Siebert, Vortrag Anhang II, S. 45; Prasch, S. 91 u. 94 erklärt die »Zuwachsung« als treuhänderische durch den Tod des Gesellschafters aufschiebend bedingte Übertragung des Vermögenswertes der Mitgliedschaft auf die überlebenden Gesellschafter; Rokas, S. 81 Anm. 40 meint, die restliche Kapitalbeteiligung würde in sinngemäßer Anwendung der §§ 121 III HGB, 722 I BGB nach Köpfen verteilt (unter Ausschluß des Nachfolgers); vgl. ferner Zunft NJW 1957, 1132.

[254]) Wiedemann, S. 167.

[255]) So Zunft NJW 1957, 1132; Rokas, S. 75, 84; abw. Liebisch ZHR 116, 151 – dagegen Rokas, S. 83; abw. ferner Prasch, S. 80f. – dagegen Rokas, S. 84; Prasch selbst kommt

Aber selbst wenn man die Entstehung des Anspruchs für möglich hielte, würden sich sogleich zwei neue Probleme ergeben. Zunächst einmal ist die Wirksamkeit eines Ausschlusses gegenüber den nicht nachfolgeberechtigten Erben sehr zweifelhaft und mit einem bloßen Schluß a maiore ad minus nicht zu begründen[256]). Zum anderen wäre mit dem Ausschluß nur erreicht, daß der Vermögenswert der Mitgliedschaft nicht beim Tode des Gesellschafters in Form des Abfindungsanspruchs an die Erben fließen könnte. Auf wen und in welcher Weise dieser Vermögenswert übergeht, bleibt ungeklärt. Die einen wollen ihn auf die überlebenden Gesellschafter übergehen lassen und dann erst – auf Grund eines zusätzlichen Rechtsgeschäfts unter Lebenden – auf den Nachfolger[257]), die anderen unmittelbar auf diesen, ohne aber eine konstruktive Begründung geben zu können[258]) [259]).

Gegen eine getrennte Behandlung der personenrechtlichen und der vermögensrechtlichen Seite bei der Vererbung der Mitgliedschaft ist bereits Stellung genommen worden[260]). Ihr muß auch an dieser Stelle die Einheit der Teilhaberschaft entgegengehalten werden[261]). Prasch kommt selbst im Ergebnis dazu, die Mitgliedschaft als Einheit zu behandeln[262]). Liebisch widerspricht mit seiner Auffassung, »Beteiligung« und »Kapitalanteil« könnten verschiedene Wege gehen[263]), der von ihm selbst getroffenen Feststellung, die Mitgliedschaft sei ein »komplexes Gebilde« und sei »zu einer fest geschlossenen Einheit zusammengefügt«[264]). Eiselt schließlich kommt zu dem unannehmbaren und widersprüchlichen Ergebnis, daß der Vermögenswert nicht vererblich ist – obwohl für ihn »die §§ 1922, 2032 BGB uneingeschränkt gelten« sollen[265]) – und eine Voll-Nachfolge damit überhaupt ausgeschlossen.

Mithin hat sich gezeigt, daß diese Gruppe von Auffassungen, die vom

---

aber später ebenfalls im Ergebnis dazu, daß ein Abfindungsanspruch gar nicht entstehen kann, s. S. 96; widersprüchlich der BGH: vgl. BGHZ 22, 190 einerseits und S. 194 andererseits; unrichtig Hueck JZ 1957, 223, nach dem die nichtnachfolgeberechtigten Miterben »ausscheiden« (!), obwohl sie nie Gesellschafter waren.

256) So aber der BGH in BGHZ 22, 195: »Wenn ein Abfindungsanspruch im Gesellschaftsvertrag für alle Miterben ausgeschlossen werden kann, so muß auch die Möglichkeit eines solchen Ausschlusses gegenüber denjenigen Miterben anerkannt werden, die nach dem Gesellschaftsvertrag nicht Gesellschafter-Nachfolger werden sollen.« Dagegen eingehend und zutreffend Prasch a.a.O., S. 92f.: »Aus der Befugnis, einen Vermögenswert ganz der Vererbung zu entziehen, kann zwar die Fähigkeit abgeleitet werden, ihn nur zum Teil aus dem ererblichen Vermögen herauszunehmen, nicht aber folgt hieraus, daß die Gesellschafter durch Rechtsgeschäft unter Lebenden den ererblichen Restvermögenswert mit unmittelbar dinglicher Wirkung nur einem Miterben unter Ausschluß der übrigen zuweisen können.« Vgl. dazu auch Wiedemann, S. 194f.; ferner Eiselt AcP 158, 332f.

257) So der BGH a.a.O. (s. o. S. 50).

258) So Hueck und Liebisch (s.o. S. 50f.); vgl. dagegen Prasch, S. 97 Anm. 18.

259) Zu weiteren Schwierigkeiten vgl. Hueck JZ 1957, 223.

260) S.o. S. 25ff.

261) Vgl. Rokas, S. 75, 83.

262) A.a.O., S. 96, 102.

263) ZHR 116, 151.

264) S. ZHR 116, 135.

265) S. AcP 158, 328.

Prinzip der Teil-Nachfolge ausgehen, der Kritik nicht standhalten können. Richtig ist, daß die *Teil-Nachfolge* möglich ist, wenn sich das ausdrücklich oder stillschweigend aus dem Gesellschaftsvertrag ergibt[266]). »Regelmäßig werden die Nachfolgeklauseln in den Gesellschaftsverträgen aber nicht in diesem Sinne auszulegen sein, denn Erblasser und fortsetzende Gesellschafter sind meist daran interessiert, daß der nachfolgeberechtigte Erbe die gesamte Mitgliedschaft fortführt und daß keine Abschichtungsansprüche gegen die Gesellschaft entstehen. Im Regelfall ... entspricht es der Absicht der Beteiligten, eine Voll-Nachfolge ... zu erreichen«[267]).

δδ) *Auffassungen, die vom Prinzip der Voll-Nachfolge ausgehen*

Diese Auffassungen nehmen an, daß der nachfolgeberechtigte Erbe durch unmittelbare Voll-Nachfolge Inhaber der ganzen einheitlichen Mitgliedschaft des Erblassers durch Sonderzuordnung unter Ausschluß der übrigen Miterben wird. Die Erklärung dafür ist allerdings verschieden.

(1) Zum Teil wird der Übergang der ganzen Mitgliedschaft auf den Nachfolger auf den *Gesellschaftsvertrag* selbst gegründet. Er bereitet dann den Übergang nicht nur vor, sondern stellt selbst den Verfügungstatbestand dar. Das OLG Hamburg[268]) hat in der qualifizierten Nachfolgeklausel einen Vertrag zugunsten Dritter gem. § 328 BGB gesehen[269]). Gegen diese Konstruktion ist bereits oben Stellung genommen worden (s. S. 16f.). LANGE[270]) nimmt ohne exakte Konstruktion an, daß der Übergang durch den Gesellschaftsvertrag bewirkt werde und betrachtet diese Zuweisung als eine durchgeführte Teilauseinandersetzung unter den Miterben. Es ist aber bereits fehlerhaft, in der Nachfolgeklausel selbst den Verfügungstatbestand zu sehen[271]). Weder stellt sie einen Vertrag zugunsten Dritter dar (s. o.), noch kennt das Gesellschaftsrecht eine eigenständige automatische Rechtsnachfolge des Erben[272]).

(2) Zum Teil wird die Sonderzuordnung mit *§ 139 HGB* begründet. Jedoch ist zu unterscheiden: WIEDEMANN begründet damit die rechtliche *Zulässigkeit* der Sonderzuordnung, nicht aber den Vorgang selbst[273]). Durch die Ausübung des Wahlrechts nach § 139 HGB werde der Gesellschaftsanteil automatisch und getrennt vom Nachlaß verteilt. Wenn aber eine solche Verselbständigung der Mitgliedschaft auf Grund nachträglicher

---

[266]) Siebert BB 1957, 18ff. (19); Vortrag Anhang II, S. 42f.; Schlegelberger-Geßler Rdnr. 25a Abs. 2 zu § 139 HGB.
[267]) Siebert ebendort.
[268]) HansOLG Hamburg MDR 1955, 43.
[269]) Vgl. auch Weipert Anm. 15 zu § 139 HGB (in Anm. 12 ist dagegen von Gesamtrechtsnachfolge die Rede!).
[270]) A.a.O., § 31 V 1 u. 3, S. 342f.; kritisch dazu Rokas, S. 86f.
[271]) Rokas, S. 86 unter III.
[272]) Siebert NJW 1955, 811; zur Ablehnung der Gesetzestheorie vgl. oben S. 20f.
[273]) A.a.O., S. 197f.; ähnlich Zunft NJW 1957, 1131.

Gestaltungserklärung möglich sei, dann müsse die Teilhaberschaft auch durch vorweggenommene statutarische Regelung im Zusammenspiel mit dem Erbgang unabhängig von der Miterbengemeinschaft einem einzelnen Erben zugewiesen werden können[274]). ROKAS sieht dagegen in § 139 HGB eine lex specialis, die die Sonderzuordnung zulasse. Daß die ganze Mitgliedschaft gesondert zugeordnet werden kann, ergebe sich aus der rechtlichen Natur derselben[275]). Hiergegen ist bereits oben bei der einfachen Nachfolgeklausel Stellung genommen worden (s. o. S. 42f.).

(3) Der überwiegende Teil des Schrifttums vertritt eine rein *erbrechtliche Lösung*. WIESMANN sieht als Begründung für die Sonderzuordnung die relative Vererblichkeit der Mitgliedschaft an. Die Teilhaberschaft werde vom Gesellschaftsvertrag konstitutiv zu einem vererblichen Rechtsgut gemacht. Dabei sei es den Gesellschaftern anheimgestellt, sie schlechthin oder nur bestimmten Personen gegenüber vererblich zu machen. »Im letzten Fall ist die Teilhaberschaft ein *relativ vererbliches* Rechtsgut, das nur von den im Gesellschaftsvertrag zugelassenen Miterben im Wege der Erbfolge erworben werden kann«[276]). Zu dieser Meinung muß kritisch angemerkt werden, daß sich aus der Tatsache, daß die Gesellschafter den Gesellschaftsanteil für nur einen Erben vererblich machen können, keine konstruktive Lösung für den *Vorgang* einer solchen Vererbung, der Sonderzuordnung also, ergibt.

SIEBERT vertritt auch und gerade hinsichtlich der qualifizierten Nachfolgeklausel die Theorie der *Sondererbfolge*[277]). Auch PRASCH gelangt auf Umwegen zu diesem Ergebnis (vgl. oben S. 51)[278]). Er verlangt allerdings für das Eintreten der Sondererbfolge hinsichtlich der ganzen Mitgliedschaft eine besondere gesellschaftsvertragliche Vereinbarung, »in welcher die Gesellschafter ihren Willen zur Vollnachfolge bekunden, um die Aufspaltung der vermögensmäßigen Beteiligung zu verhindern«[279]). Denn eine unmittelbare erbrechtliche Nachfolge des Gesellschaftermiterben in die gesamte Mitgliedschaft sei konstruktiv nur möglich, wenn sich die Mitgliedschaft als Einheit vererbt[280]). Hierin ist PRASCH zuzustimmen, jedoch verkennt er, daß nicht erst der Gesellschaftsvertrag die Einheit der Mitgliedschaft herzustellen braucht, sie ist vielmehr ihrer Rechtsnatur nach eine Einheit[281]).

---

274) Wiedemann a.a.O., S. 197f.; ähnlich insoweit Liebisch ZHR 116, 150 (s.o. S. 50).
275) A.a.O., S. 87f.
276) Wiesmann, S. 148ff. (154).
277) Vortrag, S. 23ff. u. Anhang II, S. 43; NJW 1955, 809ff. (811); BB 1956, 837ff. (838); BB 1957, 18ff. unter III.; ihm folgend Kipp-Coing, § 91 IV 83, S. 403; Soergel-Siebert-Schultze-v. Lasaulx Rdnr. 18 zu § 727 BGB; Zunft NJW 1957, 1131; Schlegelberger-Geßler Rdnr. 25a Abs. 5 zu § 139 HGB (vgl. aber auch oben N. 235); die Bemerkung Reinickes NJW 1957, 563 spricht zwar davon, daß dem nachfolgeberechtigten Miterben die ganze Mitgliedschaft allein zustehe, spricht aber nicht ausdrücklich von Sondererbfolge.
278) A.a.O., S. 96 u. 102f.
279) A.a.O., S. 103.
280) A.a.O., S. 103; nach Prasch gestaltet also der Gesellschaftsvertrag die Mitgliedschaft zur Einheit um! (s. a.a.O., S. 102).
281) Vgl. oben S. 22ff.; im übrigen ist es bedenklich, außer der qualifizierten Nachfolge-

Da bei der qualifizierten Nachfolgeklausel *ein* Erbe *einen* einzelnen Nachlaßgegenstand erben soll, ist der einer Sondererbfolge zugrundeliegende Fall gegeben. Die Bedenken gegen die von SIEBERT vertretene Analogie zum Höferecht bleiben aber auch hier gültig[282]).

WIEDEMANN vertritt auch hier wieder seine Auffassung vom *erbrechtlichen Sondergut*[283]). Er kommt offenbar auch hier dazu, daß – entsprechend der Regelung des § 1417 III 2 BGB – die laufenden Erträge allen Miterben gebühren, solange nicht die Erbengemeinschaft sich auseinandergesetzt hat[284]). WIEDEMANN geht bei der qualifizierten Nachfolgeklausel allerdings nicht so weit, daß alle geldwerten Ansprüche in den gesamthänderisch gebundenen Nachlaß fallen, d.h. allen Miterben zugeordnet werden; insbesondere Gewinnanteil und Auseinandersetzungsquote sollen nicht der Erbengemeinschaft gehören[285]). Aber der Gesellschafter-Erbe muß einen Teil des Gewinns an die Miterben abführen[286]).

Auch an dieser Stelle muß eine endgültige Stellungnahme zu diesen Lösungsversuchen dem rechtsvergleichenden Teil vorbehalten bleiben.

cc) Wertverteilung

α) *Grundsatz*

Es war oben festgestellt worden, daß Zuordnung und Wertverteilung bei der Erbfolge voneinander zu trennen sind. Nur im Hinblick auf die Zuordnung fordert die qualifizierte Nachfolgeklausel eine Durchbrechung des Prinzips der Gesamtrechtsnachfolge i. S. der Gleichbehandlung aller Erben. »Der Tribut des Erbrechts an das Gesellschaftsrecht ist die Sonderzuordnung. Nicht mehr!«[287]). Diese Durchbrechung ist vom Erbrecht her deshalb akzeptabel, weil die Zuordnung der Nachlaßgegenstände an alle Erben

---

klausel noch eine zusätzliche Vereinbarung zu fordern, die regelmäßig im Gesellschaftsvertrag fehlen wird. Das scheint Prasch selbst zu spüren, wenn er S. 103 Anm. 14 sagt: »In der Vereinbarung, daß die Miterben keinen Abfindungsanspruch erhalten sollen, kommt dieser Wille zum Ausdruck. Es muß aber genügen, wenn die Gesellschafter im Vertrag die Vollnachfolge des Gesellschaftermiterben bestimmen. Dies kann ausdrücklich geschehen; der entsprechende Wille kann aber auch durch Auslegung gefunden werden«. – Fehlt also nur noch der Satz, daß er in der qualifizierten Nachfolgeklausel zum Ausdruck komme (so andeutungsweise auf S. 102f.). – Im übrigen ist nach Prasch selbst ein Ausschluß des Abfindungsanspruchs gar nicht möglich. Auf S. 96 heißt es nämlich: »Der Abfindungsanspruch der übrigen Miterben kann dann nicht mehr entstehen, weil der Sondererbe von vorneherein die Mitgliedschaft einschließlich ihres ganzen Vermögenswertes im Erbgang erwirbt.«(!)

282) Vgl. dazu oben S. 43f.

283) A.a.O., S. 205ff.; andeutungsweise auch Staudinger-Boehmer Rdnr. 162 zu § 1922 BGB.

284) Vgl. oben S. 44f.

285) A.a.O., S. 212.

286) A.a.O., S. 211 u. 212.

287) Wiedemann, S. 207; vgl. auch Siebert, Vortrag (Anhang II), S. 43 Anm. 8a; Prasch, S. 106.

immer ein nur vorübergehender Zustand ist[288]). Dagegen ist die Wertverteilung als das eigentliche Ziel der Vermögensneuordnung beim Erbfall gekennzeichnet worden. Sie trägt zwingenden Charakter insofern, als sie gesetzlich festgelegt ist und nur durch ganz bestimmte erbrechtliche Verfügungen, die dazu noch bestimmten Formen unterliegen, verändert werden kann[289]). Die qualifizierte Nachfolgeklausel selbst ist nicht in der Lage, in diese Ordnung einzugreifen, da sie keine solche Verfügung darstellt[290]).

Das bedeutet: wenn die nicht nachfolgeberechtigten Miterben auch an der Mitgliedschaft durch Zuordnung nicht beteiligt werden können, so gebührt ihnen jedenfalls ein entsprechender Anteil an ihrem Wert[291]). Da die *ganze* Mitgliedschaft vererbt wird, gehört sie wertmäßig auch voll zum Nachlaß, und der Gesellschafter-Miterbe muß den übrigen Miterben gegenüber zum Ausgleich verpflichtet sein, sofern der Gesellschaftsanteil seinen Wertanteil am Nachlaß – die Erbquote – übersteigt[292]). Nur im Hinblick auf die Wertverteilung erweist sich somit der Satz als richtig, der Nachfolger könne auf Grund des Gesellschaftsvertrags nicht mehr erhalten als ihm nach Erbrecht zusteht.

Dagegen läßt sich nicht einwenden, in der Regel solle der gesamte Wert der Mitgliedschaft auf Grund des Gesellschaftsvertrages dem Nachfolger zufließen und im Gesellschaftsvermögen gebunden bleiben[293]), oder: es entspreche dem Willen des Erblassers, daß der Gesellschafter-Miterbe den ganzen Gesellschaftsanteil (und außerdem den Erbanteil am übrigen Nachlaß) erhält[294]). Dieser Wille hat nur dann die gewollten Rechtsfolgen, wenn er in einer den erbrechtlichen Erfordernissen entsprechenden Verfügung von Todes wegen zum Ausdruck gekommen ist[295]). Der Grundsatz der Ausgleichspflicht des Nachfolgers gegenüber den Miterben kann also im Ergebnis nicht bestritten werden. Wie er dogmatisch begründet werden kann, ist eine andere Frage.

Schwierig ist es dabei für jene Auffassungen, die von der Teil-Nachfolge ausgehen, zu begründen, daß bei der Wertverteilung der gesamte Gesellschaftsanteil zu berücksichtigen ist. Da nach ihnen ja nur teilweise eine unmittelbare erbrechtliche Nachfolge stattfindet, dürfte konsequenterweise auch nur dieser Teil wertmäßig in den Nachlaß fallen. Dennoch erkennen auch jene Meinungen die Ausgleichspflicht an. HUECK[296]) gibt keine nähere Begründung, muß sich aber entgegenhalten lassen, daß nach seiner Meinung jedenfalls dann nichts in den Nachlaß fällt und die Erben keinen Aus-

---

[288]) Vgl. Kipp-Coing, § 91 IV 8c, S. 402: »Die Zusammenfassung des Nachlasses bei Erbenmehrheit in einer Rechtsgemeinschaft zur gesamten Hand (ist) nur ein technisches Mittel der Nachlaßabwicklung ...«; so dem Sinne nach auch Prasch, S. 105.

[289]) Vgl. oben S. 46f.

[290]) S. Rokas, S. 90; Prasch, S. 106.

[291]) Wiedemann, S. 207.

[292]) Siebert, Vortrag (Anhang II), S. 43.

[293]) So Weipert Anm. 12 zu § 139 HGB.

[294]) So Zunft NJW 1957, 1133.

[295]) So richtig Rokas, S. 90; ablehnend von seinem besonderen Standpunkt aus Eiselt AcP 158, 334ff.; vgl. auch Tiedau MDR 1957, 641ff.

[296]) OHG § 28 II 2c, S. 301; ebenso Liebisch ZHR 116, S. 150, 152.

gleichsanspruch haben, wenn die Gesellschaft nach dem Vertrag nur unter den überlebenden Gesellschaftern fortgesetzt werden soll und der Abschichtungsanspruch ausgeschlossen ist. Es leuchtet wenig ein, warum nicht hier mindestens teilweise dasselbe gelten sollte[297]). Der BGH[298]) arbeitet insoweit mit dem Grundsatz von Treu und Glauben.

Für die erbrechtlichen Lösungen der Voll-Nachfolge ist es dagegen selbstverständlich, daß die *ganze* Mitgliedschaft wertmäßig zum Nachlaß gehört, da sie ja als Ganzes vererbt worden ist[299]). Das bedeutet: bei der Auseinandersetzung unter den Miterben hat sich der Gesellschafter-Erbe den Wert der Mitgliedschaft anrechnen zu lassen[300]), oder anders ausgedrückt: der Wert der Mitgliedschaft[301]) wird dem Wert des übrigen Nachlasses hinzugerechnet. Nach dieser Gesamtsumme werden dann (nach Berichtigung der Verbindlichkeiten) die Erbquoten berechnet[302]). Erreicht nun der Wert der Mitgliedschaft den Erbanteil des Gesellschafter-Erben nicht, so erhält er vom übrigen Nachlaß nur das, was zur Erreichung seiner Erbquote nötig ist[303]). Übersteigt dagegen der Wert des Gesellschaftsanteils die Erbquote, so hat er den Miterben insoweit Ausgleich in Geld zu leisten[304]).

Worauf dieser Ausgleichsanspruch der Miterben gestützt werden kann, wird verschieden beurteilt. Eine Analogie zu den §§ 2050ff., 2315 BGB[305]), in denen eine Zuwendung *außerhalb* des Nachlasses vorausgesetzt wird[306]), ist allerdings ebensowenig möglich wie die Begründung mit der Wertung des § 2301 BGB[307]), der ein Rechtsgeschäft zwischen dem Erblasser und dem Bedachten voraussetzt[308]). Aber nur weil der Ausgleichsanspruch auf keine konkrete Norm gestützt werden kann, darf er nicht abgelehnt werden. Vielmehr folgt die Ausgleichspflicht aus der Notwendigkeit, den Zwiespalt zwischen Sonderzuordnung und erbrechtlicher Wertverteilungsordnung zu beseitigen[309]). Für die Theorie der Sondererbfolge läßt sich dies

---

297) Vgl. Rokas, S. 88.

298) BGHZ 22, S. 197.

299) Vgl. Prasch, S. 106; Wiedemann, S. 208; Siebert, Vortrag (Anhang II), S. 43; Rokas, S. 88; das anerkennt auch Lange, § 31 V 4, S. 343, obwohl er den Gesellschaftsvertrag als Verfügungstatbestand ansieht (s. o.); auf diese Weise bleiben auch die Interessen der Nachlaßgläubiger und der Pflichtteilsberechtigten gewahrt, vgl. Rokas, S. 93 und Wiedemann, S. 222; zur Haftungsfrage eingehend Wiedemann, S. 223ff.

300) Prasch, S. 108; Rokas, S. 91.

301) Zur Frage der Bewertung der Mitgliedschaft vgl. Wiedemann, S. 213ff.

302) Wiedemann, S. 210.

303) Rokas, S. 91.

304) Siebert, Vortrag (Anhang II), S. 43; Prasch, S. 108; Rokas, S. 91; dieser Ausgleichsanspruch steht dem einzelnen Erben in Höhe des ihm fehlenden Bruchteils zu: s. Wiedemann, S. 210f.

305) Vgl. Tiedau MDR 1957, 641ff. (642).

306) Insoweit richtig Zunft NJW 1957, 1132; vgl. auch Wiedemann, S. 211; Rokas, S. 89.

307) So G. u. D. Reinicke NJW 1957, 561ff. (563).

308) Zunft NJW 1957, 1132; Tiedau MDR 1957, 642; Rokas, S. 89; vgl. auch Wiedemann, S. 211.

309) Wiedemann, S. 211; Prasch, S. 107; Rokas, S. 90; Schlegelberger-Geßler Rdnr. 25a Abs. 5 zu § 139 HGB.

Ergebnis – soweit die Sondererbfolge auf eine Analogie zum Anerbenrecht begründet wird – mit der entsprechenden Regelung der Höfeordnungen begründen[310]). WIEDEMANN überträgt auch im Hinblick auf die Wertordnung Gedanken der ehelichen Gütergemeinschaft auf das Erbrecht: Es könne für die Beteiligung an einer Personengesellschaft nicht zweifelhaft sein, daß der zum Sondergut zählende Unternehmensanteil bei einer Auseinandersetzung der Gütergemeinschaft angerechnet werden muß, da die Sonderzuordnung nur technische Gründe habe[311]). Auch bei der qualifizierten Nachfolgeklausel bestehe – so nimmt WIEDEMANN an – zwischen dem Inhaber des Sonderguts (d.h. der gesondert zugeordneten Mitgliedschaft) und den Miterben bis zur Auseinandersetzung der Erbengemeinschaft eine Wertgemeinschaft[312]). Hier wie dort sei bei der Auseinandersetzung der Wert der vollen Mitgliedschaft zu berücksichtigen[313]).

β) *Einfluß letztwilliger Verfügungen auf die Wertverteilung*

Die Wertverteilung kann – wie erwähnt wurde – nur durch letztwillige Verfügungen verändert werden[314]). Gesellschaftsvertragliche Regelungen können dagegen letztwillige Verfügungen in keinem Fall ersetzen und daher die erbrechtliche Vermögensverteilung nach Erbquoten nicht beeinflussen[315]); insbesondere ist der Ausschluß des *erbrechtlichen* Ausgleichsanspruchs der Miterben gegen den Nachfolger nicht durch *gesellschaftsvertragliche* Vereinbarung möglich[316]).

Ein Bedürfnis dazu kann vor allem für den Fall bestehen, daß der Nachfolger nicht in der Lage ist, die Ausgleichsforderungen der Miterben zu erfüllen, so daß diese gezwungen sind, auf den Gesellschaftsanteil zurückzugreifen, wodurch trotz der Nachfolgeklausel der Bestand des Unternehmens gefährdet werden kann[317]).

Die Möglichkeiten, die Wertverteilung durch eine letztwillige Verfügung zu beeinflussen, sind zahlreich[318]). Im Extrem kann der *ganze Wert* der Mitgliedschaft dem Gesellschafter-Erben zugewendet werden, insbesondere durch Auflage oder Vermächtnis. Dann ist die Mitgliedschaft bei der Auseinandersetzung der Miterben über den übrigen Nachlaß nicht zu berück-

---

310) Vgl. z.B. § 4 der HöfeO f.d. Brit. Zone (Verordnung Nr. 84 v. 24. 4. 1947, Amtsbl. d. MilReg. Nr. 18, S. 505); vgl. Prasch, S. 107; Rokas, S. 90f.

311) A.a.O., S. 209.

312) Vgl. zu diesem Begriff Wiedemann, S. 208.

313) A.a.O., S. 210.

314) Vgl. oben S. 46f.

315) Wiedemann, S. 220f.; Prasch, S. 114.

316) Hueck, OHG § 28 II 2c, S. 301f.; Wiedemann, S. 219ff.; Schlegelberger-Geßler Rdnr. 25a Abs. 5 zu § 139 HGB; Siebert, Vortrag (Anhang II), S. 43; Rokas, S. 94ff.; Prasch, S. 110ff.; Liebisch ZHR 116, 152; abw. Weipert Anm. 12 zu § 139 HGB.

317) Wiedemann, S. 221; Rokas, S. 91f.

318) Außer Vermächtnis, Vorausvermächtnis und Auflage kommt auch ein Erbvertrag in Betracht; vgl. Rokas, S. 95 u. 96; zum letzteren vgl. Prasch, S. 114f.; Wiedemann, S. 219ff.

sichtigen, »die Wertgemeinschaft ist ausgeschlossen«[319]). Der Schutz der Miterben als Pflichtteilsberechtigte durch die §§ 2305, 2306 BGB bleibt allerdings in jedem Fall unberührt[320]), da er unabdingbar ist als Gegengewicht zur Testierfreiheit.

c) Vorliegen der Nachfolgevoraussetzungen

aa) Identität von Nachfolger und Erben

Voraussetzung für die automatische Nachfolge in die Mitgliedschaft ist, daß der im Gesellschaftsvertrag bestimmte Nachfolger zugleich Erbe des verstorbenen Gesellschafters ist. Diese Frage kann nun nicht etwa damit bejaht werden, daß der durch die qualifizierte Nachfolgeklausel Begünstigte überhaupt Miterbe ist. Es kommt darauf an, daß er Erbe gerade hinsichtlich des *Gesellschaftsanteils*, d.h. dessen erbrechtliches Zuordnungssubjekt ist. So gesehen ist die Frage nach der Identität von Nachfolger und Erben in der Frage der Sonderzuordnung enthalten. Weil die Sonderzuordnung zulässig ist, kann der im Gesellschaftsvertrag bestimmte Nachfolger auf erbrechtlichem Wege Inhaber der Mitgliedschaft werden. Die Identität ist damit gegeben.

bb) Zusammenfallen von Rechtszuständigkeit und Rechtsausübungsbefugnis beim Gesellschafter-Erben

Da dem nachfolgeberechtigten Miterben die Mitgliedschaft unter Ausschluß der übrigen Erben gesondert zugeordnet wird, kommt ihm nicht nur die Rechtszuständigkeit für den ganzen Gesellschaftsanteil zu, sondern auch die alleinige Rechtsausübungsbefugnis. Der Sondernachfolger hat also im Ergebnis hinsichtlich der Mitgliedschaft dieselbe Stellung wie ein Alleinerbe[321]).

B. Österreich

I. Die offene Handelsgesellschaft im österreichischen Recht und ihre Rechtsgrundlagen

Auch das österreichische Recht kennt die Gesellschaftsform der »offenen Handelsgesellschaft«. Bis zur Zeit des »Anschlusses« Österreichs an das Deutsche Reich waren die für sie geltenden Normen in Art. 85–149 des

---

[319]) Wiedemann, S. 219.

[320]) Rokas, S. 96; Hueck (OHG § 28 II 2c, S. 302) weist auf § 2316ff. BGB hin, die Rokas (S. 96 Fußn. 124) aber für unanwendbar hält; vgl. Prasch, S. 111.

[321]) Vgl. oben S. 30f.

Allgemeinen Handelsgesetzbuchs (AHGB) vom 1. Juli 1863 enthalten[322]). Durch die »Vierte Verordnung zur Einführung handelsrechtlicher Vorschriften im Lande Österreich« (4. EinfVOzHGB) vom 24. 12. 1938 (RGBl. I, S. 1999; GBlÖ. Nr. 86/1939) wurde das deutsche Handelsgesetzbuch (HGB) vom 10. 5. 1897 (RGBl., S. 219), das in Deutschland seit dem 1. 1. 1900 gilt, im österreichischen Rechtsgebiet in seinen wesentlichen Teilen – hinsichtlich des Rechts der Handelsgesellschaften jedoch vollständig – in Geltung gesetzt.

Mit dem 10. April 1945 galten sämtliche auf nationalsozialistischem Gedankengut basierenden und nach dem 13. März 1938 erlassenen Vorschriften auf Grund des Verfassungsgesetzes vom 1. Mai 1945 über die Wiederherstellung des Rechtslebens in Österreich (Rechtsüberleitungsgesetz, StGBl. Nr. 6/1945) als aufgehoben. Welche Normen im einzelnen damit außer Kraft getreten waren, sollte die Regierung mittels Kundmachung feststellen. Dagegen wurden alle übrigen Gesetze und Verordnungen, die nach dem 13. März 1938 für Österreich erlassen worden waren, bis zu einer Neugestaltung der einzelnen Rechtsgebiete als österreichische Rechtsvorschriften in vorläufige Geltung gesetzt. Da das HGB nicht für aufgehoben erklärt worden ist, gilt es in Österreich noch heute. Dasselbe gilt für die 4. EinfVOzHGB, deren Art. 7 zum zweiten Buch des HGB (Handelsgesellschaften und stille Gesellschaft) im Rahmen der vorliegenden Untersuchung von besonderer Wichtigkeit ist[323]).

Dies bedeutet, daß die Rechtsgrundlagen der offenen Handelsgesellschaft in Österreich und Deutschland nahezu identisch sind. Daher sind nach einhelliger Ansicht seit dem 1. 3. 1939 auch die deutsche Rechtsprechung und das Schrifttum insoweit für Österreich verwendbar[324]).

II. Rechtslage beim Tod eines Gesellschafters nach dem Gesetz

Nach § 131 Ziff. 4 HGB wird eine offene Handelsgesellschaft (OHG) durch den Tod eines Gesellschafters aufgelöst.

Im Gegensatz dazu wird eine bürgerlichrechtliche »Erwerbsgesellschaft« unter Kaufleuten in jedem Fall mit den Erben des verstorbenen Gesellschafters fortgesetzt (§ 1207 Satz 3 ABGB). Das ist im wesentlichen für die Kleinhandelsgesellschaften und die Gelegenheitsgesellschaften von Bedeutung. Der intuitus personae tritt hier ganz zurück[325]). Dagegen gilt für die Erwerbsgesellschaften unter Nichtkaufleuten die Vermutung, daß sie unter den überlebenden Gesellschaftern fortbesteht, sofern es sich um eine mehr-

---

322) Identisch mit dem ADHGB unter Ausschluß des Seerechts; vgl. zur Geschichte des AHGB Staub-Pisko Einleitung I, S. 1ff.

323) Vgl. im einzelnen Demelius, HGB, Vorwort.

324) So R. Haas JBl. 1955, S. 9.

325) Vgl. dazu Klang-Wahle Anm. 3 zu § 1207 ABGB, S. 653 und Anm. 1 zu § 1208 ABGB, S. 656; E. des OGH HS. Nr. 1339; dies ist im übrigen einer der deutschrechtlichen Gedanken im ABGB; vgl. Klang-Weiß Vorbemerkung zu § 531 ABGB, S. 8.

gliedrige Gesellschaft handelt (§ 1207 Satz 2 ABGB); eine Zweimanngesellschaft unter Nichtkaufleuten wird dagegen aufgelöst (§ 1207 Satz 1 ABGB). Die genannte Vermutung wird sogar einhellig dahin verstanden, »daß es einer ausdrücklichen Bestimmung des Gesellschaftsvertrages bedürfe, wenn nach dem Tode eines Gesellschafters den übrigen das Recht zustehen soll, aus der Gesellschaft auszuscheiden«[326]). Die Fortsetzung mit den Erben bedarf allerdings bei der Erwerbsgesellschaft unter Nichtkaufleuten einer besonderen gesellschaftsvertraglichen Vereinbarung (§ 1208 ABGB).

Diese Vorschriften des ABGB – insbesondere soweit sie die Fortsetzung einer Erwerbsgesellschaft unter Kaufleuten mit den Erben betreffen – sind im Rahmen des handelsrechtlichen Gesellschaftsrechts nicht anwendbar. Zwar finden nach § 105 II HGB die bürgerlichrechtlichen Vorschriften über die Gesellschaft auch bei der OHG Anwendung; jedoch bestimmt einerseits Art. 7 Nr. 1 der 4. EinfVOzHGB, daß die Vorschriften des 27. Hauptstücks des zweiten Teils des ABGB – also gerade die die Erwerbsgesellschaft betreffenden §§ 1175–1216 ABGB – nicht mehr auf die OHG anzuwenden sind; Art. 7 der 4. EinfVOzHGB enthält stattdessen besondere Bestimmungen. Zum anderen gilt § 105 II HGB nur unter dem Vorbehalt anderweitiger Regelung im HGB.

Es bleibt also bei der in § 131 Ziff. 4 HGB statuierten Regel, daß die OHG durch den Tod eines Gesellschafters aufgelöst wird[327]).

III. Fortsetzung der offenen Handelsgesellschaft durch Vererbung der Mitgliedschaft auf Grund einer gesellschaftsvertraglichen Nachfolgeklausel

1. Abdingbarkeit der gesetzlichen Regelung im Sinne einer Nachfolgeklausel

a) Zulässigkeit einer Nachfolgevereinbarung

§ 131 Ziff. 4 HGB hat die Anordnung der Auflösung nur für den Fall getroffen, daß der Gesellschaftsvertrag in diesem Punkte schweigt (»soweit nicht aus dem Gesellschaftsvertrage sich ein anderes ergibt«)[328]). Daher ist jede anderweitige gesellschaftsvertragliche Regelung nach dem Grundsatz der Vertragsfreiheit wirksam, soweit sie nicht gegen ein Gesetz oder die guten Sitten verstößt (§ 879 ABGB)[329]). Die Vereinbarung, die Gesellschaft

---

[326]) Klang-Wahle Anm. 1 zu § 1207 ABGB, S. 651; vgl. § 1211 ABGB, wonach die Gesellschaft sogar nur dann aufgekündigt werden kann, wenn der Betrieb des Geschäfts vorzüglich vom Verstorbenen abhing!

[327]) So schon nach Art. 123 Nr. 2 ABGB; es kommt dann gem. §§ 145 ff. HGB zur Liquidation, wobei Mitglied der Liquidationsgesellschaft aber nicht die Erben sind, sondern der Nachlaß (vgl. zu dessen rechtlicher Qualität die Ausführungen im folgenden); vgl. im einzelnen Demelius ÖNotZ 1954, 117.

[328]) Kastner ÖJZ 1958, 367.

[329]) Kastner ÖJZ 1958, 366.

nach dem Tode eines Gesellschafters nicht aufzulösen, sondern fortzusetzen[330]), ist unbestritten wirksam, insbesondere auch dann, wenn die Fortsetzung *mit den Erben* des verstorbenen Gesellschafters erfolgen soll[331]). Eine solche Vereinbarung muß zwar ausdrücklich getroffen werden, aber nicht unbedingt schriftlich oder wörtlich; sie kann sich auch aus dem Sinn des Gesellschaftsvertrages ergeben[332]).

Dagegen hat eine letztwillige Verfügung des verstorbenen Gesellschafters allein keine Bedeutung für die Fortsetzung der Gesellschaft nach seinem Tode. Sie kann in keinem Fall eine gesellschaftsvertragliche Vereinbarung ersetzen[333]). Fehlt eine solche Vereinbarung, so kann die Fortführung mit den Erben nur in der Weise geschehen, daß sich Erben und überlebende Gesellschafter darüber einigen, d.h. einen neuen Gesellschaftsvertrag schließen[334]).

b) Vererblichkeit der Mitgliedschaft

Ist im Gesellschaftsvertrag bestimmt, daß im Falle des Todes eines Gesellschafters die Gesellschaft mit dessen Erben fortgesetzt werden soll, so besteht nach Hämmerle angeblich Streit über die *Rechtsstellung* des Erben. Man sei sich insbesondere nicht darüber einig, ob der Erbe als Rechtsnachfolger des verstorbenen Gesellschafters in die Gesellschaft eintritt oder ob er die Mitgliedschaft auf Grund eigenen Rechts erwirbt[335]). Damit ist die Frage der Vererblichkeit des Gesellschaftsanteils angesprochen, d.h. die Frage, ob eine Fortsetzungsvereinbarung im österreichischen Recht die Wirkung einer Nachfolgeklausel haben kann oder nur die einer Eintrittsklausel.

Diese beiden Grundformen der Fortsetzungsvereinbarung werden nun aber – wie sich aus dem übrigen Schrifttum ergibt – auch in Österreich streng unterschieden[336]). Sicher ist, daß der Gesellschaftsvertrag dem Erben ein Eintrittsrecht zuwenden kann, so daß er die Mitgliedschaft auf Grund »eigenen Rechtes«[337]) erwirbt. Wenn aber die gesellschaftsvertragliche Ver-

---

[330]) Zu den verschiedenen Gestaltungsmöglichkeiten vgl. Kastner ÖJZ 1958, 366.

[331]) Kastner ebendort; Klang-Wahle Anm. 2 zu § 1208 ABGB, S. 656; so schon nach Art. 123 Nr. 2 ABGB, vgl. Staub-Pisko-Bettelheim § 5 zu Art. 123, S. 522.

[332]) Klang-Wahle Anm. 2 zu § 1207 ABGB, S. 656.

[333]) Kastner ÖJZ 1958, 365; Staub-Pisko-Bettelheim § 5 zu Art. 123, S. 523; Klang-Weiß Anm. III 4e zu § 550 ABGB, S. 157; Klang-Wahle Anm. 4 zu § 1208 ABGB, S. 660.

[334]) Kastner ÖJZ 1958, 366 unter a.; Staub-Pisko-Bettelheim § 5 zu Art. 123 AHGB, S. 523; Klang-Wahle Anm. 5 zu § 1208 ABGB, S. 660; Demelius ÖNotZ 1954, 117; aber auch dann kann die Identität der Gesellschaft erhalten bleiben; vgl. E. des BGH vom 22. 4. 1959 HS. Nr. 95; E. des VGH vom 1. 2. 1956 HS. Nr. 1338.

[335]) Hämmerle a.a.O., § 53 II A 4c, S. 439.

[336]) Vgl. etwa Klang-Wahle Anm. 2 zu § 1208 ABGB, S. 656ff. einerseits und Anm. 4 zu § 1208 ABGB, S. 659f. andererseits; Klang-Weiß zu § 531 ABGB, S. 45; Kastner ÖJZ 1958, 366 unter e. und f.; Demelius ÖNotZ 1954, 114ff. unter I und S. 116 unter II. 1.

[337]) Vgl. Hämmerle a.a.O., § 53 II A 4c, S. 439.

einbarung dahingeht, daß beim Tode eines Gesellschafters seine Mitgliedschaft ipso iure auf den bzw. die Erben übergehen soll, so wird sie von der erbrechtlichen Rechtsnachfolge erfaßt. Gem. § 728 ABGB fällt die gesamte Verlassenschaft (Nachlaß) den Erben zu. Nach § 531 ABGB ist sie der Inbegriff der Rechte und Verbindlichkeiten eines Verstorbenen, »insofern sie nicht in bloß persönlichen Verhältnissen gegründet sind«. Liegt eine Nachfolgeklausel vor, so steht fest, daß die Mitgliedschaft keine »in bloß persönlichen Verhältnissen« begründete Rechtsstellung ist. Diese Vererblichkeit des Gesellschaftsanteils ex contractu wird in Österreich einhellig anerkannt[338]).

Damit ist die Abdingbarkeit des § 131 Ziff. 4 HGB im Sinne einer Nachfolgeklausel gegeben. Eine Differenz über die Rechtsstellung des Erben, von der HÄMMERLE spricht[339]), kann sich daher nur im konkreten Fall bei der Auslegung einer Fortsetzungsklausel ergeben.

Im österreichischen Recht hat die Vererblichkeit des Gesellschaftsanteils nichts Problematisches. In einem Fall ist sie sogar gesetzlich vorgesehen (§ 1207 Satz 3 ABGB); in einem anderen Fall wird es der Parteiautonomie überlassen, die Mitgliedschaft vererblich zu gestalten (§ 1208 ABGB)[340]). Im Rahmen des OHG-Rechts kann insbesondere – ebenso wie im deutschen Recht – auf § 139 HGB hingewiesen werden, der die Vererblichkeit voraussetzt; und des weiteren ordnet Art. 7 Nr. 17 I der 4. EinfVOzHGB an:

> »§ 139 ist mit folgender Maßgabe anzuwenden:
> (1) Ist im Gesellschaftsvertrag bestimmt, daß im Falle des Todes eines Gesellschafters die Gesellschaft mit seinen Erben fortgesetzt werden soll, so besteht sie nach dem Tode dieses Gesellschafters mit seiner Verlassenschaft und nach deren Einantwortung mit den Erben fort.«

Die volle Tragweite dieser Bestimmung wird allerdings erst deutlich, wenn im folgenden der besondere österreichische Erbfolgevorgang erläutert worden ist.

2. Die Vererbung der Mitgliedschaft

a) Der Vorgang der Vererbung im österreichischen Recht

Das österreichische Recht kennt im Gegensatz zum deutschen nicht das erbrechtliche Prinzip der Unmittelbarkeit, d.h. des unmittelbaren Rechtserwerbs durch den Erben beim Tode des Erblassers. Der Rechtserwerb des Erben vollzieht sich vielmehr am Schluß eines besonderen Verfahrens, das jede Verlassenschaft durchlaufen muß. Es handelt sich dabei um ein Ver-

---

[338]) Klang-Wahle Anm. 2 zu § 1208 ABGB, S. 656ff.; Klang-Weiß zu § 531 ABGB, S. 45f.; vgl. Staub-Pisko-Bettelheim § 5 zu Art. 123 AHGB, S. 522ff. (524); Gschnitzer, Erbrecht, § 2 II 5., S. 6; Kastner ÖJZ 1958, 367; Demelius ÖNotZ 1954, 114ff.; zu früheren Bedenken vgl. Demelius, Nachlaßverfahren, S. 182.

[339]) S. o. S. 63.

[340]) Vgl. oben S. 62.

fahren unter der ständigen Aufsicht des Verlassenschaftsgerichts, geregelt im Gesetz über das gerichtliche Verfahren in Rechtsangelegenheiten außer Streitsachen (AußStrG.)[341].

Diese ständige gerichtliche Nachlaßbetreuung bei jedem Todesfall hat sich in Österreich seit etwa dem 17. Jahrhundert herausgebildet. Dadurch sollte die Beitreibung öffentlicher und gutsherrlicher Abgaben gesichert werden. Ursprünglich beinhaltete das Verfahren sogar die vollständige Liquidation des Nachlasses[342].

Am Anfang steht ein kurzes *Vorverfahren*, das mit der Anzeige des Todesfalls beginnt und die Todesfallaufnahme zum wesentlichen Inhalt hat[343]. Der Erwerb der Erbschaft vollzieht sich alsdann im Verlauf des eigentlichen Nachlaßverfahrens, der sog. *Verlassenschaftsabhandlung*. Sie ist in drei Stufen gegliedert: Anfall, Antretung und Einantwortung der Erbschaft[344].

aa) Anfall der Erbschaft

Grundsätzlich »fällt« mit dem Tode des Erblassers (Erbfall) die Erbschaft dem Erben »an« (Erbanfall): § 545 ABGB (Ausnahme nur gem. § 703 ABGB bei aufschiebender Bedingung)[345].

Im Hinblick auf den Nachlaß bedeutet der Anfall, daß dieser ein Sondervermögen bildet, das zwar nach heutiger Auffassung nicht als juristische Person angesehen werden kann[346], wohl aber als »juristische Realität«[347], weil ihm immerhin Rechtssubjektivität zukommt[348]; denn »jedenfalls können für und gegen den Nachlaß Rechte geltend gemacht werden«[349]. Es handelt sich um die Figur eines sog. ruhenden Nachlasses (hereditas iacens)[350]. Dennoch wird der Erbe, wenn er schließlich die Erbschaft erwirbt, nicht etwa als Rechtsnachfolger dieses Sondervermögens, sondern des Erblassers angesehen[351]. Auf diese Weise wird die unterbrochene Kontinuität zum Erblasser doch wieder hergestellt[352]. Für die Rechtsverhältnisse des Nachlasses bleibt die Person des Erblassers bestimmend, soweit es darauf ankommt. § 547 Satz 3 ABGB fingiert insoweit die Fortsetzung der Persönlichkeit des Erblassers[353]:

---

[341] Kaiserliches Patent vom 9. 8. 1854, novelliert 1923, 1959, 1960.

[342] Von Caemmerer DFG 1936, 120f.; vgl. auch Klang-Weiß Anm. I zu § 797 ABGB.

[343] Siehe im einzelnen Gschnitzer, Erbrecht, § 15 III, S. 50f.

[344] Vgl. Ferid-Firsching, Öster. Grdz. G I, Rdnr. 107.

[345] Ferid-Firsching ebendort, Rdnr. 108.

[346] Vgl. Klang-Weiß Anm. II zu § 547 ABGB, S. 123; abw. Demelius ÖNotZ 1954, 114; dahingestellt sein läßt es Gschnitzer, Erbrecht, § 17 IV, S. 58.

[347] So Ferid-Firsching, Öster. Grdz. G I, Rdnr. 108.

[348] Klang-Weiß Anm. II zu § 547 ABGB, S. 123f.

[349] Gschnitzer, Erbrecht, § 17 IV, S. 58.

[350] Nach Klang-Weiß Anm. II zu § 547 ABGB, S. 123f. unterscheidet er sich von einer juristischen Person insbesondere dadurch, daß ein anderes Rechtssubjekt an seine Stelle zu treten bestimmt ist, dessen Identität aber noch ungewiß ist.

[351] Klang-Weiß Anm. II zu § 547 ABGB, S. 124.

[352] Gschnitzer, Erbrecht, § 17 IV, S. 58.

[353] Klang-Weiß Anm. II zu § 547 ABGB, S. 124; Ferid-Firsching, Öster. Grdz. G I, Rdnr. 108.

»Vor der Annahme des Erben wird die Verlassenschaft so betrachtet, als wenn sie noch von dem Verstorbenen besessen würde.«

Für den Erben hat der Anfall der Erbschaft nur die Bedeutung, daß er das »Erbrecht« erwirbt (536 Satz 1 ABGB). Nach der Legaldefinition des § 532 ABGB ist es

»das ausschließende Recht, die ganze Verlassenschaft, oder einen in Beziehung auf das Ganze bestimmten Teil derselben ... in Besitz zu nehmen.«

Diese Inbesitznahme darf aber nach § 797 ABGB nicht eigenmächtig erfolgen, vielmehr muß das Erbrecht vor Gericht verhandelt werden, und der Erbe kann erst vom Gericht in den rechtlichen Besitz eingewiesen werden (= Einantwortung). Daran ändert die Tatsache nichts, daß der Nachlaß in der Regel vom Erben verwahrt wird[354]). Hält man sich weiter vor Augen, daß nach § 425 ABGB grundsätzlich jeder Erwerb dinglicher Rechte eine »rechtliche Übergabe und Übernahme« voraussetzt, so wird deutlich, daß dem Erben mit dem Anfall der Erbschaft nur das Recht gegeben ist, den Nachlaß durch »Antretung« und »Einantwortung« (s. dazu im folgenden) zu erwerben, daß ihm aber die im Nachlaß befindlichen Rechte selbst noch nicht zustehen. Das Erbrecht ist also kein Recht am Nachlaß, sondern eine Anwartschaft auf denselben[355]). Sie ist allerdings bereits veräußerlich (argumentum e contrario aus § 879 II Ziff. 2 ABGB) und vererblich (§ 537 ABGB; sog. Transmission)[356]).

bb) Antretung der Erbschaft

Der nächste Schritt nach dem Anfall der Erbschaft ist die sog. Antretung. Dabei handelt es sich um die Annahme der Erbschaft durch den Erben, indem er die sog. Erbserklärung abgibt. Sie ist im Rahmen des Abhandlungsverfahrens gegenüber dem Gericht abzugeben, von dem sie angenommen werden muß. Die Erbserklärung ist verfahrensmäßig der Antrag auf »Einantwortung« und damit regelmäßige Voraussetzung des Erbschaftserwerbs (§ 799 ABGB)[357]).

Die rechtliche Qualität des Nachlasses wird durch die Antretung nicht berührt.

Dagegen kann sich die Rechtsstellung des Erben diesem Sondervermögen gegenüber verändern. Er wird allerdings auch mit der Erbserklärung

---

354) Gschnitzer, Erbrecht, § 17 II 1., S. 56.

355) Anders nur die heute abgelehnte »germanistische Theorie«, die im Anfall schon den Rechtserwerb, in der Einantwortung nur die Besitzverschaffung sehen will und sich auf § 537 ABGB stützen zu können vermeint, der lautet: »Hat der Erbe den Erblasser überlebt, so geht das Erbrecht auch vor der Übernahme der Erbschaft wie andere frei vererbliche Rechte auf seine Erben über ...«. Der Fehler liegt also in einem falschen Verständnis des Inhalts des »Erbrechts«. Vgl. Gschnitzer, Erbrecht, § 17 III 1., S. 57.

356) Vgl. zur Problematik des »Erbrechts« im einzelnen Klang-Weiß Anm. A zu § 532 ABGB.

357) Gschnitzer, Erbrecht, § 16 II, S. 53; Ferid-Firsching, Öster. Grdz. G II, Rdnr. 112.

noch nicht Inhaber der im Nachlaß befindlichen Rechte. Die Erbschaft bleibt ein für ihn fremdes Vermögen[358]). Zwar spricht § 547 Satz 1 ABGB davon, daß der Erbe, sobald er die Erbschaft angenommen hat, in Rücksicht auf sie den Erblasser vorstellt, der gem. Satz 3 dieser Vorschrift nur bis zur Annahme der Verlassenschaft als ihr Besitzer fingiert wird. Der Erbe erlangt damit aber nun nicht etwa den »rechtlichen Besitz« i. S. d. § 797 ABGB, sondern das Gesetz nimmt nur die »Fortsetzung der vermögensrechtlichen Persönlichkeit des Erblassers durch den Erben an«[359]). Der Rechtserwerb vollzieht sich damit also nicht. Jedoch ist dem Erben, sofern er »sein Erbrecht hinreichend ausweist«, bereits die *Verwaltung und Nutzung* des Nachlasses zuzusprechen und in besonderen Fällen sogar die freie Verfügung über einzelne Gegenstände (§§ 810, 822 ABGB)[360]).

cc) Einantwortung der Erbschaft

Sobald auf Grund der Erbserklärung der rechtmäßige Erbe vom Gericht festgestellt ist und die Verbindlichkeiten erfüllt worden sind, wird ihm die Erbschaft »eingeantwortet« und die Abhandlung geschlossen (§ 819 ABGB). Die Einantwortung ist also Ziel und Abschluß des Abhandlungsverfahrens. Mit ihr vollzieht sich nun auch uno actu der Erwerb der gesamten Erbschaft durch den Erben (Prinzip der *Universalsukzession*)[361]). Dies ist heute ganz h. M. in Österreich und läßt sich mit dem bereits erwähnten Hinweis auf § 797 ABGB i. V. m. § 425 ABGB begründen[362]): die Einantwortung verschafft dem Erben den zum Rechtserwerb erforderlichen »rechtlichen Besitz«. Der ruhende Nachlaß hört damit auf zu bestehen[363]).

b) Die Mitgliedschaft als Gegenstand der Erbfolge

aa) Einheit der Mitgliedschaft

Die Einheit der Mitgliedschaft im Sinne einer einheitlichen Rechtsstellung wird gerade im Hinblick auf ihre Vererbung auch im österreichischen Schrifttum anerkannt. Eine Zerlegung in die persönliche Stellung und den

---

[358]) Anders nur die kaum noch vertretene »romanistische Theorie«, die Rechtserwerb mit Antretung annehmen will und sich dabei auf § 547 ABGB stützen zu können glaubt; vgl. Gschnitzer, Erbrecht, § 17 III 2, S. 58; Ferid-Firsching, Öster. Grdz. G II, Rdnr. 112; Klang-Weiß Anm. III 3 zu § 547 ABGB, S. 135.

[359]) Klang-Weiß Anm. III 1 zu § 547 ABGB, S. 132.

[360]) Gschnitzer, Erbrecht, § 17 II 2, S. 57; diese Vorschriften sprechen recht deutlich gegen einen Rechtserwerb durch Annahme.

[361]) Gschnitzer, Erbrecht, § 17 II 3, S. 57.

[362]) Gschnitzer ebendort, S. 58.

[363]) Ferid-Firsching, Öster. Grdz. G IV, Rdnr. 115; Klang-Weiß Anm. IV zu § 799 ABGB nimmt *diese* Wirkung bereits mit Antretung der Erbschaft an (inkonsequent); wie hier aber Klang-Weiß Anm. IV c zu § 819 ABGB, S. 1051.

vermögensrechtlichen Teil könne man zwar vornehmen, sie entspreche aber nicht der lebendigen Rechtseinheit des Gesellschaftsanteils mit Rechten und Pflichten verschiedener, aber zusammengehöriger Art[364]). Diese Einheit liege auch regelmäßig der Vorstellung der Gesellschafter zugrunde[365]).

bb) Schicksal der Mitgliedschaft auf dem Hintergrund des österreichischen Erbfolgevorgangs (vom Tode des Erblassers bis zur Einantwortung)

Auch die Vererbung des Gesellschaftsanteils an einer OHG erfolgt nach den allgemeinen erbrechtlichen Regeln; d.h. auch die Mitgliedschaft unterliegt dem besonderen Erbfolgeverfahren. Das ist nur konsequent, wenn die Vererblichkeit bejaht wird. Das Schicksal des Gesellschaftsanteils vom Tod des Gesellschafters bis zur endgültigen Innehabung (Einantwortung) durch den nachfolgeberechtigten Erben stellt sich auf dem Hintergrund der obigen Beschreibung des Vererbungsvorgangs folgendermaßen dar:

α) *Die Verlassenschaft als Gesellschafterin*

Mit dem Anfall der Erbschaft im Zeitpunkt des Todes des Gesellschafters fällt die Mitgliedschaft auf Grund der Nachfolgeklausel in den ruhenden Nachlaß. Das bedeutet: der nachfolgeberechtigte Erbe wird nicht sogleich und automatisch Gesellschafter, da er auch hinsichtlich der Mitgliedschaft als eines Nachlaßgegenstandes nicht vor der Einantwortung Rechtsinhaber werden kann[366]). Träger des Gesellschaftsanteils wird vielmehr die Verlassenschaft selbst. *Sie* ist vom Tode des Gesellschafters an persönlich haftende Gesellschafterin in der OHG[367]).

Daran ändert sich auch durch die Antretung der Erbschaft durch den bzw. die Erben nichts, denn Zuordnungssubjekt bleibt der Nachlaß, wenngleich nach § 547 ABGB in bestimmtem Sinne der Erbe nun an die Stelle des Erblassers tritt. Erst mit der Einantwortung erwirbt der Erbe selbst den Gesellschaftsanteil; von nun an ist er selbst Gesellschafter[368]).

Dies alles geht eindeutig aus Art. 7 Nr. 17 I der 4. EinfVOzHGB hervor[369]), der nun auch in seiner vollen Bedeutung verständlich wird.

---

[364]) Kastner ÖJZ 1958, 367 unter Berufung auf Liebisch ZHR 116, 135 ff.

[365]) Kastner ebendort. Daß auch die Rspr. davon ausgeht, zeigt ein Urteil des OGH, in dem nicht bloß der erbrechtliche Übergang des vermögensrechtlichen Teils der Mitgliedschaft angenommen wird, sondern ausdrücklich auch der Geschäftsführungs- und Vertretungsbefugnis; s. E. des OGH vom 14. 1. 1948 HS. Nr. 1375 (Erg. Bd. 1); vgl. auch Klang-Wahle Anm. 2 zu § 1207 ABGB, S. 658.

[366]) Vgl. E. des OGH vom 14. 3. 1962 = ÖJZ 1962, 398 = HS. Nr. 3072.

[367]) Demelius ÖNotZ 1954, 114; Hämmerle, a.a.O., S. 439; Klang-Wahle Anm. 2 zu § 1208 ABGB, S. 657; vgl. E. d. OGH vom 22. 5. 1962 = JBl. 1963, 207 = HS. Nr. 3074; Kastner ÖJZ 1958, 366 Anm. 12; E. des OGH vom 10. 10. 1951 SZ. XXIV 270; dasselbe gilt auch im Falle der Liquidation bei Auflösung der Gesellschaft durch Tod; Kastner ÖJZ 1958, 367.

[368]) Statt aller Demelius ÖNotZ 1954, 114; Klang-Wahle Anm. 2 zu § 1208 ABGB, S. 656.

[369]) Vgl. oben S. 64.

β) *Das Verlassenschaftsprovisorium*

Es erhebt sich – nachdem die Frage, wer vom Tod eines Gesellschafters bis zur Einantwortung an den Erben Gesellschafter ist, beantwortet ist – sogleich die weitere Frage, wer die Gesellschafterrechte während dieses Zeitraums – solange die Verlassenschaft Gesellschafterin ist – geltend macht. Der ruhende Nachlaß ist zwar Rechtssubjekt, aber naturgemäß nicht handlungsfähig. Andererseits verlangt das Gesellschaftsrecht einen handlungsfähigen Gesellschafter. Um diese Diskrepanz zu überbrücken, besteht im österreichischen Recht die von der Praxis entwickelte Möglichkeit, daß ein provisorischer Vertreter des Nachlasses bestellt und im Handelsregister als solcher eingetragen wird (sog. *Verlassenschaftsprovisorium*)[370]. Im wesentlichen kommen für diese Verwalterstellung zwei Personen in Betracht: der sog. Verlassenschaftskurator und der Erbe bzw. die Erben.

αα) *Der Verlassenschaftskurator*

Der Verlassenschaftskurator ist eine Person, die den Nachlaß für die Dauer der Verlassenschaftsabhandlung verwaltet und vertritt (§ 129 AußStrG)[371]. Er ist durch das Verlassenschaftsgericht von Amts wegen oder auch auf Antrag, gegebenenfalls auch auf Grund einer letztwilligen Verfügung zu

---

[370]) Vgl. dazu E. des OGH vom 9. 12. 1953 SZ. XXVI 297 = HS Nr. 1379:
»Weder das AHGB noch das nunmehr geltende HGB nehmen Rücksicht auf die besondere Gestaltung des Abhandlungsrechtes in Österreich. Beide Gesetze haben nicht beachtet, daß sich nach österreichischem Recht zwischen Erblasser und Erben gewissermaßen ein Zwischenstadium einschiebt. Auch Art. 7 Nr. 17 Abs. 1 der 4. EVzHGB, der die Besonderheit des österreichischen Abhandlungsrechts berücksichtigt, übergeht das Schicksal der Vertretungsbefugnis des verstorbenen Gesellschafters. Die österreichische Praxis hat die Lücke durch das sog. Abhandlungsprovisorium geschlossen. Es wird als zulässig angesehen, daß für die Dauer der Abhandlung und bis zur endgültigen Regelung der Nachfolge in ein Unternehmen die vorläufige Vertretungsbefugnis der oder einer der Personen eingetragen wird, der die Besorgung und Benützung der Verlassenschaft nach § 810 ABGB überlassen ist, um ersichtlich zu machen, wem jetzt die Vertretungsbefugnis des verstorbenen ... Gesellschafters zusteht.« Vgl. Krummel ÖNotZ 1961, 25.
Allerdings erweist sich – wie sich im folgenden zeigen wird – die Darstellung des Verlassenschaftsprovisoriums in dieser Entscheidung in zweifacher Hinsicht als zu eng. Einmal kommen nicht nur die Personen in Frage, denen nach § 810 ABGB (also *nach* Antretung der Erbschaft) die Besorgung und Benützung der Verlassenschaft überlassen worden ist, zum anderen geht es nicht allein um das Vertretungsrecht des verstorbenen Gesellschafters. Vielmehr geht es nach der E. des OGH vom 27. 4. 1955 (EvBl. Nr. 335 = ÖJZ 1955, 542 = SZ. XXVIII 110) darum, »*wer an Stelle des Erblassers während der Dauer des Abhandlungsverfahrens dessen Gesellschafterrechte auszuüben habe.*«

[371]) Zu einer gewissen Einschränkung dieser Dauer siehe im folgenden; im Gegensatz zum sog. Erbenkurator (Abhandlungspfleger) nach § 131 AußStrG (bei unbekanntem Aufenthaltsort der Erben) ist er also nicht Vertreter der Erben! vgl. Klang-Weiß Anm. II 7 zu § 547 ABGB, S. 127, 128, 151.

ernennen[372]). Voraussetzung für die Bestellung eines Verlassenschaftskurators ist das Vorhandensein einer Verlassenschaftsmasse, deren Verwaltung notwendig ist[373]). Diese Notwendigkeit ist immer dann gegeben, wenn einer der in §§ 78, 128 AußStrG aufgeführten Fälle vorliegt: wenn die vermutlichen Erben unbekannt sind; wenn die bekannten Erben von ihrem Erbrecht keinen Gebrauch machen, und wenn der dem Säumigen angefallene Erbteil nach § 120 AußStrG unangetreten bleibt. Diese Voraussetzungen sind von Amts wegen zu prüfen[374]).

Aus den angeführten drei Fällen ergibt sich, daß ein Verlassenschaftskurator nur in der Zeit zwischen Anfall der Erbschaft und deren Antretung bestellt werden kann, da jedenfalls mit der durch das Gericht angenommenen Erbserklärung der Erbe bekannt ist und von seinem Erbrecht Gebrauch gemacht hat[375]). Andererseits wird er nicht nur für diesen Zeitraum bestellt, denn sein Amt endet nicht automatisch damit, daß der Erbe die Erbserklärung abgibt und das Gericht sie annimmt[376]). Vielmehr muß der Nachlaßkurator ausdrücklich vom Nachlaßgericht seines Amtes enthoben werden[377]). Die Rechte und Pflichten des Kurators ergeben sich im einzelnen gem. § 282 ABGB aus dem Vormundschaftsrecht sowie aus den besonderen Vorschriften der §§ 129 und 145 ff. AußStrG. Er unterliegt der ständigen Aufsicht des Abhandlungsgerichts.

ββ) *Der Erbe als Verwalter*

Ist die Erbserklärung abgegeben und vom Verlassenschaftsgericht angenommen, so kann der Erbe, wenn er sein Erbrecht hinreichend ausweist, verlangen, daß ihm vom Gericht die Besorgung und Benützung der Erbschaft überlassen wird (§ 810 ABGB)[378]). Durch diese Überlassung erlangt der Erbe eine Stellung, die der des Verlassenschaftskurators entspricht (§ 145 AußStrG). Daher unterliegt auch er der Aufsicht des Abhandlungsgerichts und ist an dessen Aufträge gebunden[379]). Da der Erbe vor Einant-

---

372) Klang-Weiß ebendort.

373) Fetter-Edlbacher Nr. 1 zu § 78 AußStrG, S. 156.

374) Klang-Weiß Anm. II 7 zu § 547 ABGB, S. 128; vgl. auch Ferid-Firsching, Öster. Grdz. G I, Rdnr. 109.

375) Klang-Weiß Anm. II 7 zu § 547 ABGB, S. 129; sind dagegen mehrere Erben vorhanden, und machen sie auch von ihrem Erbrecht Gebrauch, geben jedoch widersprüchliche Erbserklärungen ab, so steht der Bestellung eines Kurators nichts im Wege; vgl. Fetter-Edlbacher Nr. 16 zu § 145 AußStrG. In diesem Fall kommt insbesondere die Sequestration gem. § 127 I AußStrG in Betracht; s. Demelius, Nachlaßverfahren, S. 146; vgl. auch E. des OGH vom 12. 11. 1952 SZ. XXV 300 = HS. 1378.

376) Vgl. E. des OLG Wien vom 17. 5. 1929 zitiert bei Krummel ÖNotZ 1961, 26.

377) Klang-Weiß Anm. II 7 zu § 547 ABGB, S. 131.

378) Erklärt das Abhandlungsgericht das Erbrecht für ausgewiesen, so ist im Zweifel anzunehmen, daß es hiermit die Besorgung und Verwaltung dem Erben überlassen hat. In der Praxis kommt die ausdrückliche Überlassung nur ausnahmsweise vor; s. Ferid-Firsching, Öster. Grdz. H I, Rdnr. 117 Fußn. 6.

379) E. des OGH vom 13. 9. 1950 SZ. XXIII 246; Fetter-Edlbacher Nr. 41 zu § 145 AußStrG; vgl. auch Demelius, Nachlaßverfahren, S. 143 insbes. Fußn. 13; zu gewis-

wortung noch nicht Träger der Mitgliedschaft ist, handelt auch er – genau wie der Verlassenschaftskurator – für den Nachlaß.

γγ) *Mehrere (alle) Erben als Verwalter*

Sind mehrere nachfolgeberechtigte Erben vorhanden, so bilden sie auch schon vor der Einantwortung eine Erbengemeinschaft (§ 550 ABGB: »Mehrere Erben werden in Ansehung ihres gemeinschaftlichen Erbrechtes für eine Person angesehen.«) Gegenstand dieser Gemeinschaft ist also das Erbrecht, d.h. die Anwartschaft auf den Nachlaß und von der Antretung an gegebenenfalls die Besorgung und Nutzung des Nachlasses.

In diesem Fall ist die Verwaltung der Verlassenschaft allen Miterben zu überlassen[380]), denn alle Miterben, deren Erbrecht ausgewiesen ist, haben das gleiche Recht und die gleiche Pflicht, den Nachlaß miteinander zu verwalten[381]).

Welchen Regeln diese Gemeinschaft der Verwaltung unterliegt, ist nicht völlig klar. Es heißt einerseits, daß das Recht auf Nachlaßverwaltung allen Erben zur ungeteilten Hand zustehe[382]); daß mithin das Recht auf Verwaltung Gegenstand einer Gemeinschaft nach § 825 ABGB (Bruchteilsgemeinschaft) sei[383]). Dies würde bedeuten, daß bei Differenzen unter den Erben die nach Erbteilen zu berechnende Mehrheit entscheiden würde (§ 833 ABGB) und gegebenenfalls der ordentliche Richter[383a]). Diese Ansicht wird aber heute wohl überwiegend abgelehnt[384]). Die Verwaltungstätigkeit der Erben wird nicht als »Ausfluß eines privatrechtlichen Fruchtgenußrechtes, sondern einer amtlichen vom Abhandlungsgerichte ... eingeräumten Befugnis, die der des Verlassenschaftskurators ... nahekommt«, angesehen[385]). Daher unterliegen auch die Erben der Aufsicht des Abhandlungsgerichts[386]). Zwar »mögen immerhin die Bestimmungen der §§ 833ff. wenigstens sinngemäß Anwendung finden können«[387]). »Das geht aber nicht so weit, daß im Falle der Uneinigkeit der Miterben in jedem Falle der Streitweg beschritten werden müßte ...«. Vielmehr sei das Abhandlungsgericht berufen, einen Streit der Miterben über die Nachlaßverwaltung zu entscheiden[388]).

---

sen weiteren Befugnissen als sie der Verlassenschaftskurator innehat s. Ferid-Firsching, Öster. Grdz. G I, Rdnr. 112, S. 80 Fußn. 5.

[380]) Fetter-Edlbacher Nr. 12 zu § 145 AußStrG m. w. N.; E. des OGH vom 4. 12. 1923 SZ. V 287; Klang-Weiß Anm. III 4 h zu § 550 ABGB, S. 159.

[381]) Demelius, Nachlaßverfahren, S. 149; Klang-Weiß Anm. II 2 zu § 550 ABGB, S. 154.

[382]) So E. des OGH vom 13. 10. 1937 RZ. 1938, 13; Fetter-Edlbacher Nr. 13 zu § 145 AußStrG.

[383]) E. des OGH vom 13. 10. 1937 RZ. 1938, 13.

[383a]) Vgl. Demelius, Nachlaßverfahren, S. 143.

[384]) Vgl. E. des OGH vom 18. 4. 1923 SZ. V 87; Demelius, Nachlaßverfahren, S. 143f.

[385]) Demelius, Nachlaßverfahren, S. 143.

[386]) Demelius ebendort.

[387]) E. des OGH vom 5. 1. 1926 SZ. VIII 5; Fetter-Edlbacher Nr. 40 zu § 145 AußStrG.

[388]) E. des OGH vom 5. 1. 1926 SZ. VIII 5; 30. 11. 1927 NZ. (ÖNotZ) 1928, 38; Demelius, Nachlaßverfahren, S. 143; vgl. Klang-Weiß Anm. III 1 zu § 550 ABGB, S. 155.

Das Abhandlungsgericht kann bei Uneinigkeit der Erben von Amts wegen einen Verwalter[389]) bzw. einen gemeinsamen Vertreter[390]) bestellen. Aber auch ohnedies können die Erben die Pflicht haben, einen gemeinsamen Vertreter zu bestellen, der die Verwaltung für sie ausübt, sei es auf Grund des Gesellschaftsvertrages, sei es insbesondere dann, wenn die überlebenden Gesellschafter mangels selbständiger Vertretungsbefugnis auf die Mitwirkung der Verlassenschaft angewiesen sind[391]). Mit Zustimmung aller Erben kann die Verwaltung auch nur einem der Miterben überlassen werden[392]).

δδ) *Die Aufsicht des Verlassenschaftsgerichts*

Wie bereits angedeutet wurde, stehen sowohl Verlassenschaftskurator als auch Erben unter der ständigen Aufsicht des Verlassenschaftsgerichts[393]). Dabei erstreckt sich die Tätigkeit des Gerichts aber von vornherein nur auf den Nachlaß, also auf die Gesellschaftsrechte des Erblassers und nicht auch auf die Gesellschaft selbst[394]). Das Verlassenschaftsgericht hat die Abhandlung nach den verfahrensrechtlichen Vorschriften durchzuführen, aber nicht auf das Gesellschaftsverhältnis im Ganzen einzuwirken[395]). Daher kann das Gericht nicht z.B. einen Miterben, der zugleich überlebender Gesellschafter ist, zum provisorischen Vertreter der Gesellschaft bestellen, weil dadurch in die Vertretungsverhältnisse der Gesellschaft eingegriffen würde[396]). Es kann nur anordnen, wer an Stelle des verstorbenen Gesellschafters während der Dauer des Abhandlungsverfahrens dessen Gesellschaftsrechte auszuüben hat[397]).

εε) *Ausnahmsweise freie Verfügung über den Gesellschaftsanteil*

Die Verfügungsmacht, die den Erben als Verwaltern im Rahmen der Verwaltungsbefugnis eingeräumt ist, besteht in den vom Abhandlungsgericht zu überwachenden Grenzen des § 145 AußStrG, die in bestimmten Fällen mit Genehmigung des Gerichts durchbrochen werden können[398]). Es besteht aber auch die weitere Möglichkeit, daß die Erben schon v o r der

---

[389]) Fetter-Edlbacher Nr. 44 zu § 145 AußStrG.
[390]) Demelius, Nachlaßverfahren, S. 144, 146, 148ff.
[391]) Demelius, Nachlaßverfahren, S. 140 unter 2d.
[392]) E. des OGH vom 25. 10. 1950 SZ. XXIII 300 = JBl. 1951, 379; Fetter-Edlbacher Nr. 12 zu § 145 AußStrG.
[393]) Vgl. Demelius, Nachlaßverfahren, S. 143; Fetter-Edlbacher Nr. 41 zu § 145 AußStrG.
[394]) E. des OGH vom 6. 11. 1950 SZ. XXIII 316.
[395]) Hämmerle, a.a.O., S. 439f.
[396]) E. des OGH vom 6. 11. 1950 SZ. XXIII 316; Ferid-Firsching, Öster. Grdz. G I, Rdnr. 109, S. 78 Fußn. 5.
[397]) E. des OGH vom 27. 4. 1955 EvBl. Nr. 335 = ÖJZ 1955, 542 = SZ. XXVIII 110.
[398]) Demelius, Nachlaßverfahren, S. 159.

Einantwortung den »rechtlichen Besitz« an einzelnen Nachlaßgegenständen erlangen können und damit die freie Verfügung über sie (vgl. §§ 145 II AußStrG, 822 ABGB). Dies gilt auch für den Gesellschaftsanteil an einer OHG, der unter den Begriff »einzelne Kapitalien« zwanglos subsumiert werden kann[399]).

ζζ) *Handelsregister*

Die Eintragung des Todes eines Gesellschafters und den Übergang des Gesellschaftsanteils auf die Verlassenschaft ist nicht erforderlich und nicht üblich; das Abhandlungsprovisorium dagegen ist einzutragen, damit deutlich ist, welche Person für den Nachlaß das Vertretungsrecht ausübt[400]).

ηη) *Erlangung der Gesellschafterstellung durch den oder die Erben*

Mit der Einantwortung werden der bzw. die Erben Inhaber, d.h. Rechtsträger der Nachlaßgegenstände. Darum hat die Einantwortung die Wirkung, daß der Erbe mit diesem Zeitpunkt Gesellschafter wird. Einer besonderen Erklärung bedarf es nicht, da er die Mitgliedschaft im Wege der erbrechtlichen Gesamtnachfolge erwirbt[401]). Der Erbe wird nun aber nicht Gesellschafter als Nachfolger der Verlassenschaft, die vor ihm Gesellschafterin war, sondern als Rechtsnachfolger des Erblassers. So wird die unterbrochene Kontinuität und in gewisser Weise das Unmittelbarkeitsprinzip auch im österreichischen Recht wiederhergestellt[402]).

ϑϑ) *§ 139 HGB*

Da der Erbe, wenn er die Erbschaft annimmt, zwangsläufig auch Gesellschafter wird, muß er die Erbschaft ausschlagen, wenn er dies vermeiden will[403]). Aber auch im österreichischen Recht gilt die Milderung dieser Alternative durch das Wahlrecht nach § 139 HGB[404]). Es kann insoweit auf die obigen Ausführungen zum deutschen Recht verwiesen werden. Nur hinsichtlich der Frist, innerhalb der das Wahlrecht ausgeübt werden muß,

---

399) Weitere Einzelheiten vgl. bei Demelius, Nachlaßverfahren, S. 155.

400) E. des OGH vom 10. 10. 1951 SZ. XXIV 270; Fetter-Edlbacher Nr. 80 zu § 145 AußStrG; vgl. zu allen Einzelheiten Demelius, Nachlaßverfahren, § 9, S. 138ff.

401) Kastner ÖJZ 1958, 367; Demelius ÖNotZ 1954, 114.

402) Gschnitzer, Erbrecht, § 17 IV, S. 58.

403) Kastner ÖJZ 1958, 367; Klang-Wahle Anm. 2 zu § 1208 ABGB, S. 657.

404) Vgl. Kastner ÖJZ 1958, 367; Demelius ÖNotZ 1954, 115; für die Behauptung Möllers (a.a.O., S. 89), die h.L. habe schon zur Zeit des AHGB dem Erben das Wahlrecht gegeben, läßt sich kein Nachweis erbringen.

bringt Art. 7 Nr. 17 II der 4. EinfVOzHGB eine Modifizierung, indem sie auf einen Monat beschränkt wird.

cc) Beurteilung des erbrechtlichen Schicksals der Mitgliedschaft unter gesellschaftsrechtlichen Gesichtspunkten (Vereinbarkeit des Abhandlungsverfahrens mit dem Wesen der Mitgliedschaft)

Die beiden unumgänglichen Voraussetzungen, die vom Gesellschaftsrecht her für eine erbrechtliche Nachfolge in den Gesellschaftsanteil bestehen, sind einmal die Identität von Nachfolgeberechtigtem und Erben, zum anderen das Zusammenfallen von Rechtszuständigkeit und Rechtsausübungsbefugnis (vgl. oben S. 28f.). Inwieweit diese Voraussetzungen angesichts der Besonderheiten des österreichischen Erbgangs erfüllt sind, bedarf einer kurzen Erörterung.

α) *Identität von Nachfolger und Erben*

Die gesellschaftsvertragliche Nachfolgeklausel bestimmt den bzw. die Erben zum Nachfolger. Nun wird mit dem Erbfall aber zunächst einmal die Verlassenschaft Trägerin des Nachlasses. Würde man streng nach dem Wortlaut gehen, so käme man also zu einer Inkongruenz zwischen Nachfolgeklausel und erbrechtlicher Zuordnung der Mitgliedschaft. Daran, daß die Fortsetzungsvereinbarung mit den Erben »im österreichischen Recht nicht wörtlich durchgeführt werden« kann[405]), läßt aber niemand die Nachfolge scheitern. Das würde vor allem nicht dem Willen der Gesellschafter entsprechen, die – wenn sie eine Nachfolgeklausel vereinbaren – wissen, daß zunächst einmal die Verlassenschaft Gesellschafterin werden wird. Die wörtliche Identität von Nachfolger und Erben wird ja spätestens mit der Einantwortung wieder hergestellt, wobei die zeitweise Inkongruenz um so leichter wiegt, als der Erbe als unmittelbarer Nachfolger des Erblassers gedacht wird – ungeachtet der Gesellschafterstellung der Verlassenschaft.

Die Frage nach der Identität von Nachfolger und Erben wird also auf den Zeitpunkt der Einantwortung bezogen und daher bejaht[406]).

β) *Zusammenfallen von Rechtszuständigkeit und Rechtsausübungsbefugnis*

Die Rechtszuständigkeit für die Mitgliedschaft liegt bei der Verlassenschaft. Sie ist bis zur Einantwortung Gesellschafterin. Die Gesellschafterrechte werden ausgeübt durch den Verlassenschaftskurator oder den bzw. die Erben. Aber sie sind nur Verwalter und handeln nicht im eigenen Namen,

---

[405]) Demelius ÖNotZ 1954, 114.
[406]) Vgl. die Bemerkung Kastners ÖJZ 1958, 365 Fußn. 7.

sondern in dem der Verlassenschaft[407]). Bezugspunkt für die Rechtsausübung ist also ebenfalls die Verlassenschaft. Das würde noch deutlicher, wenn man – wie es gelegentlich geschieht – die Verlassenschaft als juristische Person ansähe und die Verwalter nicht als ihre Vertreter, sondern Organe. Rechtszuständigkeit und Rechtsausübung fallen also zusammen.

Weil die Verwalter im fremden Namen handeln und nicht selbst Gesellschafter sind, ist es auch unschädlich, daß mehrere Erben grundsätzlich gemeinsam handeln müssen, d.h. die Verwaltung durch die Erbengemeinschaft erfolgt. Solange die Erben nicht selbst Gesellschafter sind, entfällt der Grund für die Annahme der »Einzelnachfolge«, nämlich das gesellschaftsrechtliche Erfordernis, daß jeder Erbe autonom müsse handeln können. Daher ist sowohl ein Mehrheitsbeschluß nach § 833 ABGB, als auch die Bestellung eines gemeinsamen Vertreters[408]) während des Zeitraums zwischen Erbfall und Einantwortung bedenkenlos.

IV. Fallgestaltungen beim Erwerb der Mitgliedschaft durch die Erben im Zeitpunkt der Einantwortung

1. Nachfolgeberechtigung eines Alleinerben

Ist nur ein nachfolgeberechtigter Erbe vorhanden, so wird er auf Grund der gesellschaftsvertraglichen Nachfolgeklausel und der Einantwortungsurkunde Gesellschafter[409]). Auch Minderjährige werden ohne weiteres Gesellschafter[410]). Voraussetzung ist nur die Annahme der Erbschaft durch die Erbserklärung gegenüber dem Abhandlungsgericht. Findet sich kein Erbe, der die Erbschaft annehmen will, so besteht aber keine Verpflichtung der überlebenden Gesellschafter, die Gesellschaft mit dem Staat fortzusetzen; denn nach § 760 ABGB wird der Staat nicht als Erbe angesehen[411]).

2. Nachfolgeberechtigung mehrerer (aller) Erben

Die Vereinbarung, daß die Gesellschaft nach dem Tode eines Gesellschafters mit allen Erben fortgesetzt werden soll[412]), erreicht ebenfalls erst mit der Einantwortung die Erben selbst[413]). Die Frage danach, in welcher Weise die Erben die Mitgliedschaft erwerben, bezieht sich also auf diesen Zeitpunkt und hängt von der Struktur der Erbengemeinschaft im österreichischen Recht ab.

---

[407]) Demelius ÖNotZ 1954, 114; E. des OGH vom 4. 10. 1951 zitiert bei Krummel ÖNotZ 1961, 26.

[408]) Vgl. Demelius, Nachlaßverfahren, S. 140, 141.

[409]) Kastner ÖJZ 1958, 367.

[410]) Klang-Wahle Anm. 2 zu § 1208 ABGB, S. 657.

[411]) Kastner ÖJZ 1958, 367.

[412]) Kastner ÖJZ 1958, 366 unter e. nennt sie »Vererbungsklausel«.

[413]) Demelius ÖNotZ 1954, 114.

a) Die Struktur der Miterbengemeinschaft

Daß gem. § 550 ABGB unter mehreren Erben eine Gemeinschaft entsteht, hat folgende Bedeutung: »Alle Rechte und Verbindlichkeiten, die den Nachlaß bilden ..., sind jedenfalls bis zur Einantwortung, in Wirklichkeit bis zur wirklichen Zuteilung ein den Miterben gemeinsames, gemeinschaftlich zustehendes Ganzes, dem sie ... bis zur Einantwortung als ein fremdes, von ihnen nur verwaltetes Vermögen gegenüberstehen«[414]). Gegenstand der Erbengemeinschaft ist – wie erwähnt – bis zur Einantwortung das Erbrecht sowie die Verwaltung und Nutzung des Nachlasses selbst[415]). Die Gemeinschaft endet in der Regel durch Teilung[416]).

Weil die Miterbengemeinschaft jedenfalls nicht auf dem Willen der Erben beruht, ist sie ihrer Struktur nach nicht Gesellschaft, sondern Gemeinschaft (communio incidens)[417]). § 825 ABGB bestimmt:

> »So oft das Eigentum der nämlichen Sache, oder ein und dasselbe Recht mehreren Personen ungeteilt zukommt, besteht eine Gemeinschaft.«

Das österreichische Recht kennt nun nicht die deutschrechtliche Gesamthandsgemeinschaft[418]), sondern hat für eine Rechtsgemeinschaft nur das Institut der Bruchteilsgemeinschaft zur Verfügung. Daher finden außer den Sondervorschriften der §§ 550, 820, 821 ABGB die §§ 825ff. ABGB auch auf die Erbengemeinschaft Anwendung[419]).

Das bedeutet im Hinblick auf die Zuordnung der einzelnen im Nachlaß befindlichen Rechte folgendes: Jedes Recht als Ganzes steht allen Gemeinschaftern zusammen in der Weise zu, daß jeder von ihnen Inhaber des ganzen Rechts ist[420]); denn eine Inhaberschaft der Gemeinschaft als solcher kommt nicht in Betracht, da sie keine Rechtssubjektivität besitzt[421]). Eine Teilung des Rechts in mehrere voneinander unabhängige, selbständige Rechte findet nicht statt[422]). Auch § 829 ABGB (»Jeder Teilhaber ist vollständiger Eigentümer seines Anteils«) spricht nicht dagegen, da diese Vorschrift nicht die Rechtszuständigkeit betrifft, sondern die Rechtsausübungsbefugnis.

Die Verfügungsmacht ist allerdings in »Anteile«, d.h. Quoten (nicht reale, sondern ideelle Bruchteile) aufgeteilt[423]). Über diesen *Bruchteil* kann

---

[414]) Klang-Weiß Anm. II 2 zu § 550 ABGB, S. 154.

[415]) Klang-Weiß Anm. III 1 zu § 550 ABGB, S. 155; Gschnitzer, Erbrecht, § 19 D II, III, S. 65ff.; Ferid-Firsching, Öster. Grdz. H II, Rdnr. 118.

[416]) Klang-Weiß Anm. VI zu § 550 ABGB, S. 166.

[417]) Gschnitzer, Erbrecht, § 19 D I, S. 65.

[418]) Ferid-Firsching, Öster. Grdz. H I, Rdnr. 116.

[419]) Gschnitzer, Schuldrecht BT, § 33 I, S. 119.

[420]) Vgl. Gschnitzer, Schuldrecht BT, § 33 II 1, S. 119.

[421]) Klang Anm. 2 zu § 828 ABGB, S. 1091.

[422]) Klang Anm. I 1 zu § 825 ABGB, S. 1085; die Bruchteilsgemeinschaft ist also auch im österreichischen Recht eine *Rechts*gemeinschaft; aber auch nur insoweit ist es zulässig, von einer Annäherung an die Gesamthandsgemeinschaft zu sprechen: vgl. Ferid-Firsching, Öster. Grdz. H I, Rdnr. 116; Klang-Weiß Anm. III 4 zu § 550 ABGB, S. 156; Ferid, Festschr. Hueck, S. 369 Fußn. 108.

[423]) Gschnitzer, Schuldrecht BT, § 33 II 2, S. 119.

also gem. § 829 ABGB jeder Miterbe frei verfügen, und nichts anderes soll in dieser Bestimmung zum Ausdruck gebracht werden[424]). Auf diese Weise wird die Rechtsausübungsbefugnis geteilt, ohne daß ihr Gesamtumfang vervielfältigt würde; denn alle »Anteilsrechte« *zusammen* gewähren jene Rechtsstellung, welche dem Einzelrechtssubjekt des gemeinschaftlichen Rechtes zustehen würde[425]). Das ist es, was § 828 ABGB meint, wenn er bestimmt:

> »Solange alle Teilhaber einverstanden sind, stellen sie nur eine Person vor und haben das Recht, mit der gemeinschaftlichen Sache nach Belieben zu schalten.«[426])

Die Teilung gilt aber insoweit nicht, als es die Rechtsausübung hinsichtlich des *ganzen* gemeinschaftlichen Gegenstandes betrifft. Die *Verwaltung* des gemeinschaftlichen Rechtes kommt gem. § 833 ABGB allen Teilhabern insgesamt zu, wobei Mehrheitsprinzip herrscht. Im übrigen kann auch ein Verwalter bestellt werden (§ 836 ABGB). Die Gemeinschaft endet durch Teilung (§§ 841 ff. ABGB).

Es läßt sich also feststellen, daß die Struktur der österreichischen Miterbengemeinschaft als Bruchteilsgemeinschaft der deutschen Bruchteilsgemeinschaft im wesentlichen gleicht. Es kann daher auch insoweit auf die obigen Ausführungen zum deutschen Recht verwiesen werden[427]).

b) Einzelnachfolge in die Mitgliedschaft

Es ist oben für das deutsche Recht erörtert worden, warum die Mitgliedschaft in einer OHG ihrem Wesen nach nicht Gegenstand einer Bruchteilsgemeinschaft sein kann. Da die gesellschaftsrechtlichen Grundlagen in Deutschland und Österreich identisch sind, muß dasselbe auch für Österreich gelten. Die obigen Ausführungen zum deutschen Recht haben mithin auch hier Gültigkeit[428]).

Dies bedeutet, daß auch im österreichischen Recht ein Konflikt zwischen der Regelung der Erbengemeinschaft und dem gesellschaftsrechtlichen Wesen der Mitgliedschaft besteht[429]), insbesondere im Hinblick auf die Vorschriften über die gemeinsame Verwaltung und Verfügung über den gemeinschaftlichen Gegenstand im ganzen (§§ 833, 828 ABGB). In Österreich kommt noch hinzu, daß die Gemeinschaft durch Mehrheitsbeschluß einen gemeinsamen Verwalter bestellen kann (§ 836 ABGB), so daß die Gesellschaftsrechte der Minderheit u. U. durch einen von ihr nicht akzeptierten

---

[424]) Vgl. Gschnitzer, Schuldrecht BT, § 33 II 3, S. 119.

[425]) Klang Anm. I 2 b zu § 825 ABGB, S. 1086.

[426]) Vgl. Klang Anm. I 2 b zu § 825 ABGB, S. 1086; dazu, daß § 828 ABGB die Gemeinschaft nicht etwa zur juristischen Person machen will, sondern die einzelnen Gemeinschafter selbst Subjekte ihrer Rechte sind, vgl. Klang Anm. 2 zu § 828 ABGB, S. 1091.

[427]) S. o. S. 33.

[428]) Vgl. oben S. 40 f.

[429]) Unrichtig Ferid, Festschr. Hueck, S. 369, wenn er meint, daß im Falle der bruchteilsmäßigen Ausgestaltung der Erbengemeinschaft die erbrechtliche und gesellschaftsrechtliche Regelung harmonierten.

Vertreter ausgeübt werden könnten. Das ist vom Gesellschaftsrecht her untragbar.

Dieser Konflikt wird aber auch in Österreich dadurch gelöst, daß man die *Einzelnachfolge* der Erben in den Gesellschaftsanteil zuläßt[430]). An die Stelle des Erblassers in der Gesellschaft treten alle Erben, aber nicht als eine Gesamtheit, die gegenüber der Gesellschaft einheitlich auftreten müßte, sondern »ein jeder einzelne Miterbe wird mit der seinem Anteil entsprechenden Einlage selbständiger Gesellschafter ... mit den gleichen Mitgliedschaftsrechten, wie sie dem Erblasser zugestanden sind«[431]). Insbesondere das Wahlrecht aus § 139 HGB i.V.m. Art. 7 Nr. 17 II der 4. EinfVOzHGB steht jedem Erben aus eigenem Recht zu.

Eine eigenständige dogmatische Begründung wird im österreichischen Schrifttum allerdings nicht gegeben. Es heißt etwa, daß die »Vervielfältigung« der Gesellschaftsrechte durch die Einzelnachfolge nicht eine Folge der Teilung der Erbschaft sei, »sondern der sich nach Gesellschaftsrecht bestimmenden, auf dem Gesetz oder dem Gesellschaftsvertrag beruhenden Regelung, wonach die Erben die Gesellschaft fortsetzen«[432]). Im übrigen wird weitgehend auf deutsches Schrifttum zurückgegriffen.

3. Nachfolgeberechtigung eines von mehreren Erben (qualifizierte Nachfolgeklausel)

a) Zulässigkeit der qualifizierten Nachfolgeklausel

Die Äußerungen zur Zulässigkeit einer qualifizierten Nachfolgeklausel im österreichischen Recht sind kontrovers.

Im Hinblick auf Art. 123 Nr. 2 AHGB wurde von Bettelheim die Meinung vertreten, die vom Gesetz behandelte Vertragsbestimmung müsse die Fortsetzung mit *allen* Erben des Gesellschafters vorschreiben, treffe also nicht den Fall, daß der Vertrag die Fortsetzung mit nur einem der mehreren Miterben anordnet. Eine solche Vereinbarung könne allenfalls in eine Eintrittsklausel umgedeutet werden[433]). Derselbe Standpunkt geht aus einer früheren Bemerkung von Demelius hervor, wenn er – ebenfalls noch zu Art. 123 Nr. 2 AHGB – annahm, daß im Falle einer qualifizierten Nachfolgeklausel die Gesellschaft »mangels einer alle Erben umfassenden Fortsetzungsklausel aufgelöst« werde[434]). Dieser Ansicht folgt noch heute Wahle in Beziehung auf die bürgerlichrechtliche Erwerbsgesellschaft. Es sei

---

[430]) So schon Staub-Pisko-Bettelheim, § 5 zu Art. 123 AHGB, S. 525; Demelius NotZÖ 1954, 114.

[431]) Klang-Weiß Anm. III 4e zu § 550 ABGB, S. 157, vgl. auch S. 158; ebenso Klang-Wahle Anm. 2 zu § 1208 ABGB, S. 657.

[432]) Zu dem Fall, daß die Gesellschaftsrechte durch einen Treuhänder an Stelle der mehreren Erben ausgeübt werden vgl. E. des OGH vom 23. 12. 1953 SZ. XXVI 317; Kastner ÖJZ 1958, 366 unter h.; Demelius ÖNotZ 1954, 116; Kastner JBl. 1958, 110.

[433]) Staub-Pisko-Bettelheim, § 5 zu Art. 123 AHGB, S. 522f.

[434]) Demelius, Nachlaßverfahren, S. 142.

daran festzuhalten, daß der Übergang der Gesellschafterrechte auf die Erben nur dann angeordnet werden könne, wenn *alle* Erben ohne Ausnahme im Vertrag zur Nachfolge berufen werden. Einzelne Erben oder Erbengruppen könnten nicht zum Rechtsnachfolger in den Gesellschaftsanteil eines vorverstorbenen Gesellschafters berufen werden, weil ein Vertragspartner vertragsmäßig nur seine Erben, aber nicht einzelne seiner Erben verpflichten könne. Eine entsprechende Klausel ist daher auch nach WAHLE in eine Eintrittsklausel umzudeuten[435]). – Im übrigen sei die Nachfolge nur eines der Erben dadurch zu erreichen, daß der Erblasser diesen Erben mit einem Vermächtnis zugunsten der Mitgesellschafter (!) belastet, mit ihnen die Gesellschaft fortzusetzen.

Auf der anderen Seite gehen die Stimmen gerade im jüngeren Schrifttum dahin, die qualifizierte Nachfolgeklausel im österreichischen Recht anzuerkennen. So nennt KASTNER unter den verschiedenen Möglichkeiten, die Fortsetzung der Gesellschaft mit den Erben zu regeln, auch folgende: »Nach dem Gesellschaftsvertrag sind nur Erben mit bestimmter Qualität, z.B. nur gesetzliche, nur männliche, nur großjährige, nur Erben mit fachlicher Eignung oder bestimmter Schulung, der älteste Sohn, die Witwe des Erblassers, zur Fortsetzung der Gesellschaft verpflichtet (Nachfolgeklausel)«[436]).

KASTNER bemerkt, daß aus den Darlegungen WAHLES nicht klar werde, warum eine solche gesellschaftsrechtliche Regelung die Erben nicht binden soll[437]). Gerade an diesem Punkt erweist sich nun, daß KASTNER die zitierte Vereinbarung als echte qualifizierte Nachfolgeklausel auffaßt. Denn WAHLE hält die Begründung einer Pflicht für den Erben von seinem Standpunkt aus nur durch einen Vertrag zu Lasten Dritter für möglich, der den Erben selbstverständlich nicht binden kann[438]). KASTNER hingegen erklärt diese Pflicht rein erbrechtlich, d.h. der Erbe, der die Erbschaft annimmt, erwirbt nach ihm im Wege der Gesamtrechtsnachfolge automatisch auch die Mitgliedschaft. »Wollen die vertraglich bestimmten, erbrechtlichen Nachfolger nicht Gesellschafter werden, so dürfen sie die Erbschaft nicht antreten.«[439]).

Auch bei DEMELIUS findet sich eine ausdrückliche Anerkennung der qualifizierten Nachfolgeklausel[440]). Im übrigen bemerkt WEISS im Hinblick auf § 1208 ABGB – im Gegensatz zu WAHLE –, es sei denkbar, daß der Gesellschaftsvertrag nur auf einen von mehreren Miterben lautet[441]).

---

[435]) Klang-Wahle Anm. 2 zu § 1208 ABGB, S. 657f.; vgl. auch Anm. 3 zu § 1208 ABGB, S. 659; allein auf diese Stelle stützt sich Ferid bei seiner Beurteilung der Rechtslage in Österreich (Festschr. Hueck, S. 370 Fußn. 113).

[436]) Kastner ÖJZ 1958, 366 unter g.

[437]) Kastner ÖJZ 1956, 366 Anm. 22.

[438]) Vgl. Klang-Wahle Anm. 3 zu § 1207 ABGB, S. 659.

[439]) Kastner ÖJZ 1958, 368 unter 6.

[440]) Demelius ÖNotZ 1954, S. 115f. unter 3.

[441]) Klang-Weiß Anm. III 14 1 aa zu § 531 ABGB, S. 45; nicht so eindeutig Anm. III 4e zu § 550 ABGB, S. 158.

Wägt man die verschiedenen Äußerungen im Schrifttum ab[442]), so ergibt sich folgendes: Die frühere Ablehnung der qualifizierten Nachfolgeklausel im handelsrechtlichen Schrifttum stand noch unter der Herrschaft des AHGB. Nun ist zwar das österreichische Schrifttum zum AHGB durch die Einführung des HGB »nicht gerade Makulatur, aber doch weitgehend entwertet worden«[443]). – Die Ansichten hinsichtlich der bürgerlichrechtlichen Erwerbsgesellschaft sind kontrovers, wie sich gezeigt hat. Alle diese Auffassungen können daher im Rahmen der Diskussion um die Zulässigkeit der qualifizierten Nachfolgeklausel bei der *offenen Handelsgesellschaft* kein entscheidendes Gewicht beanspruchen. Berücksichtigt man, daß im jüngeren Schrifttum eindeutig zugunsten einer solchen Fortsetzungsvereinbarung Stellung bezogen wird, und daß auch die deutsche Rechtsprechung und das Schrifttum weitgehend in Österreich verwendbar sind[444]), so ist der Schluß erlaubt, daß die qualifizierte Nachfolgeklausel nach österreichischem Recht als zulässig anzusehen ist[445]).

b) Sondernachfolge

Auch wenn nur einer der Miterben zur Nachfolge in den Gesellschaftsanteil berechtigt ist, muß die Gesellschaft vom Tod des Gesellschafters bis zur Einantwortung mit der Verlassenschaft fortgesetzt werden[446]). Im Rahmen des Verlassenschaftsprovisoriums wird jedoch der zur Fortsetzung bestimmte Erbe in erster Linie als Vertreter in Frage kommen[447]). Allerdings kann er Vertreter immer nur des *ganzen* Nachlasses sein, denn eine Pflegschaft kann nicht für einzelne Nachlaßbestandteile bestellt werden[448]). Allenfalls kann das Verlassenschaftsprovisorium auf den *Anteil eines Miterben* beschränkt sein[449]). Die Verwalterstellung des nachfolgeberechtigten Erben wird also nur dann vorkommen, wenn der Gesellschaftsanteil im wesentlichen den Nachlaß ausmacht und die Miterben mit der Verwaltung durch den Nachfolger allein einverstanden sind.

Mit der Einantwortung tritt dann die gesonderte Zuordnung der Mitgliedschaft an den nach dem Gesellschaftsvertrag nachfolgeberechtigten Erben ein[450]). In diesem Augenblick wird er allein persönlich haftender Gesellschafter in demselben Umfang wie der Erblasser[451]). Es sind nicht

---

[442]) Höchstrichterliche Entscheidungen zu dieser Frage sind bis jetzt nicht ergangen.
[443]) Demelius ÖNotZ 1954, 113.
[444]) Vgl. oben S. 61.
[445]) Unrichtig Ferid, Festschr. Hueck, S. 370 insbes. Fußn. 113.
[446]) Demelius ÖNotZ 1954, 115f.
[447]) Demelius ÖNotZ 1954, 116.
[448]) Klang-Weiß Anm. II 7 zu § 547 ABGB, S. 129f.
[449]) Klang-Weiß ebendort.
[450]) Demelius ÖNotZ 1954, 116.
[451]) Demelius ebendort, Kastner ÖJZ 1958, 369.

etwa die vermögensrechtlichen Ansprüche vom Übergang auf diesen Erben ausgeschlossen[452]).

c) Begründung der Sonderzuordnung

Eine eigenständige dogmatische Begründung für die Sonderzuordnung der Mitgliedschaft an den Gesellschafter-Erben gibt das österreichische Schrifttum nicht. Es finden sich häufig Verweise auf die Diskussion im deutschen Recht.

Andererseits kennt auch das österreichische Recht das Institut der Sondererbfolge im Anerbenrecht. Dabei nimmt das Verlassenschaftsgericht vor der Einantwortung von Amts wegen eine Teilung vor, wobei der Erbhof dem Anerben und an Stelle des Hofes der Übernahmepreis als Forderung der Verlassenschaft zuzuweisen ist[453]). Auch außerhalb des Anerbenrechts kommt es vor, daß einer der Erben einen einzelnen Nachlaßgegenstand gegen Abfindung übernimmt. Dies kann aber vom Erblasser her nur durch eine erbrechtliche Verfügung von Todes wegen angeordnet werden[454]). Nur der erste Fall könnte allenfalls zu einer Analogie bei der Sondernachfolge in die Mitgliedschaft herangezogen werden. Das wird jedoch nirgends erörtert.

d) Frage des Wertausgleichs

Ein Abfindungsanspruch der nicht nachfolgeberechtigten Miterben, die nicht Gesellschafter geworden sind, wird gegenüber der *Gesellschaft* von vornherein abgelehnt[455]), obwohl zum Teil die falsche Vorstellung besteht, diese Miterben *schieden* aus der Gesellschaft *aus*[456]).

In Frage kommt daher auch nach österreichischem Recht nur eine erbrechtliche Ausgleichspflicht des Gesellschafter-Erben gegenüber seinen Miterben. Exakte Aussagen zu diesem Problem werden selten gemacht. Nach einer Bemerkung von Kastner soll ein Teil des österreichischen Schrifttums die Ausgleichspflicht bejahen[457]). Dabei verweist er einerseits auf Wahle, der aber an der zitierten Stelle das Eintrittsrecht behandelt und die Frage des Ausgleichs nicht erwähnt, zum anderen auf Weiss, der jedoch ebenfalls nur den Fall der Eintrittsklausel behandelt[458]). Kastner selbst lehnt eine Ausgleichspflicht des Gesellschafter-Erben gegenüber seinen

---

[452]) Kastner ebendort.
[453]) Gschnitzer, Erbrecht, § 19 D III, S. 67.
[454]) Gschnitzer, Erbrecht, § 19 D III, S. 68.
[455]) Kastner ÖJZ 1958, 369.
[456]) Vgl. Demelius ÖNotZ 1954, 116.
[457]) Kastner ÖJZ 1958, 370.
[458]) Kastner ÖJZ 1958, 370 Fußn. 78; Klang-Wahle Anm. 4 zu § 1208 ABGB, S. 659f.; Klang-Weiß Anm. III 4e zu § 550 ABGB, S. 158.

Miterben ab und verweist diese auf das Pflichtteilsrecht[459]). Nach DEMELIUS soll der Gesellschaftererbe regelmäßig auf Grund des Gesellschaftsvertrages (!) zur »Abfertigung« verpflichtet sein. Diese Abfertigung entfalle, wenn die Erben, allenfalls veranlaßt durch eine letztwillige Teilungsanordnung oder ein Vorausvermächtnis des Erblassers, den ganzen Geschäftsanteil des Erblassers dem fortsetzenden Erben überlassen haben[460]). Diese Ansicht beruht auf der Prämisse, die Ausgleichspflicht sei gesellschaftsrechtlicher Natur. Das ist aber bei der qualifizierten Nachfolgeklausel gerade nicht der Fall. Im übrigen erwirbt der Nachfolger die ganze Mitgliedschaft ja auch nicht deshalb, weil sie ihm von den Miterben überlassen worden wäre, sondern weil sie ihm auf erbrechtlichem Wege gesondert zugeordnet wird. Es werden also genau genommen Gesichtspunkte der Eintrittsklausel mit solchen der Nachfolgeklausel bei DEMELIUS vermischt.

Die Frage des Wertausgleichs muß hiernach als im österreichischen Recht nicht hinreichend geklärt angesehen werden. Ein abschließendes Wort dazu ist noch nicht möglich.

C. Schweiz

I. Die der offenen Handelsgesellschaft entsprechende Gesellschaftsform in der Schweiz

1. Die Kollektivgesellschaft

Das Schweizer Recht kennt als Personenhandelsgesellschaften die »Kollektivgesellschaft« (»société en nom collectif«) und die »Kommanditgesellschaft«.

Die Kollektivgesellschaft ist in Art. 552 OR folgendermaßen definiert:

> »Die Kollektivgesellschaft ist eine Gesellschaft, in der zwei oder mehrere natürliche Personen, ohne Beschränkung ihrer Haftung gegenüber den Gesellschaftsgläubigern, sich zum Zweck vereinigen, unter einer gemeinsamen Firma ein Handels-, ein Fabrikations- oder ein anderes nach kaufmännischer Art geführtes Gewerbe zu betreiben.«

Aus dieser Begriffsbestimmung ergibt sich, daß die Kollektivgesellschaft durch dieselben Merkmale gekennzeichnet ist wie die deutsche offene Handelsgesellschaft[461]). Zwar decken sich die Begriffe des Handelsgewerbes nicht, denn im deutschen Recht ist damit alles das zusammenfassend gemeint, was in der Formulierung des Art. 552 OR mit »Handels-, Fabrikations- oder ein anderes nach kaufmännischer Art geführtes Gewerbe« bezeichnet ist[462]). Der Sache nach besteht aber Identität hinsichtlich des Gegenstandes der Gesellschaft. Daher ist die Kollektivgesellschaft als die

---

[459]) Kastner ÖJZ 1958, 370.
[460]) Demelius ÖNotZ 1954, 116.
[461]) Vgl. oben S. 14.
[462]) Syz, S. 7; zur näheren Bestimmung dieser drei Arten von Gewerbe vgl. §§ 52–63 der Handelsregisterverordnung von 1937.

der deutschen OHG entsprechende Gesellschaftsform im Schweizer Recht anzusehen[463]).

2. Die Rechtsgrundlagen

Noch bevor im Jahre 1907 ein das Privatrecht regelndes Zivilgesetzbuch (ZGB) für die gesamte Schweiz erlassen wurde (in Kraft getreten 1912), war das Recht der Schuldverhältnisse bereits 1881 einheitlich für alle Kantone im »Obligationenrecht« (OR – in Kraft getreten 1883) geregelt worden[464]). Darin inbegriffen war von vornherein das gesamte Gesellschaftsrecht (Titel 23 ff.). Die diesbezüglichen Normen blieben auch unverändert, als das OR, dem ZGB angepaßt und ergänzt, im Jahre 1911 neu erlassen wurde und 1912 zusammen mit dem ZGB in Kraft trat. 1936 wurde jedoch u.a. das Recht der Handelsgesellschaften revidiert. Die Titel 24. ff. wurden neu erlassen und traten 1937 in Kraft. Grundlage des Gesellschaftsrechts ist demnach das OR mit dem Doppeldatum 1911/1936[465]).

Die Vorschriften über die Kollektivgesellschaft finden sich im 24. Titel des OR (Art. 552–593). Jedoch finden gem. Art. 557 II OR die Vorschriften über die »einfache Gesellschaft« (23. Titel: Art. 530–551 OR) subsidiär ebenfalls Anwendung, soweit es an einer Sonderregelung fehlt. Damit erweist sich die Kollektivgesellschaft auch im schweizer Recht als Sonderform der einfachen Gesellschaft.

II. Einfluß des Todes eines Gesellschafters auf den Bestand der Gesellschaft nach dem Gesetz

Art. 545 Ziff. 2 OR bestimmt, daß eine einfache Gesellschaft aufgelöst wird, wenn ein Gesellschafter stirbt. Diese Bestimmung gilt kraft der besonderen Verweisung in Art. 574 I OR auch für die Kollektivgesellschaft; denn in dieser Vorschrift wird nur der Gesellschaftskonkurs als besonderer Auflösungsgrund genannt, während hinsichtlich der übrigen Auflösungsgründe, also insbesondere auch im Hinblick auf die Auswirkungen des Todes auf das Gesellschaftsverhältnis, auf die Bestimmungen über die einfache Gesellschaft verwiesen wird, vorbehaltlich einer anderen Regelung im Recht der Kollektivgesellschaft, die aber insoweit nicht erfolgt ist.

Nach Marfurt hat der Tod als Auflösungsgrund in zweifacher Weise die Funktion einer Befristung[466]). Er geht davon aus, daß mit dem Abschluß des Gesellschaftsvertrages die »kollektivgesellschaftliche Obligation« ent-

---

463) Vgl. die Arbeit von Syz.

464) Durch die Verfassung von 1874 hatte der Bund die Zuständigkeit zum Erlaß eines Bundesgesetzes über das Obligationenrecht erhalten.

465) Vgl. Guhl, § 1 Einleitung III, S. 22.

466) Marfurt, S. 10f.

stehe. Ihre Wirkung sei der »kollektivgesellschaftliche Erfüllungsanspruch«. Dieser Anspruch zerfalle in zwei Teilerfüllungsansprüche:

1) den Anspruch auf die Verknüpfung von Kapital und Arbeit mit dem vereinbarten Unternehmen;
2) den Anspruch auf die Aufhebung dieser Verknüpfung.

Der erste Anspruch sei auflösend, der zweite aufschiebend befristet[467]). Den Zeitpunkt bestimmen dann nach MARFURT die Auflösungs- und Ausscheidungsgründe, also u.a. auch der Tod eines Gesellschafters. Die kollektivgesellschaftliche Obligation erlischt aber erst durch Erfüllung *beider* Teilerfüllungsansprüche[468]). Die Wirkung des Todes als Auflösungsgrund ist also nicht das Erlöschen des Gesellschaftsverhältnisses, sondern:

1) »das Dahinfallen des Anspruches auf zukünftige Verknüpfung von Kapital und Arbeit der Kollektivgesellschafter mit einem Unternehmen in der Rechtsform einer Kollektivgesellschaft«;
2) »das Wirksamwerden des Anspruches auf Aufhebung der bis zum Eintritt des Auflösungsgrundes vollzogenen Verknüpfung von Kapital und Arbeit mit einem Unternehmen in der Rechtsform einer Kollektivgesellschaft«[469]).

Das bedeutet nichts anderes, als daß die Kollektivgesellschaft mit dem Tod eines Gesellschafters nicht erlischt, sondern als Liquidationsgesellschaft bis zum Ende der Abwicklung (= Erfüllung des Anspruchs auf Aufhebung) fortbesteht: Art. 582 OR. Es handelt sich also nur um eine Zweckänderung der im übrigen identisch bleibenden Gesellschaft[470]).

Die Stellung der Erben des verstorbenen Gesellschafters ist umstritten. Fest steht, daß der Auseinandersetzungsanspruch auf sie übergeht[471]). Ob sie aber Gesellschafter der Liquidationsgesellschaft werden, ist kontrovers[472]). Art. 584 OR schreibt im übrigen vor, daß mehrere Erben durch einen gemeinsamen Vertreter an der Liquidation teilzunehmen haben.

III. Fortsetzung der Kollektivgesellschaft durch Vererbung der Mitgliedschaft auf Grund einer gesellschaftsvertraglichen Nachfolgeklausel

1. Abdingbarkeit der gesetzlichen Regelung

Daß die Auflösungswirkung des Todes eines Gesellschafters nicht zwingend angeordnet ist, ergibt sich aus Art. 545 Ziff. 2 OR selbst, denn er lautet vollständig:

---

[467]) Marfurt, S. 13.
[468]) Marfurt, S. 11.
[469]) Marfurt, S. 37.
[470]) Heute allgemeine Meinung, vgl. Hartmann Rdnr. 3 zu Art. 582 OR; Siegwart Rdnr. 1 zu Art. 582 OR; Ehrsam, S. 31f.; Urteil des Bundesgerichts vom 19. 1. 1944 BGE 70 (1944) II, 55ff.; Urt. des Kantongerichts des Kantons St. Gallen SJZ 1963, 223f.; vgl. zu früheren gegenteiligen Ansichten Marfurt, S. 25ff.
[471]) Marfurt, S. 54.

»Die Gesellschaft wird aufgelöst:
2. wenn ein Gesellschafter stirbt und für diesen Fall nicht schon vorher vereinbart worden ist, daß die Gesellschaft mit den Erben fortbestehen soll.«

Daß auch eine *nachträgliche* Vereinbarung zwischen den überlebenden Gesellschaftern und den Erben über die Fortsetzung der Gesellschaft möglich ist, bleibt unberührt[473]). Sie hebt aber nicht die Auflösungswirkung des Todes auf, sondern wandelt die Liquidationsgesellschaft wieder in eine werbende Gesellschaft um[474]).

Ob die *vorherige* Fortsetzungsvereinbarung nach schweizer Recht die Wirkung einer Nachfolgeklausel hat, hängt davon ab, ob die Vererblichkeit des Gesellschaftsanteils anerkannt wird.

2. Vererblichkeit des Gesellschaftsanteils (Zulässigkeit einer Nachfolgeklausel)

Die Frage der Vererblichkeit der Mitgliedschaft in einer Kollektivgesellschaft ist in der Schweiz unterschiedlich beantwortet worden. Die Diskussion um dieses Problem unterscheidet sich von der im deutschen und österreichischen Recht:

Die Kategorien, in denen die Frage der erbrechtlichen Nachfolge in den Gesellschaftsanteil durchdacht wird, sind durch einen spezifischen Akzent gekennzeichnet: es wird weniger danach gefragt, ob die Mitgliedschaft ein Vermögensgegenstand, also Teil der Erbschaft i.S.d. Art. 560 ZGB sein und damit der Gesamtnachfolge unterliegen kann, sondern man stellt die Frage, ob der Erblasser durch eine gesellschaftsvertragliche Klausel den bzw. die Erben verpflichten kann, die Gesellschaft mit den überlebenden Gesellschaftern fortzusetzen, oder ob er ihnen auf diese Weise nur das Recht dazu einzuräumen vermag.

Der Grund hierfür liegt darin, daß – die Vererblichkeit der Mitgliedschaft einmal angenommen – das schweizer Obligationenrecht den Erben vor die Wahl stellt, »entweder anzunehmen mit allen Verbindlichkeiten des verstorbenen Gesellschafters oder auszuschlagen«[475]). Das schweizer Recht kennt keine Milderung dieser Alternative durch eine dem § 139 HGB entsprechende Vorschrift.

Auf diesem Hintergrund sind folgende drei Auffassungen vertreten worden:[476])

---

[472]) Bejahend z.B. Ehrsam, S. 32ff. (34); verneinend Hartmann Rdnr. 1 zu Art. 584 OR sowie Rdnr. 11 zu Art. 574 OR.

[473]) Vgl. Brosset-Schmidt, S. 171f.

[474]) Urt. des Bundesgerichts vom 19. 1. 1944 BGE 70 (1944) II, 55ff.; Hartmann Rdnr. 10 zu Art. 574 OR; Siegwart Rdnr. 6 zu Art. 547 OR.

[475]) Syz, S. 49.

[476]) Die anderen von Ehrsam, S. 72f., 73f., und 74ff. aufgeführten Theorien sind nicht für das schweizer Recht formuliert worden, sondern deutschen bzw. französischen Ursprungs.

a) Theorie der Unvererblichkeit

WIELAND hat angenommen, die Vereinbarung der Fortsetzung der Gesellschaft mit den Erben könne nur die überlebenden Gesellschafter binden, dagegen die Erben nur zum Eintritt in die Gesellschaft berechtigen, aber nicht verpflichten. Nehme man das Gegenteil an, so würde die gesellschaftsvertragliche Klausel einen »unerträglichen Eingriff in die wirtschaftliche Freiheit« des Erben bedeuten. Dazu fehle es aber an einer Autorisierung durch eine gesetzliche Vorschrift. Daher könne dem Erben eine Pflicht nur durch eine letztwillige Verfügung auferlegt werden, indem der Erwerb des Nachlasses vom Beitritt zur Gesellschaft abhängig gemacht werde[477]).

Auch J. v. GIERKE ist der Ansicht gewesen, die Fortsetzungsklausel könne dem Erben nur das Recht zur Fortsetzung geben. Er nimmt einen Vertrag zugunsten Dritter an, der dem Erben das Beitrittsrecht zuwende. Für die gegenteilige Auffassung fehle es an einem dem § 139 HGB entsprechenden Schutzrecht des Erben[478]).

Aus ihrer Auffassung, daß der Gesellschaftsvertrag den Erben nicht zur Fortsetzung der Gesellschaft verpflichten könne, leiten WIELAND und J. v. GIERKE die Unvererblichkeit der Mitgliedschaft ab[479]). Mit anderen Worten: eine Fortsetzungsklausel kann hiernach niemals Nachfolgeklausel sein und die Gesellschafterstellung zu einem vererblichen Gegenstand machen, sondern immer nur eine Eintrittsklausel darstellen.

An dieser Auffassung ist nur die eine Prämisse richtig: Verträge zu Lasten Dritter sind unzulässig. Wenn man sagt, der Erbe könne durch die Fortsetzungsklausel nicht zur Fortsetzung der Gesellschaft verpflichtet werden, sondern es bedürfe dazu einer erbrechtlichen Verfügung von Todes wegen, so stimmt das also nur unter diesem Gesichtspunkt, d.h. nur dann, wenn die Klausel als ein Vertrag sich darstellt, der einen Dritten betrifft. Diese Qualität kann eine Fortsetzungsvereinbarung haben. Dann ist sie in der Tat nur wirksam, wenn sie den Erben berechtigt; und dann bedarf es zur Verpflichtung des Erben einer erbrechtlichen Verfügung von Todes wegen[480]).

Es ist aber die Annahme unrichtig, daß eine Fortsetzungsvereinbarung immer in diesem Sinne qualifiziert werden muß. Denn zum einen: eine Pflicht für den Erben kann sich nicht nur aus einem Vertrag zu Lasten Dritter ergeben – was eben unwirksam wäre –, sondern auch auf Grund der

---

[477]) Wieland, S. 684f.

[478]) J. v. Gierke, Festschr. Wieland, S. 116ff., 118.

[479]) Unrichtig Ehrsam, S. 82, wenn er annimmt, Wieland lehne die Vererbung *nicht* ab im Gegensatz zu J. v. Gierke; vgl. Wieland, S. 685 Fußn. 19!

[480]) Vgl. Guisan, S. 37f./68, der aber von dem grundsätzlichen Verbot im schweizer Recht ausgeht, einen Vertrag zugunsten Dritter auf den Todesfall zu schließen (im Gegensatz zum deutschen § 331 BGB). Der Inhalt eines solchen Vertrages kann daher nur Gegenstand einer Verfügung von Todes wegen sein. Eine solche sieht Guisan aber ausnahmsweise gewohnheitsrechtlich schon in der gesellschaftsvertraglichen Fortsetzungsklausel verwirklicht.

Gesamtrechtsnachfolge[481]), indem der Erbe als *Gesamtrechtsnachfolger* alle vom Erblasser begründeten Pflichten zu erfüllen hat. Der Begriff der Verpflichtung des Erben ist also in dieser Hinsicht zweideutig, und es kann nicht ohne weiteres auf einen Vertrag zu Lasten Dritter geschlossen werden. Zum anderen: eine vertragliche Vereinbarung, die für einen bestimmten Gegenstand die Gesamtrechtsnachfolge eröffnen soll, kann schon ihrer Rechtsnatur nach nicht als ein Vertrag zu Lasten Dritter qualifiziert werden. Es ist etwas grundlegend Verschiedenes, ob durch eine vertragliche Vereinbarung der Erbe als Dritter verpflichtet oder ob ein Rechtsgut vererblich gestaltet werden soll[482]). Im letzteren Fall geht es um die Ermöglichung des automatischen Erwerbs einer Rechtsstellung durch Gesamtrechtsnachfolge, einen Vorgang also, der mit den Kategorien »Berechtigung« und »Verpflichtung« gar nicht adäquat zu erfassen ist. Jedenfalls wird nicht der Erbe *durch diese Vertragsklausel* verpflichtet, die ihn unmittelbar gar nicht betrifft. Ihm wird nicht eine Eintrittspflicht auferlegt, sondern die Möglichkeit gegeben, durch Annahme der Erbschaft als Gesamtrechtsnachfolger in die Gesellschafterstellung einzurücken. Tut er das, so ist er allerdings zur Fortsetzung der Gesellschaft verpflichtet. Aber *diese* Fortsetzungspflicht kann nicht mit einer Eintrittspflicht gleichgesetzt werden. Indem WIELAND und J. v. GIERKE diese mit Recht ablehnen, haben sie also über jene noch gar nichts ausgesagt. Ihre Argumente erweisen sich damit als nicht stichhaltig.

b) Theorie der Vererblichkeit

Der Kreis der der Vererbung unterliegenden Gegenstände ergibt sich grundsätzlich aus Art. 560 ZGB:

> »Die Erben erwerben die Erbschaft als Ganzes mit dem Tode des Erblassers kraft Gesetzes. Mit Vorbehalt der gesetzlichen Ausnahmen gehen die Forderungen, das Eigentum, die beschränkten dinglichen Rechte und der Besitz des Erblassers ohne weiteres auf sie über, und die Schulden des Erblassers werden zu persönlichen Schulden der Erben.«

Unter Erbschaft versteht das ZGB ebenso wie das deutsche Recht den Inbegriff der privatrechtlichen Verhältnisse, die nicht an die Person des Erblassers gebunden sind[483]). Ein solches Rechtsverhältnis ist der Gesell-

---

[481]) Vgl. Ehrsam, S. 90.

[482]) So auch Guisan, S. 37 Fußn. 2, der aber einerseits der Vererblichkeitsklausel als solcher nur die Wirkung beimißt, die Auflösungswirkung des Todes eines Gesellschafters abzubedingen, ohne bereits über die Nachfolge zu entscheiden, und andererseits im *Ergebnis* ebenfalls die Vererbung des Gesellschaftsanteils ablehnt; denn er nimmt an, die Gesellschafterpflichten könnten in der Person des Erben immer nur neu entstehen, aber nicht auf ihn übergehen. Daraus ergibt sich, daß Guisan auch auf S. 37f./68 (s. oben N. 480) nur von der Eintrittsklausel spricht. Die Gleichstellung mit J. v. Gierke und Wieland bei Siegwart Rdnr. 5 zu Art. 547 OR und Hartmann Rdnr. 13 zu Art. 574 OR ist jedoch nur vom Ergebnis her richtig.

[483]) Ferid-Firsching, Schweiz. Grdz. D IV, Rdnr. 45.

schaftsanteil an einer Kollektivgesellschaft – wie sich aus Art. 545 Ziff. 2 ergibt – grundsätzlich nicht.

Im Gegensatz zu WIELAND und J. v. GIERKE sind aber – wie sich zeigen wird – das übrige Schrifttum sowie ein einschlägiger Entscheid des Bernischen Appellationshofes einig darin, daß die Mitgliedschaft zu einem solchen Rechtsverhältnis durch eine gesellschaftsvertragliche Nachfolgeklausel umgestaltet werden kann. Der persönliche Charakter der Gesellschafterstellung kann ihr durch eine entsprechende Vereinbarung auch nach schweizer Rechtsauffassung genommen werden[484]).

Vor allem wird der Wortlaut des Art. 545 Ziff. 2 OR zur Begründung herangezogen. Danach könne nicht zweifelhaft sein, daß die Gesellschaft durch den Tod eines Gesellschafters nicht aufgelöst wird und mit den Erben weiterbesteht, falls eine dahingehende Vereinbarung vorliegt[485]). Der Bernische Appellationshof hat in einem Entscheid vom 5. 7. 1938 ausgeführt:

> »Ungeachtet gegenteiliger Lehrmeinungen kann OR 545 Ziff. 2 nicht anders ausgelegt werden, als daß die Gesellschafter das Gesellschaftsverhältnis, das in der Regel mit dem Tode eines Gesellschafters endigt, durch Vereinbarung vererblich gestalten können und daß in diesem Falle durch den Tod eines Gesellschafters die Gesellschaft nicht aufgelöst wird, sondern dessen Erben als solche von Gesetzes wegen an seiner Stelle Gesellschafter werden. Es ist nämlich nicht zu übersehen, daß OR 545 Ziff. 2 in erster Linie für die einfache Gesellschaft aufgestellt ist ... Für die einfache Gesellschaft aber hätte die Bestimmung keinen vernünftigen Sinn, wenn dadurch nur die Möglichkeit geschaffen werden sollte, bei Tod eines Gesellschafters die Gesellschaft ohne Neugründung mit den Erben fortzusetzen. Denn da die einfache Gesellschaft formlos geschlossen werden kann ... könnte ohnehin jederzeit zwischen den überlebenden Gesellschaftern und den Erben eines verstorbenen formlos die Fortsetzung der Gesellschaft beschlossen werden. Aus dem gleichen Grund ist auch nicht anzunehmen, eine Vereinbarung nach OR 545 Ziff. 2 begründe eine bloß einseitige Verpflichtung der überlebenden Gesellschafter, die Erben eines verstorbenen als Mitgesellschafter anzunehmen; denn sie können ohnehin formlos beschließen, mit ihnen die Gesellschaft fortzusetzen, und daß sie sich zum voraus dazu verpflichten können, ist selbstverständlich, hätte keiner ausdrücklichen gesetzlichen Erwähnung bedurft. Kann somit OR 545 Ziff. 2 für die einfache Gesellschaft, für die er in erster Linie gilt, nur den Sinn haben, daß, falls es so vereinbart ist, die Mitgliedschaft beim Tode eines Gesellschafters mit allen Rechten und Pflichten als Teil des Nachlasses auf seine Erben übergeht, so kann der Bestimmung für die Kollektivgesellschaft, auf die sie auch anwendbar ist, keine andere Bedeutung beigelegt werden«[486]).

Der Gesellschaftsvertrag kann also die Mitgliedschaft für vererblich erklären[487]), »wodurch die Erben eines Kollektivgesellschafters berechtigt und verpflichtet werden, die Kollektivgesellschaft fortzusetzen, die kollektivgesellschaftliche Obligation an Stelle des Erblassers für die Zukunft andauernd zu erfüllen«[488]).

---

[484]) Ehrsam, S. 85, 87, 91; vgl. auch den Entscheid des Bernischen Appellationshofes vom 5. 7. 1938 ZBJV 76 (1940), 146ff. (149).

[485]) Held ZBJV 76 (1940), 417.

[486]) ZBJV 76 (1940), 146ff. (148).

[487]) Vgl. Guisan, S. 37; s. aber oben N. 482.

[488]) Marfurt, S. 46; in diesem Sinne auch Syz, S. 48; Siegwart Rdnr. 5 zu Art. 547 OR; Hartmann, Rdnr. 13 zu Art. 574 OR, wenn er auch unglücklicherweise von einer Pflicht zum Eintritt spricht, so meint er doch der Sache nach dasselbe, denn der Ein-

Held kommt auch nach eingehender Abwägung der Interessen dazu, daß die dem Wortlaut entsprechende Auslegung nicht nur vertretbar sei, sondern auch den Vorzug verdiene[489]). Die Ansicht Wielands, daß die Nachfolgeklausel einen unerträglichen Eingriff in die wirtschaftliche Freiheit des Erben bedeute, wird allgemein abgelehnt. Die wirtschaftliche Gebundenheit des Erben wird für durchaus erträglich erachtet, da er sich erbrechtlich durch Ausschlagung wehren kann und ihm nach Handelsrecht die Möglichkeit zur Kündigung und zur Auflösung aus wichtigem Grund offen steht[490]). Held[491]) weist darüber hinaus auf Art. 20 OR hin (Nichtigkeit eines Vertrages bzw. eines Teils desselben wegen Unmöglichkeit, Widerrechtlichkeit oder Sittenwidrigkeit des Inhalts), und der Bernische Appellationshof außerdem auf Art. 19 II OR (insbesondere Recht der Persönlichkeit)[492]).

Hieraus ergibt sich, daß die Vererblichkeit der Mitgliedschaft heute im schweizer Recht allgemein anerkannt wird[493]), und zwar der Mitgliedschaft als Ganzes[494]). Das bedeutet: Auf Grund einer Nachfolgeklausel im Gesellschaftsvertrag kann sie *als Teil des Nachlasses* auf den Erben im Wege der erbrechtlichen Rechtsnachfolge übergehen und auf diese Weise den Erben zur Fortsetzung der Gesellschaft mit den überlebenden Gesellschaftern verpflichten[495]).

c) Theorie der beschränkten Vererbung (Umwandlung der Mitgliedschaft in einen Kommanditanteil)

Im Gegensatz zur sonst einhelligen Meinung ist Ehrsam – bei Anerkennung der Vererblichkeit der Mitgliedschaft[496]) – der Ansicht, daß der Erbe die Gesellschafterstellung nicht so erwerbe wie sie der Erblasser vor ihm innegehabt hatte. Gegen die Vererbung der unveränderten Mitgliedschaft wendet Ehrsam[497]) – auf eine kurze Formel gebracht – folgendes ein:

(1) Die unbeschränkte Vererbung habe zur Folge, daß dem Erben grundsätzlich die Pflicht zur Geschäftsführung aufgezwungen würde. Das sei unvereinbar mit der im schweizer Recht geltenden Auffassung von der Freiheit der Persönlichkeit[498]).

(2) Der Erbe würde für Gesellschaftsschulden als Kollektivgesellschafter

---

tritt ergebe sich ohne weiteres aus der Erbenstellung; vgl. auch den Entscheid des Bernischen Appellationshofes ZBJV 76 (1940), 149.

489) Held ZBJV 76 (1940), 423.

490) Marfurt, S. 8, 14; Hartmann Rdnr. 15 zu Art. 574 OR; Entscheid des Bernischen Appellationshofes vom 5. 7. 1938 ZBJV 76 (1940), 149; dagegen Ehrsam, S. 64ff.

491) A.a.O., S. 422.

492) A.a.O., S. 151.

493) Vgl. des weiteren Ehrsam, S. 60 m.w.N. in Fußn. 6.

494) Bernischer Appellationshof a.a.O., S. 151.

495) Hartmann Rdnr. 13 zu Art. 574 OR.

496) So ausdrücklich z.B. S. 99.

497) S. 59ff.

498) Ehrsam, S. 62.

nicht bloß mit dem Nachlaß, sondern mit seinem eigenen Vermögen haften müssen. Der Erblasser habe jedoch nur das Recht, sein eigenes Vermögen mit einer solchen Verpflichtung zu belegen, nicht aber das des Erben. Ein Vertrag zu Lasten Dritter sei nichtig[499]).

Zu (1) ist zu bemerken, daß EHRSAM die theoretischen Möglichkeiten des Erben, die Freiheit seiner Persönlichkeit zu bewahren, wohl sieht. Er lehnt die obligationenrechtlichen Behelfe aber ab, und mutet dem Erben den entscheidenden erbrechtlichen Behelf, die Ausschlagung, wohl von vorneherein nicht zu[500]). Zu (2) muß festgestellt werden, daß EHRSAM hier ebenfalls in die Verwechslung der Bindung des Erben durch die auf Grund seiner Annahme der Erbschaft im Erbgang erworbenen Pflichten einerseits mit der Bindung durch einen Vertrag zu Lasten Dritter andererseits gerät[501]).

Um die Verpflichtung des Erben zur Geschäftsführung und seine Haftung mit dem eigenen Vermögen für die bei der Fortsetzung der Gesellschaft entstehenden Verpflichtungen zu vermeiden, nimmt EHRSAM an, die kollektivgesellschaftliche Mitgliedschaft wandle sich durch die Vererbung automatisch in einen Kommanditanteil und die Kollektivgesellschaft in eine Kommanditgesellschaft um[502]). Er will damit die im deutschen Recht bestehende Möglichkeit des § 139 HGB zu einer Zwangsläufigkeit machen. Für ihn gibt es die Nachfolgeklausel nur als »Umwandlungsklausel«.

Diese Auffassung hat im Schweizer Recht keine Anhänger gefunden. Im Grunde ist die behauptete Vererblichkeit des Anteils an einer Kollektivgesellschaft bei EHRSAM auch eine Fiktion. Seine Ansicht bedeutet nichts anderes, als daß eben nur ein Kommanditanteil wirklich vererblich ist. Es ist aber mindestens zweifelhaft, ob es dazu des Art. 545 Ziff. 2 OR bedurft hätte (vgl. Art. 619 II OR), und ob er wirklich meint, daß die Gesellschaft fortbestehen soll, aber nicht als Kollektivgesellschaft.

3. Nachfolgeklausel und Verfügung von Todes wegen

Die Nachfolgeklausel, die die Mitgliedschaft vererblich macht, wird auch im schweizer Recht nicht als eine Verfügung von Todes wegen angesehen, die den entsprechenden erbrechtlichen Formvorschriften unterläge. GUISAN[503]) bemerkt dazu: »En stipulant cette clause, je qualifie juridiquement comme cessible un élément de mon patrimoine que la loi présume incessible, mais je n'en dispose pas a cause de mort«[504]). Nicht

---

499) Ehrsam, S. 66ff. (67f., *71*).
500) Vgl. S. 64ff.; vgl. oben S. 89.
501) Vgl. S. 71: »Der Erblasser hat eine Leistung der Erben versprochen«!?; vgl. oben S. 86f.
502) S. 95ff.
503) Guisan läßt aber aus anderen Gründen den erbrechtlichen Übergang des Gesellschaftsanteils nicht zu! vgl. oben N. 482.
504) Guisan, S. 37; so auch Hartmann Rdnr. 13 zu Art. 574 OR; Bernischer Appellationshof ZBJV 76 (1940), 149; ganz h.M. gegen Wieland und J. v. Gierke, vgl. dazu oben.

alle Vertragsbestimmungen, die für den Todesfall getroffen werden, sind Verfügungen von Todes wegen[505]). Nach HELD ist ein Vertrag nur dann als Verfügung von Todes wegen anzusprechen, wenn er eine Erbeinsetzung, ein Vermächtnis oder einen Erbverzicht enthält, also als Erbvertrag qualifiziert werden kann (vgl. Art. 494, 495 ZGB)[506]). Im übrigen würde die gesellschaftsvertragliche Nachfolgeklausel zur Eröffnung der Erbfolge in die Mitgliedschaft nach Meinung HELDS auf Grund des Art. 545 Ziff. 2 OR selbst dann ausreichen, wenn materiell in ihr eine Verfügung von Todes wegen erblickt werden müßte. Art. 545 Ziff. 2 OR würde dann die erbrechtlichen Vorschriften derogieren[507]).

IV. Fallgestaltungen

1. Nachfolgeberechtigung eines Alleinerben

Ist nur ein nachfolgeberechtigter Erbe vorhanden, so ergeben sich keinerlei Probleme bei der Nachfolge. Da auch im schweizerischen Erbrecht das Prinzip der Universalsukzession sowie das der Unmittelbarkeit gilt (Art. 560 ZGB)[508]), geht mit dem Tode des Erblassers der auf Grund der Nachfolgeklausel zur Erbschaft gehörende Gesellschaftsanteil als Ganzes auf den Erben über[509]). Er wird automatisch Gesellschafter.

Im Falle der Minderjährigkeit des Erben müssen die Gesellschafter aber – wenn die Minderjährigkeit zur »Bevormundung« führt – zusätzlich auf die in Art. 545 Ziff. 3 OR geregelte Auflösungswirkung der »Bevormundung« verzichtet haben. Dann ist lediglich gem. Art. 403 ZGB erforderlich, die Weisungen der Vormundschaftsbehörde einzuholen. Dagegen ist die in Art. 422 Ziff. 3 ZGB angeordnete Zustimmung der Aufsichtsbehörde bei der bloßen Fortsetzung einer bestehenden Gesellschaft im Gegensatz zum Fall des Eintritts nicht erforderlich[510]).

Der Übernahme der Gesellschafterstellung kann sich der Erbe vor allem – wie erwähnt – durch Ausschlagung der Erbschaft entziehen. Die weiteren obligationenrechtlichen Befreiungsmöglichkeiten (Kündigung vor allem, und Verlangen der Auflösung der Gesellschaft aus wichtigem Grund) sind nicht ganz unbestritten[511]).

Ob in letzter Linie der Staat (Kanton) als Erbe (Art. 466 ZGB) die Mitgliedschaft erwerben kann, wird nicht erörtert. Dagegen würde aber wohl seine beschränkte Haftung sprechen (s. Art. 592 ZGB).

---

505) Held ZBJV 76 (1940), 424f., vgl. auch Ehrsam, S. 12ff. (25).
506) Held, a.a.O., S. 425.
507) Held, S. 423f.
508) Lienhart, S. 36; vgl. oben S. 87: § 560 ZGB.
509) Hartmann Rdnr. 15 zu Art. 574.
510) Hartmann Rdnr. 16 zu Art. 574 OR sowie Rdnr. 27 zu Art. 552 OR.
511) Vgl. oben.

2. Nachfolgeberechtigung mehrerer (aller) Erben

a) Struktur der Erbengemeinschaft

Art. 602 ZGB bestimmt:

> »Beerben mehrere Erben den Erblasser, so besteht unter ihnen, bis die Erbschaft geteilt wird, infolge des Erbgangs eine Gemeinschaft aller Rechte und Pflichten.
> Sie werden Gesamteigentümer der Erbschaftsgegenstände und verfügen unter Vorbehalt der vertraglichen oder gesetzlichen Vertretungs- und Verwaltungsbefugnisse über die Rechte der Erbschaft gemeinsam.
> Auf Begehren eines Miterben kann die zuständige Behörde für die Erbengemeinschaft bis zur Teilung eine Vertretung bestellen.«

Was unter »Gesamteigentum« zu verstehen ist, erläutern Art. 652ff. ZGB. Daraus ergibt sich, daß

- »das Recht eines jeden auf die ganze Sache« geht (Art. 652 ZGB);
- »es zur Ausübung des Eigentums und insbesondere zur Verfügung über die Sache des einstimmigen Beschlusses aller Gesamteigentümer« bedarf (Art. 653 II ZGB; vgl. Art. 602 ZGB: die Gesamteigentümer der Erbschaftsgegenstände verfügen gemeinsam);
- »die Verfügung über einen Bruchteil der Sache ausgeschlossen« ist (Art. 653 III ZGB).

Aus diesen Bestimmungen folgt, daß die Miterbengemeinschaft eine Rechtsgemeinschaft darstellt, und daß diese wiederum als Gesamthandsgemeinschaft ausgestaltet ist[512]).

Für eine Rechtsgemeinschaft ist bezeichnend die »direkte Zuständigkeit der Beteiligten in Bezug auf die gemeinsamen Rechte und Pflichten«, d.h. sie ist nicht selbst Rechtssubjekt[513]), sondern nur die Gemeinschafter sind es, und zwar hinsichtlich jedes einzelnen Gegenstandes und nicht etwa des ganzen Vermögens als eines Inbegriffs von Sachen und Rechten[514]).

Aus der Eigenschaft als Gesamthandsgemeinschaft folgt, daß die Verfügung über einen Bruchteil der Sache ausgeschlossen ist und nur über die ganze Sache verfügt werden kann, und zwar gemeinsam[515]). Nur über seinen Anteil am Ganzen, d.h. seine Stellung als Gesamthänder, kann jeder Gemeinschafter in bestimmten, allerdings sehr engen Grenzen verfügen (Art. 635 ZGB)[516]).

Damit erweist sich die Struktur der Schweizer Miterbengemeinschaft als grundsätzlich identisch mit der der deutschen, und es kann insoweit auf die obigen Ausführungen zum deutschen Recht verwiesen werden[517]).

---

512) Lienhart, S. 43; Widmer, S. 1; Ferid-Firsching, Schweiz Grdz. G VI, Rdnr. 126.
513) Widmer, S. 4.
514) Widmer, S. 7ff.
515) S. im einzelnen Kunz, S. 110ff. (116).
516) Widmer, S. 70ff.
517) S. o. S. 52ff.; zwar vertritt der überwiegende Teil der schweizer Literatur und Rspr. eine Konstruktion der Gesamthand, die sie als »Personeneinheit zweiten Grades«, d.h. als Rechtsträger ohne die Qualität einer juristischen Person auffaßt (s. Kunz, S. 4); vgl. dazu aber die eingehende Kontroverse zwischen Kunz a.a.O. und Liver ZBJV 100 (1964), S. 261ff.

b) Nachfolge der Erbengemeinschaft oder Einzelnachfolge?

aa) Die Erbengemeinschaft als Nachfolgerin in die Mitgliedschaft

SIEGWART nimmt an, daß die Erbengemeinschaft gemäß den erbrechtlichen Bestimmungen unmittelbar in die Mitgliedschaft einrücke[518]). Erst durch »Auflösung der engeren Verbindung unter den Miterben« (das kann nur heißen: durch Teilung), werden diese individuell Gesellschafter. Mit dieser Annahme kann allerdings – der Struktur der Erbengemeinschaft gemäß – eines *nicht* gemeint sein: daß nämlich die Erbengemeinschaft als solche Trägerin der Mitgliedschaft, d.h. Gesellschafterin ist. Das ist ausgeschlossen, weil sie keine Rechtssubjektivität besitzt. Formelle Zuordnungssubjekte sind daher jedenfalls alle einzelnen Miterben. Es kann sich also bei der »Nachfolge der Erbengemeinschaft« allenfalls darum handeln, daß auch hinsichtlich der Gesellschafterstellung die Vorschriften über die Erbengemeinschaft Anwendung finden, m.a.W. die Gesamthand bis zur Teilung bestehen bleibt. Dies meint offenbar auch SIEGWART; denn es heißt bei ihm weiter, daß – solange die Teilung nicht nach außen zum Ausdruck gekommen sei – die Mitgliedschaft »als eine gesamthafte aller Erben (!)« zu behandeln sei[519]).

Auch MARFURT ist der Ansicht, daß die Erbengemeinschaft im Falle mehrerer Erben die Gesellschaft mit den überlebenden Gesellschaftern fortsetze[520]). Die Einzelnachfolge sei *nicht* in der Weise möglich, daß die Miterben als einzelne die geerbte Mitgliedschaft fortsetzen, sondern nur im Wege des getrennten Beitritts jedes Erben (wie ein Dritter). Erst durch diesen Eintritt erwürbe jeder Miterbe eine neue Mitgliedschaft[521]). Das bedeutet, daß MARFURT die getrennte Fortsetzung durch die einzelnen Erben nur auf Grund einer Eintrittsklausel, nicht aber erbrechtlich auf Grund einer Nachfolgeklausel für möglich hält, m.a.W.: auch der Gesellschaftsanteil unterliegt den Vorschriften über die Erbengemeinschaft. Soweit MARFURT allerdings annimmt, die Erbengemeinschaft sei als solche »Subjekt der kollektivgesellschaftlichen Obligation« und mache »als Einheit die kollektivgesellschaftliche Mitgliedschaft geltend«[522]), setzt er sich mit der Struktur der Gesamthandsgemeinschaft in Widerspruch, die eben kein Rechtssubjekt ist. Es ist allenfalls richtig zu sagen: »Das Verhältnis der Erben zueinander wird durch die für die Erbengemeinschaft geltenden Vorschriften geregelt«[523]).

EHRSAM[524]) weist ausdrücklich darauf hin, daß die deutsche Lösung (Einzelnachfolge) im schweizer Recht keine Anwendung finden könne:

---

518) Siegwart, Rdnr. 7 zu Art. 547 OR.
519) Siegwart, Rdnr. 7 zu Art. 547 OR.
520) Marfurt, S. 62ff.
521) Marfurt, S. 62f.
522) Marfurt, S. 64.
523) Marfurt, S. 64.
524) S. 122ff.

»Die Erben finden, weil es sich um Vererbung der Gesellschafterstellung handelt, im Nachlaß die Gesellschaftsbeteiligung und die Mitgliedschaft!« Daher könnten die Erben die Gesellschaftsbeteiligung auch nicht so teilen, daß aus der einzigen Gesellschafterstellung mehrere werden; denn ihnen sei die Mitgliedschaft als Ganze vererbt worden[525]).

bb) Einzelnachfolge

Entgegen den bisher genannten Autoren heißt es bei HARTMANN: »Sind mehrere Erben vorhanden, so wird jeder Gesellschafter. Jeder von mehreren Erben übt die gesellschaftlichen Rechte selbständig aus«[526]). Auch nach FUNK wird bei mehreren Erben jeder anteilsmäßig voll berechtigtes Mitglied[527]). Eine nähere dogmatische Begründung fehlt allerdings bei beiden.

Immerhin ist angesichts dieser Stimmen in der schweizer Literatur die Bemerkung von WIEDEMANN nicht aufrechtzuerhalten, daß in der Schweiz die Miterbengemeinschaft als Gesellschafterin durch Art. 545 Ziff. 2 OR gesetzlich anerkannt sei[528]).

c) Vereinbarkeit von Erbrecht und Gesellschaftsrecht bei Aufrechterhaltung der Erbengemeinschaft

Daß im Falle der Einzelnachfolge mehrerer Erben vom Gesellschaftsrecht her keine Schwierigkeiten mehr für die Nachfolge bestehen, leuchtet nach den bisherigen Ausführungen ohne weiteres ein. Es wäre dann wie im deutschen Recht. Andererseits lassen aber gewisse Abweichungen der Vorschriften über die Erbengemeinschaft im schweizer Recht – im Gegensatz zur deutschen Regelung – eine Ablehnung der Nachfolge mehrerer Erben unter Aufrechterhaltung der Erbengemeinschaft nicht unbedingt als zwingend erscheinen:

aa) Erbengemeinschaft und Mitgliedschaft

Auch im schweizer Recht besteht bei der Erbengemeinschaft der Grundsatz der Gemeinsamkeit der Verfügung und Verwaltung – im Gegensatz zur Gesellschaft, wo »selbständiges, einseitiges Vorgehen« charakteristisch ist[529]). Wie läßt sich das miteinander vereinbaren?

Das Wesen der kollektivgesellschaftlichen Mitgliedschaft verlangt –

---

[525]) Ehrsam, S. 123, vgl. auch S. 71.
[526]) Hartmann Rdnr. 15 zu Art. 574 OR; dagegen Ehrsam, S. 122.
[527]) Funk Anm. 3 zu Art. 545 Ziff. 2 OR.
[528]) Wiedemann, S. 201 Fußn. 2; ähnlich auch Eiselt AcP 158, 324, der sich allein auf Siegwart beruft.
[529]) Widmer, S. 58.

genau wie bei der deutschen und österreichischen OHG – daß jeder Gesellschafter persönlich auf die Geschäfte der Gesellschaft seinen Einfluß nehmen kann. Der Zusammenhang insbesondere zwischen Geschäftsführung und unbeschränkter Haftung wird ausdrücklich hervorgehoben[530]).

Nun sind einerseits die Miterben Zuordnungssubjekte der Mitgliedschaft, sie *sind* also Gesellschafter. Zum anderen haftet nach schweizer Erbrecht der Erbe – auch der Miterbe – grundsätzlich unbeschränkt persönlich, d.h. mit seinem ganzen Vermögen. Man folgert dies in der Schweiz aus dem Prinzip der Gesamtrechtsnachfolge: aus dem Eintritt des Erben in die gesamte Rechtsposition des Erblassers folge, daß der Erbgang für die erblasserischen Rechtsverhältnisse lediglich einen Subjektwechsel, nicht aber inhaltliche Veränderungen herbeiführe. Hafte der Erblasser persönlich, so auch der Erbe[531]). Bei mehreren Erben kommt daher zur Gesamthaft die persönliche »Solidarhaft« jedes Miterben hinzu[532]). – Daher muß auch nach schweizer Recht gefordert werden, daß jeder Gesellschafter-Miterbe Einfluß auf die Gesellschaft ausüben kann.

Die Frage stellt sich also, ob die Regeln über die Erbengemeinschaft die Miterben in dieser Einflußnahme beschränken. An dieser Stelle wird nun der Begriff der Gemeinsamkeit des Handelns, wie es von den Miterben gefordert wird, bedeutsam. »Der Begriff der Gemeinsamkeit schließt das Mehrheitsprinzip aus und verlangt grundsätzlich Einstimmigkeit«[533]). Dies ergibt sich unmittelbar aus Art. 602 ZGB. Auf diese Weise wird erreicht, daß kein Miterbe durch die übrigen überspielt werden kann; sein Vetorecht schützt ihn.

Im Rahmen einer kollektivgesellschaftlichen Beteiligung bedeutet dies: wenn man die Erbengemeinschaft schon im Hinblick auf die Mitgliedschaft aufrechterhält und damit ein Zusammenfallen von Rechtszuständigkeit (sie liegt bei den Miterben) und Rechtsausübungsbefugnis (sie liegt bei der Erbengemeinschaft) und ein selbständiges Handeln des einzelnen Gesellschafter-Miterben verhindert, so wird doch wenigstens unmöglich gemacht, daß ein Miterbe durch Überstimmung völlig ausgeschaltet wird. Dadurch, daß Einstimmigkeit erforderlich ist, erhält jeder Miterbe im Ergebnis den seiner Erbquote an der Mitgliedschaft entsprechenden Einfluß auf die Gesellschaft, und der Zusammenhang dieser Einflußmöglichkeit mit der Haftung bleibt gewahrt. Das entscheidende Argument, das im deutschen Recht zur Ablehnung der Erbengemeinschaft als Nachfolgerin führte (vgl. oben S. 36ff.), kommt mithin im schweizer Recht nicht zum Zuge. Daher ist die Nachfolge der Miterben in ihrer gesamthänderischen Verbundenheit wohl als in der Schweiz möglich und von der h.M zu Recht akzeptiert zu erachten.

---

530) Ehrsam, S. 63 Fußn. 18.
531) Widmer, S. 99.
532) Widmer, S. 101.
533) Widmer, S. 33.

bb) Erbenvertretung und Mitgliedschaft

Da nach schweizer Recht die Erbengemeinschaft die Gesellschaftsrechte ausübt, liegt es nahe, an eine Vereinfachung durch Vertreterbestellung zu denken. Für den Fall der Liquidation schreibt das Gesetz selbst es vor (Art. 584 OR). Für den Fall der Fortsetzung der Gesellschaft mit den Erben gilt das jedoch nicht[534]). Andererseits kann gem. Art. 602 III ZGB jeder Miterbe verlangen, daß die zuständige Behörde einen Vertreter für die Erben bestellt. Dieser Vertreter hat die Stellung eines amtlichen Erbschaftsverwalters[535]), sie ähnelt der des Testamentsvollstreckers[536]).

Die Natur der Mitgliedschaft schließt aber auch nach schweizer Recht die Stellvertretung aus. »Die Erben können sich in der Ausübung der Gesellschaftsrechte und in der Erfüllung der Gesellschaftspflichten prinzipiell nicht vertreten lassen«[538]). »Die Gesellschafterrechte in einer aktiven Gesellschaft eignen sich überhaupt nicht zur Vertretung«[539]). Die Miterben üben also selbst – wenn auch in ihrer gesamthänderischen Verbundenheit – die Gesellschafterrechte aus.

Aber auch ohne Vertretung handelt ja die Erbengemeinschaft wie eine Einheit, da alle Handlungen auf dem einstimmigen Beschluß aller Miterben beruhen müssen. In *diesem* Sinne ist es so, wie wenn die Erbengemeinschaft *ein* Gesellschafter wäre. Diesem im deutschen Recht so häufig angesprochenen Gesichtspunkt ist also nach schweizer Recht Genüge getan.

3. Nachfolgeberechtigung eines von mehreren Erben (qualifizierte Nachfolgeklausel)

Einer von mehreren Erben könnte nur dann Gesellschafter auf erbrechtlichem Wege werden, wenn seine Herauslösung aus der Miterbengemeinschaft in bezug auf den Gesellschaftsanteil gelänge. Diese Frage wird in der schweizer Literatur kaum erörtert. Soweit die Zuweisung der Mitgliedschaft an einen von mehreren Erben angesprochen wird, geht es immer um die Zuweisung bei der *Teilung* der Erbschaft, aber nicht um Sondernachfolge[540]). Man hält also m. a. W. die Herauslösung des nachfolgeberechtigten Miterben aus der Erbengemeinschaft *bei der Rechtsnachfolge* nicht für möglich. Die Konsequenz ist dann, daß die Mitgliedschaft nicht auf nur einen Miterben vererbt werden kann, daß also eine qualifizierte Nachfolgeklausel keine Wirkung hat. Diese Folgerung wird in der Tat – ausdrücklich allerdings nur von Ehrsam – gezogen: »Wenn es sich um Vererbung handelt, kann die Gesellschafterstellung nur auf alle Erben, auf die Erbenge-

---

534) Hartmann Rdnr. 15 zu Art. 574 OR und Rdnr. 1 zu Art. 584 OR.
536) Widmer, S. 66ff. (68).
537) von Caemmerer DFG 1936, 123.
538) Ehrsam, S. 87.
539) Ehrsam, S. 90.
540) Vgl. Marfurt, S. 63; ebenso Siegwart Rdnr. 7 zu Art. 547 OR; Ehrsam, S. 123.

meinschaft übergehen. Es ist nicht möglich, auf dem Wege der Vererbung die Gesellschafterstellung nur einzelnen Gruppen der Erben . . . zukommen zu lassen«[541]). Denn sonst handelte es sich um ein dem schweizer Recht unbekanntes Vindikationslegat. Ferner ergebe sich aus dem Prinzip der Universalsukzession, daß die Mitgliedschaft zunächst in jedem Falle auf die Erbengemeinschaft übergehe[542]).

Enthält ein Gesellschaftsvertrag eine qualifizierte Nachfolgeklausel, so wird sie umgedeutet in eine Eintrittsklausel. Dann setzt der nachfolgeberechtigte Miterbe jedoch nicht die Gesellschafterstellung des Erblassers fort. »Seine Gesellschafterstellung ist eine neue«[543]).

---

[541]) Ehrsam, S. 128f.
[542]) Ehrsam, S. 144.
[543]) Ehrsam, S. 146; Einzelheiten zur Eintrittsklausel vgl. bei Ehrsam, S. 147ff.

2. Abschnitt

Romanischer Rechtskreis

A. Frankreich

I. Die der deutschen OHG entsprechende französische Gesellschaftsform: die société en nom collectif – Begriff, Wesen, Rechtsgrundlagen

1. Der Begriff der société en nom collectif

Auch das französische Recht unterscheidet Personen- und Kapitalgesellschaften[544]). Personenhandelsgesellschaften (sociétés de personnes oder sociétés par intérêts) sind die »société en commandite simple« (Kommanditgesellschaft) und die »société en nom collectif«[545]).

Die Merkmale der société en nom collectif ergeben sich aus folgenden Vorschriften des Gesetzes Nr. 66–537 über die Handelsgesellschaften vom 24. Juli 1966:

Art. 10 Abs. 1:
»Les associés en nom collectif ont tous la qualité de commerçant et répondent indéfiniment et solidairement des dettes sociales.«
Art. 11:
»La raison sociale est composée du nom de tous les associés, ou du nom de l'un ou plusieurs d'entre eux . . .«
Art. 12 Abs. 1:
»Tous les associés sont gérants, sauf stipulation contraire des statuts . . .«

Personenmehrheit, vertraglicher Zusammenschluß, Kaufmannseigenschaft der Gesellschafter, gemeinsame Firma, unbeschränkte persönliche und gesamtschuldnerische Haftung der Gesellschafter für die Gesellschaftsschulden, Geschäftsführungsbefugnis grundsätzlich aller Gesellschafter – dies sind also die Merkmale der société en nom collectif. Sie erweist sich damit als die der deutschen OHG entsprechende französische Gesellschaftsform.

---

[544]) Petrusca, S. 70ff.; Hamel et Lagarde, n. 436; Bastian in Jura Europae I 30.00, S. 1f.; Lepargneur in Planiol et Ripert XI n. 997.
[545]) Hamel et Lagarde n. 437.

2. Wesen der société en nom collectif (Rechtsnatur)

Die société en nom collectif ist wie die OHG Personenhandelsgesellschaft. Es besteht jedoch ein entscheidender Unterschied: die société en nom collectif ist – wie alle französischen Gesellschaften – juristische Person (personne morale)[546]). Das stand bis 1966 zwar nicht ausdrücklich im Gesetz, wurde aber von der ganz h. M. in Literatur und Rechtsprechung aus bestimmten Vorschriften gefolgert[547]). Heute ergibt sich dies aus Art. 5 des Gesetzes Nr. 66–537 vom 24. Juli 1966.

Diese Annahme der personnalité morale wird einleuchtend, wenn man den Hintergrund betrachtet, auf dem sie zustande gekommen ist. Es sind insbesondere drei Gesichtspunkte, die die Erhebung der société en nom collectif zur juristischen Person erforderlich machen:

- Verselbständigung des Gesellschaftsvermögens gegenüber den Privatvermögen der Gesellschafter;
- Verhinderung des Zugriffs der persönlichen Gläubiger der Gesellschafter auf das Gesellschaftsvermögen;
- Behandlung der Mitgliedschaft als bewegliches Recht (s. Art. 529 C. civ.).

Man muß weiter berücksichtigen, daß das französische Recht als Rechtsgemeinschaft nur die Bruchteilsgemeinschaft (indivision) kennt[548]), die noch erheblich individualistischer ausgestaltet ist als im deutschen Recht. Es gibt also nur die Alternative Alleineigentum – Bruchteilseigentum. Bei der Bruchteilsgemeinschaft ist es aber unmöglich, die jeweilige Quote vom Privateigentum des Gemeinschafters zu trennen. Sie unterliegt dem Zugriff der Privatgläubiger und empfängt ihre Rechtsnatur vom Gegenstand der Gemeinschaft, ist also je nachdem ein bewegliches oder ein Immobiliarrecht[549]). Damit erweist sich die Bruchteilsgemeinschaft als unvereinbar mit den Ansprüchen, die das Gesellschaftsrecht an die Selbständigkeit des Gesellschaftsvermögens stellt. Der einzige Weg ist der, daß die société en nom collectif zur juristischen Person erhoben wird. Dann steht das Gesellschaftsvermögen nicht im Eigentum einer Rechtsgemeinschaft, sondern im Alleineigentum der *Gesellschaft*[550]).

Dies hat zur Folge, daß

- das Gesellschaftsvermögen gegenüber dem Privatvermögen der Gesellschafter völlig unabhängig ist, da beide Vermögensmassen verschiedene Zuordnungssubjekte haben;
- ein Zugriff der Privatgläubiger auf das Gesellschaftsvermögen unmöglich ist;
- die Mitgliedschaft in jedem Fall ein bewegliches Recht ist, da sie keine Beteiligung am

---

[546]) Hamel et Lagarde n. 414; Ripert (-Roblot) n. 666.

[547]) Bastian in Jura Europae I 30.00, S. 7; Hamel et Lagarde n. 414; Ripert (-Roblot) n. 667; Escarra et Rault n. 38; Julliot de la Morandière-Rodière-Houin n. 339; Derrida n. 1; nach der Entscheidung der Cour de Cass. vom 23. 2. 1891 D. 1891. 1. 337 gilt das sogar für die société civile; vgl. Heck, S. 7 Fußn. 1.

[548]) Picard in Planiol et Ripert III n. 286.

[549]) Escarra et Rault n. 53; Hamel et Lagarde n. 416; Julliot de la Morandière-Rodière-Houin n. 339.

[550]) Hamel et Lagarde n. 414; Ripert (-Roblot) n. 679; Julliot de la Morandière-Rodière-Houin n. 340; Heck, S. 9.

Vermögen beinhaltet, sondern dem Gesellschafter eine Art Gläubigerstellung einräumt[551]).

Es sind gelegentlich andere Lösungen vorgeschlagen worden, die ohne Annahme einer personnalité morale für die société en nom collectif auskommen zu können glaubten[552]). Interessant daran ist, daß diese Versuche auf die Verselbständigung des Gesellschaftsvermögens durch seine Zuordnung an eine Rechtsgemeinschaft hinauslaufen, die der deutschen Gesamthand zumindest sehr nahe kommt[553]). Die Gesamthandsgemeinschaft ist jedoch dem französischen Recht fremd[554]). Immerhin wird durch diese Konstruktionsversuche deutlich, daß die personnalité morale für die société en nom collectif das leistet, was die Gesamthand im deutschen Recht bei der OHG ermöglicht.

Damit erweist sich, daß die juristische Person bei der französischen Gesellschaft eine Zweckschöpfung ist und daß die praktischen Auswirkungen sich vom deutschen Recht der OHG nicht unterscheiden. Darum läßt sich in der Tat feststellen, daß der Unterschied fast nur von theoretischer Bedeutung ist, daß dagegen die praktische Gestaltung der beiden Gesellschaften weitgehend übereinstimmt[555]).

3. Rechtsgrundlagen

Die société en nom collectif war im Code de commerce von 1807 mit den drei Art. 20–22, die schon in der Ordonnance de Commerce von 1673 enthalten waren, auffallend lückenhaft geregelt.

Die große gesellschaftsrechtliche Reform hat in jüngster Zeit mit dem Gesetz Nr. 66–537 über die Handelsgesellschaften vom 24. Juli 1966[556]) in Art. 10–22 eine ausführlichere Neuregelung gebracht. Zu diesen Vorschriften sind noch der Allgemeine Teil des Gesetzes (Art. 1–9) sowie die Art. 1–16 des zu diesem Gesetz ergangenen Dekretes Nr. 67–236 vom 23. März 1967[557]) hinzuzulesen.

Neben diesen Sonderbestimmungen finden aber auch weiterhin die allgemeinen Vorschriften des Code civil über den Gesellschaftsvertrag (Art. 1832–1873) auf die société en nom collectif Anwendung. Bis zur Reform ergab sich dies schon aus Art. 18 C.com.:

> »Le contrat de société se règle par le droit civil, par les lois particuliers au commerce et par les conventions des parties.«

---

551) Hamel et Lagarde n. 416; Heck, S. 9; zu den weiteren Folgen vgl. im einzelnen Heck, S. 9ff.; Hamel et Lagarde n. 415ff.

552) Zur Kritik an der h.M. vgl. im einzelnen Heck, S. 15ff. m.w.N.

553) Vgl. etwa die von Thaller entwickelte »propriété collective« a.a.O., n. 286; ähnlich auch andere Autoren: vgl. Heck, S. 20 Fußn. 6; vgl. auch die Darstellung der Problematik bei Petrusca, S. 24ff.

554) Escarra et Rault n. 42.

555) Heck, S. 6; im einzelnen vgl. Heck, S. 23ff.

556) J. O. 26. 7. 1966, p. 6402; D. S. 1966 Législation 265.

557) J. O. 24. 3. 1967, p. 2843; D. S. 1967 Législation 137.

Zwar ist diese Vorschrift durch Art. 505 des Gesetzes Nr. 66–537 vom 24. Juli 1966 aufgehoben worden, aber ohne daß sich damit der Sache nach etwas geändert hätte. Die entsprechende Vorschrift des Code civil (Art. 1873) ist unberührt geblieben:

»Les dispositions du présent titre[558]) ne s'appliquent aux sociétés de commerce que dans les points qui n'ont rien de contraire aux lois et usages du commerce.«

II. Einfluß des Todes eines Gesellschafters auf den Bestand der société en nom collectif

Art. 21 Abs. 1 des Gesetzes Nr. 66–537 vom 24. Juli 1966 lautet:[559])

»La société prend fin par le décès de l'un des associés, ...«

Der Tod eines Gesellschafters löst also die société en nom collectif auf. Unabhängig davon, daß die Gesellschaft Rechtspersönlichkeit besitzt, wird nämlich einhellig der Charakter der Gesellschaft als Personengesellschaft und damit der »intuitus personae« betont, der die Auflösungswirkung des Todes bedingt[560]).

Zwar gilt gem. Art. 1122 C.civ. der Grundsatz:

»on est censé avoir stipulé pour soi et pour ses héritiers et ayants cause«;

dies gilt aber angesichts des persönlichen Charakters des Rechtsverhältnisses nicht für eine société en nom collectif.

Die Gesellschaft tritt mit der Auflösung in das Stadium der Liquidation, sofern keine andere Form der Auseinandersetzung gewählt wird. Dabei wird das Fortbestehen der personnalité morale für die Zwecke der Liquidation fingiert, um den Charakter des Gesellschaftsvermögens als Sondervermögen zugunsten der Gesellschaftsgläubiger erhalten zu können[561]).

III. Die Fortsetzung der société en nom collectif durch Vererbung der Mitgliedschaft auf Grund einer gesellschaftsvertraglichen Nachfolgeklausel

1. Abdingbarkeit der gesetzlichen Regelung

Der Tod ist – wie die meisten Auflösungsgründe, die sich aus dem Prinzip des intuitus personae ergeben[562]) – kein zwingender Auflösungsgrund. Das ergibt sich aus Art. 21 Abs. 1 des Gesetzes Nr. 66–537 vom 24. Juli 1966 i.V.m. Art. 1868 C.civ.:

---

558) Titre neuvième: Du contrat de société.

559) Vgl. Art. 1865 n. 3 C. civ.

560) Hamel et Lagarde n. 436 und 476; Derrida n. 254 m.w.N.; Ripert (-Roblot) n. 827; Julliot de la Morandière-Rodière-Houin n. 402.

561) Hamel et Lagarde n. 486.

562) Heck, S. 96.

Art. 21 Abs. 1:
»La société prend fin par le décès de l'un des associés, sous réserve de l'application des dispositions de l'article 1868 du code civil.«
Art. 1868:
»S'il a été stipulé qu'en cas de mort de l'un des associés, la société continuerait avec son héritier ou seulement avec les associés survivants, ces dispositions seront suivies, ...«

In der Praxis stellt die Fortsetzungsvereinbarung sogar die Regel dar[563]).

Die Fortsetzungsvereinbarung muß nicht ausdrücklich im Gesellschaftsvertrag enthalten sein, sondern kann sich auch stillschweigend aus dem Gesamtzusammenhang, z.B. dem Zweck der Gesellschaft ergeben, wenn dieser etwa mit der Auflösung unvereinbar sein sollte[564]).

Im Rahmen dieser Untersuchung ist von besonderem Interesse, daß Art. 1868 C.civ. auch die Möglichkeit einer Fortsetzung der Gesellschaft mit den Erben des verstorbenen Gesellschafters vorsieht[565]).

2. Vererblichkeit der Mitgliedschaft auf Grund einer Nachfolgeklausel

Damit, daß das Gesetz die Fortsetzung der Gesellschaft mit den Erben zuläßt, ist über die Art und Weise der Fortsetzung noch nichts ausgesagt, d.h. darüber, ob der Erbe als Gesamtrechtsnachfolger »iure hereditario« die Mitgliedschaft übernimmt oder durch Eintrittserklärung.

a) Theorie der Unvererblichkeit

Nach BANOMYONG kann der Erbe nur unter zwei Bedingungen an Stelle des Erblassers Gesellschafter werden, sofern eine Fortsetzungsklausel nach Art. 1868 C.civ. vorliegt: er muß die Erbschaft annehmen, um die Erbenqualität zu erlangen; und er muß die vom Erblasser abgeschlossene Fortsetzungsvereinbarung annehmen[566]). Dies deshalb, weil sie eine vertragliche Bestimmung sei, bei der der Erbe als Dritter erscheine. Da aber nach Art. 1119 C.civ. Verträge zu Lasten Dritter verboten seien, könne dem Erben keine Pflicht, sondern nur ein Recht zur Fortsetzung zugewendet werden; diese Begünstigung müsse der Erbe annehmen. Das bedeutet nichts anderes, als daß die bloße Erbfolge nicht hinreichend ist, um Gesellschafter zu werden. Damit ist die Vererblichkeit der Mitgliedschaft verneint.

Ausgehend vom Gesichtspunkt der *Verpflichtung des Erben* zur Fortsetzung der Gesellschaft mit den überlebenden Gesellschaftern auf Grund einer gesellschaftsvertraglichen Fortsetzungsvereinbarung kommt BANO-

---

563) Capitant D. P. 1936. 2. 89.
564) Cass. req. Urteil vom 23. 10. 1906 in S. 1908. 1. 177 mit Anm. von Hémard; Hamel et Lagarde n. 481; Baynomyong, S. 66f.; Heck, S. 97; Rokas, S. 99; Derrida n. 260 m.w.N.
565) Zu den vielfältigen Gestaltungsmöglichkeiten s. Hamel et Lagarde n. 479 ff.
566) Banomyong, S. 44.

MYONG zu derselben Beurteilung wie sie bei einigen schweizer Autoren anzutreffen war und dort bereits abgelehnt wurde. Indem die Pflicht zur Fortsetzung als Auswirkung eines Vertrags zu Lasten Dritter angesehen wird[567]), wird der erbrechtliche Weg versperrt. Diese Auffassung hat denn auch keine Zustimmung gefunden[568]).

b) Theorie der Vererblichkeit

Die heute einhellige Meinung in Rechtsprechung und Schrifttum anerkennt die Möglichkeit der Vererbung eines Gesellschaftsanteils an einer société en nom collectif, d.h. den automatischen, sich »ipso iure«, und zwar »iure hereditario« vollziehenden Übergang auf den Erben beim Tode eines Gesellschafters auf Grund einer Nachfolgeklausel im Gesellschaftsvertrag.

Die dogmatische Bedeutung dieser Klausel wird aber verschieden beurteilt. Gegenstand der Kontroverse ist die Auslegung des Art. 1868 C.civ., insbesondere sein Verhältnis zu Art. 1130 C.civ., der es verbietet, einen Erbvertrag über eine noch nicht angefallene Erbschaft abzuschließen (pacte sur succession future).

aa) Das Verbot des pacte sur succession future gem. Art. 1130 C.civ.

Art. 1130 C.civ. lautet:

> »Les choses futures peuvent être l'objet d'une obligation.
> On ne peut cependant renoncer à une succession non ouverte, *ni faire aucune stipulation sur une pareille succession*, même avec le consentement de celui de la succession duquel il s'agit.«[569]).

Das Gesetz sagt also zwar, daß ein pacte sur succession future verboten ist, aber nicht, wann ein solcher vorliegt. Die Rechtsprechung hat dafür eine Formel entwickelt, die allgemein akzeptiert worden ist:

> »Toute stipulation ayant pour effet d'attribuer un droit éventuel (privatif) sur tout ou partie d'une succession non ouverte constitue un pacte sur succession future.«[570]).

Der Sinn des Verbots solcher Verträge wird darin gesehen, daß ein pacte sur succession future den Tod des Erblassers zum Gegenstand persönlicher Interessen machen[571]), die gesetzliche Nachfolgeordnung stören, und die Gleichheit der Erben beeinträchtigen würde. Er wird also als unmoralisch oder als gegen einen Grundsatz mit ordre-public-Charakter verstoßend betrachtet.

---

567) Banomyong, S. 41 f.

568) Vgl. Du Garreau de la Méchenie J. soc. 1938, S. 267 Fußn. 10.

569) Spezielle Verbote enthalten Art. 791, 1389, 1600 C. civ.

570) Vgl. Cass. civ. Urteil vom 11. 1. 1933 in D. P. 1933. 1. 10 mit Anm. von Capitant = S. 1933. 1. 161 mit Anm. von Gény; ferner Cass. comm. Urteil vom 18. 10. 1955 in D. 1956. J. 281 mit Anm. von Esmein; Maury et Vialleton in Planiol et Ripert IV n. 20 bis.

571) Es könne sogar der Gedanke an ein Verbrechen hervorgerufen werden! s. Maury et Vialleton in Planiol et Ripert IV n. 19; Esmein in Planiol et Ripert VI n. 246.

bb) Die Auslegung des Art. 1868 C.civ. und sein Verhältnis zu Art. 1130 C.civ.

Art. 1868 C.civ. lautet – soweit er an dieser Stelle interessiert – :

»S'il a été stipulé qu'en cas de mort de l'un des associés, la société continuerait avec son héritier ou seulement avec les associés survivants, ces dispositions seront suivies, . . .«

α) *Art. 1868 C.civ. als Derogation des Art. 1865 C.civ. und des Art. 21 Abs. 1 des Gesetzes Nr. 66–537 vom 24. Juli 1966*

Eine Gruppe von Autoren und höchstrichterlichen Entscheidungen sehen in der Zulassung von gesellschaftsvertraglichen Fortsetzungsklauseln durch Art. 1868 C.civ. eine Derogation zu der Bestimmung des Art. 1865 n. 3 C.civ., wonach die Gesellschaft durch den Tod eines Gesellschafters aufgelöst wird[572]):

»La société finit:
3. Par la mort naturelle de quelqu' un des associés.«

Dieser Vorschrift entspricht heute die besondere Regelung in Art. 21 Abs. 1 des Gesetzes Nr. 66–537 vom 24. Juli 1966.

Soweit die Fortsetzung mit den Erben vereinbart wird, werde lediglich die Regel des Art. 1122 C.civ. wiederhergestellt, wonach ein Vertrag als auch für die Erben abgeschlossen gilt (»on est censé avoir stipulé pour soi et pour ses héritiers et ayants cause«). Das Gesellschaftsverhältnis gehe dann wie jedes andere Rechtsverhältnis auf die Erben über[573]). Auch die andere Alternative des Art. 1868 C.civ. stelle nicht etwa einen pacte sur succession future dar, denn die Fortsetzung der Gesellschaft unter den überlebenden Gesellschaftern werde nur vereinfacht, indem sie bereits im voraus vereinbart werden könne, während es im Verhältnis zu den Erben des verstorbenen Gesellschafters bei der Auflösung bleibe.

β) *Art. 1868 C.civ. als Derogation des Art. 1130 C.civ.*

Ein anderer gewichtiger Teil der Literatur sowohl als auch der Rechtsprechung sieht in beiden Alternativen des Art. 1868 C.civ. einen pacte sur

---

572) Vgl. z.B. Du Garreau de la Méchenie J. soc. 1938, 260f.; aus der Rspr. zuletzt ganz deutlich Cass. com. Urteil vom 18. 10. 1955 in D.S. 1956. J. 281 (Fall Gatellier) mit Anm. von Esmein.

573) Vgl. auch Art. 724 C. civ., wonach alle Rechte und Pflichten mit vermögensrechtlicher Qualität auf den Erben übergehen; Alibert J.C.P. (Sem. jur.) 1956. II. 9057; Autesserre Rev. soc. 1955, 338ff.; vgl. bei Bastian J.C.P. (Sem. jur.) 1961. II. 12135; vgl. Ferid-Firsching, Frankr. Grdz. D I Rdnr. 34 u. D. III Rdnr. 48.

succession future, der ausnahmsweise vom Verbot des Art. 1130 C.civ. ausgenommen sei. Für den Fall der Fortsetzung mit den Erben hat CAPITANT schon in einer Anmerkung zum Urteil des Pariser Appellationshofs vom 17. 12. 1935 (Fall Louis-Dreyfus) diese Auffassung vertreten[574]). Die Nachfolgeklausel verhindere, daß die Gesellschafterrechte des verstorbenen Gesellschafters in die Masse fallen, in die die Erben sich zu teilen haben. Diese Rechte verblieben vielmehr im Vermögen der Gesellschaft. Gegenstand der Klausel sei also das Recht der Erben auf Teilung, das sie normalerweise in der Erbschaft vorgefunden hätten, wenn es nicht ausgeschlossen worden wäre. Begünstigte dieser Vereinbarung sei die Gesellschaft, die die Rechte am Anteil des verstorbenen Gesellschafters behalte. Damit stelle die Vereinbarung einen pacte sur succession future dar, der allerdings auf Grund des Art. 1868 C.civ. wirksam sei[575]).

Eine Stellungnahme in dieser Kontroverse braucht hier noch nicht zu erfolgen. Die Auswirkungen der verschiedenen Auffassungen werden erst bei den einzelnen Fallgestaltungen deutlich werden. Zunächst ist als Ergebnis festzuhalten, daß die Mitgliedschaft vererblich ist.

3. Besondere Voraussetzungen für die erbrechtliche Nachfolge in die Mitgliedschaft

a) Erbrechtliche Voraussetzungen

aa) Die »saisine«

Auch im französischen Recht gelten die Grundsätze der Unmittelbarkeit und der Universalsukzession (Art. 711 C.civ.: »La propriété des biens s'aquiert et se transmet par succession«; Art. 718 C.civ.: »Les successions s'ouvrent par la mort«). Mit dem Tode vollzieht sich also ipso iure der Rechtsübergang vom Erblasser auf den Erben[576]).

Es ist aber eine besondere Eigenart des französischen Erbrechts, daß zur Geltendmachung der vom Erben erworbenen Rechte noch ein weiteres Erfordernis erfüllt sein muß; der Erbe muß einen besonderen Rechtstitel haben: die »saisine« bei den ordentlichen Erben (successeurs réguliers), den »envoi en possession« (Besitzeinweisung) bei den außerordentlichen Erben (successeurs irréguliers)[577]). Man ist weit entfernt von einer exakten Definition der »saisine«. Sie läßt sich am ehesten kennzeichnen durch die beiden entscheidenden Wirkungen, die sie hat. Der »héritier saisi« hat

---

[574]) Capitant in D. P. 1936. 2. 91; vgl. auch Esmein in D. S. 1936. J. 282; aus der Rspr. zuletzt und vor allem Cass. ch. réunies Urteil vom 28. 4. 1961 in S. 1961 J. 169 (Fall Gatellier).

[575]) Zu der anderen Alternative des Art. 1868 C. civ. vgl. Capitant Anm. zum Urteil der Cour de Paris vom 5. 12. 1929 in D. P. 1931. 2. 4.

[576]) Ferid-Firsching, Frankr. Grdz. G I, Rdnr. 209.

[577]) Ferid-Firsching, ebendort Rdnr. 210.

– *das Recht zur Inbesitznahme des Nachlasses,*
– *die Befugnis, alle Rechte des Erblassers geltend zu machen*[578]).

Oder negativ ausgedrückt: Die »saisine« beinhaltet die Befugnis, die im Nachlaß befindlichen Rechte ohne besondere Besitzeinweisung geltend zu machen. Außerordentliche Erben (heute nur noch der Staat) bedürfen dagegen der Besitzeinweisung[579]). Art. 724 C.civ. regelt dies so:

»Les héritiers légitimes, les héritiers naturels et le conjoint survivant sont saisi de plein droit des biens, droits et actions du défunt, sous obligation d'aquitter toutes les charges de la succession. L'Etat doit se faire envoyer en possession.«

bb) Annahme der Erbschaft

Auch im französischen Recht entscheidet über die Endgültigkeit des erbrechtlichen Rechtserwerbs der Erbe selbst. Mit der »saisine« hat er auch das Recht zur Annahme (acceptation) bzw. Ausschlagung (renonciation) der Erbschaft. Die Annahme kann ohne jeden Vorbehalt (acceptation pure et simple) oder unter Vorbehalt der Inventarerrichtung (acceptation sous bénéfice d'inventaire) erfolgen[580]). Die letztere hat Haftungsbeschränkung auf den Nachlaß zur Folge[581]). Die Annahme erfolgt grundsätzlich ausdrücklich oder stillschweigend[582]).

b) Volljährigkeit des Erben?

Im französischen Recht stellte sich vor der Reform von 1966 das Problem, ob auf Grund einer Nachfolgeklausel ein Minderjähriger in den Gesellschaftsanteil nachrücken konnte deshalb, weil prinzipiell ein Minderjähriger
– *nicht Kaufmann sein kann*[583]) *und*
– *nur unter Vorbehalt der Inventarerrichtung die Erbschaft annehmen kann.*

Keine Schwierigkeiten ergaben sich dann, wenn der Gesellschaftsvertrag für diesen Fall eine »clause de transformation« (Umwandlungsklausel) enthielt, die zur Umwandlung der société en nom collectif in eine Kommanditgesellschaft führte, dadurch daß der Erbe Kommanditist wurde[584]). Da ein Kommanditist nicht Kaufmann ist, kann ein Minderjähriger Gesell-

---

578) Maury et Vialleton in Planiol et Ripert IV n. 195.
579) Ferid-Firsching, Frankr. Grdz. G IV, Rdnr. 213f.
580) s. Art. 797 C. civ.
581) Ferid-Firsching, Frankr. Grdz. G V, Rdnr. 215ff., 229. Dies dürfte aber mit der Nachfolge nicht vereinbar sein, da es eine dem § 139 HGB entsprechende Möglichkeit im französischen Recht nicht gibt.
582) Vgl. dazu Ferid-Firsching, ebendort Rdnr. 221.
583) Das hängt offenbar mit der französischen Vorstellung zusammen, man könne in kaufmännischen Handlungen nicht vertreten werden, so daß die Möglichkeit, daß der gesetzliche Vertreter für den minderjährigen Kaufmann handelt, ausscheidet: vgl. Derrida n. 17ff.: »le commerce ne s'excerce pas par représentation«.
584) Derrida n. 273 m.w.N.; Ripert(-Roblot) n. 832.

schafter einer société en commandite sein. Fehlte aber eine solche Vereinbarung, so erhob sich die Frage, ob die Gesellschaft mit dem minderjährigen Erben fortgesetzt werden konnte. Bei konsequenter Anwendung des Grundsatzes, daß einerseits jeder Kollektivgesellschafter Kaufmann sein muß, andererseits ein Minderjähriger nicht Kaufmann sein kann, mußte die Antwort negativ sein. Die Folge wäre nicht Fortsetzung der Gesellschaft gewesen, sondern Auflösung, ganz im Gegensatz zum Willen der Gesellschafter und auch zum wirtschaftlichen Interesse des Minderjährigen. Dies Ergebnis wurde daher bereits vor der Reform von 1966 zu umgehen versucht.

Eine gewisse Durchbrechung dieser starren Kollision enthielt bereits das Gesetz. Ein Minderjähriger, der

1. für volljährig erklärt worden ist (émancipé),
2. das 18. Lebensjahr vollendet hat,
3. zur Ausübung eines Handelsgewerbes autorisiert worden ist, und
4. dessen Autorisation im Handelsregister eingetragen worden ist,

kann Kaufmann sein[585]) und daher auch Kollektivgesellschafter und also auch Nachfolger auf Grund einer Nachfolgeklausel.

An diesem Punkt wollte nun die Rechtsprechung nicht stehen bleiben. Die Nachfolgeklausel sollte selbst dann Anwendung finden können, wenn der Minderjährige unter 18 Jahre alt ist und unter keinen Umständen Kaufmann sein kann[586]). Im Vordergrund stand dabei der Gedanke, daß die wirtschaftlichen Interessen der Gesellschaft Vorrang verdienten und die gesellschaftsvertraglichen Vereinbarungen respektiert werden müßten[587]). Im übrigen machten die Art. 1868 und 1122 C.civ. keinen Unterschied unter den Erben. Der Minderjährigenschutz blieb dadurch gewahrt, daß der Minderjährige die Erbschaft unter Vorbehalt der Inventarerrichtung annehmen mußte. Er beschränkte dadurch seine Haftung auf das, was er vom Erblasser erlangte, den Nachlaß, und zwar nicht nur hinsichtlich der Altschulden, sondern auch der Neuschulden[588]). In gewissem Sinne wurde so der Nachlaß personifiziert und trat an die Stelle des Minderjährigen[589]).

Indem die Rechtsprechung auf diese Weise das Kriterium des kollektivgesellschaftlichen Grundes der Haftung ersetzte durch den Gesichtspunkt des *Ausmaßes* dieser Bindung, machte sie es möglich, daß ein Minderjähriger Gesellschafter jeder Gesellschaft sein konnte, in der seine Haftung auf den Anteil beschränkt war[590]). Nach dieser Konzeption – und das ist das

---

[585]) Vgl. Art. 2, 3, 6 C. com. und Art. 481, 487 C. civ.; s. im einzelnen Hamel et Lagarde n. 348.

[586]) Cass. req. Urteil vom 23. 10. 1906 in S. 1908. 1. 177 mit Anm. von Hémard; vgl. weitere Nachweise bei Derrida n. 277.

[587]) Vgl. Cass. req. Urteil vom 28. 11. 1934 in S. 1935. 1. 297 mit Anm. von Lescot; vgl. auch Ripert Rev. gén. dr. com. 1938, 9f.

[588]) Vgl. Derrida n. 277.

[589]) So Hamel et Lagarde n. 481.

[590]) Genau genommen ließ die französische Rspr. den Minderjährigen zwar persönlich (wie es Art. 22 C. com. für einen Kollektivgesellschafter fordert) haften, aber gegenständlich beschränkt (auf das Erblasservermögen). So gelangte man zu einer Situation, die der Umwandlungsklausel sehr ähnlich ist, vgl. Derrida n. 277.

Entscheidende – war der Minderjährige *nicht Kaufmann*, obwohl Kollektivgesellschafter[591]). Für den Minderjährigen handelte der gesetzliche Vertreter; einer besonderen Ermächtigung zum Betrieb eines Handelsgewerbes bedurfte es nicht.

Gegenüber dieser Lösung der Rechtsprechung haben sich die ablehnenden Stimmen in der Literatur[592]) nicht durchgesetzt.

Die Reform von 1966 hat auch in diesem Punkt eine Neuregelung gebracht, indem die Lösung der Rechtsprechung kodifiziert worden ist. Art. 21 Abs. 2 des Gesetzes Nr. 66–537 vom 24. Juli 1966[593]) lautet:

> »En cas de continuation et si l'un ou plusieurs des héritiers de l'associé sont mineurs non émancipés, ceux-ci ne répondent des dettes sociales qu'à concurrence des forces de la succession de leur auteur. En outre, la société doit être transformée, dans le délai d'un an, à compter du décès, en société en commandite dont le mineur devient commanditaire. A défaut, elle est dissoute.«
>
> *Zu deutsch:*
>
> »Wenn im Falle der Fortsetzung der Gesellschaft einer oder mehrere der Erben des Gesellschafters nicht für volljährig erklärte Minderjährige sind, so haften sie für die Gesellschaftsschulden nur mit dem Nachlaß. Im übrigen muß die Gesellschaft im Laufe eines Jahres nach dem Tod in eine Kommanditgesellschaft umgewandelt werden, in der die Minderjährigen Kommanditisten werden. Anderenfalls wird sie aufgelöst.«

Das gegenüber der bisherigen Rechtslage Neue ist also lediglich der Zwang zur Umwandlung in eine Kommanditgesellschaft, damit die Gesellschaftsform den wahren Haftungsverhältnissen angepaßt wird.

IV. Fallgestaltungen

Vorweg sei bemerkt, daß die Kontroverse um die dogmatische Begründung einer Nachfolgeklausel (s. o. S. 104f.) in den Fällen ohne Bedeutung ist, wo sämtliche Erben begünstigt sind. Denn dann hält sich die Klausel sowohl im Rahmen des Art. 1122 C.civ., der von »ses héritiers« spricht, als auch des Art. 1868 selbst; dort heißt es zwar »son héritier«, jedoch ist damit sowohl der Alleinerbe als auch eine Erbenmehrheit gemeint. Erst bei der qualifizierten Nachfolgeklausel führen die verschiedenen dogmatischen Begründungen auch zu verschiedenen Ergebnissen.

---

[591]) Derrida n. 277 m. w. N.

[592]) Vgl. Escarra et Rault n. 271; Ripert (-Roblot) n. 829; Hamel et Lagarde n. 481; Julliot de la Morandière-Rodière-Houin n. 405; Derrida n. 276f. m. w. N.; zu anderen Fällen als Minderjährigkeit vgl. Derrida n. 278.

[593]) J. O. 26. 7. 1966, p. 6402; D. S. 1966 Législation 265.

1. Nachfolgeberechtigung eines Alleinerben

Nimmt der Erbe die Erbschaft an, so geht gem. Art. 724 C.civ. auf Grund der Nachfolgeklausel die Mitgliedschaft ipso iure mit dem Erbfall auf ihn über[594]).

Im einzelnen bedeutet das im französischen Recht: alle Erben können Nachfolger sein, auch die außerordentlichen, d.h. der Staat; es kommt nicht auf die Art der Annahme der Erbschaft an, sie kann auch unter Vorbehalt der Inventarerrichtung erfolgt sein[595]); der als »charge successorale« angesehenen Bindung des Erben an die Nachfolgeklausel kann dieser nur durch Ausschlagung der Erbschaft entgehen, einen dem § 139 des deutschen HGB entsprechenden Mittelweg gibt es, wenn er nicht vereinbart worden ist, nicht[596]); andererseits können die überlebenden Gesellschafter sich der Fortsetzung mit dem Erben nicht durch eine Abfindung entziehen[597]) (der Vorbehalt in Art. 1868 Abs. 1 C.civ.: ». . . , *sauf à prévoir que pour devenir associé, l'héritier devra être agréé par la société*« bezeichnet den Fall der Eintrittsklausel! – vgl. dazu sub V.); die Mitgliedschaft geht als ganze auf den Erben über, bis auf die Geschäftsführungsbefugnis, die neu begründet werden muß[598]).

2. Nachfolgeberechtigung mehrerer (aller) Erben

a) Die Struktur der Erbengemeinschaft

Mehrere Erben befinden sich vom Erbfall an im Rechtsverhältnis der »indivision«[599]). Sie alle sind am Nachlaß berechtigt und stellen – da sie keine juristische Person bilden[600]) – eine Rechtsgemeinschaft dar, genauer: eine Bruchteilsgemeinschaft. Allerdings betont das französische Recht erheblich stärker als das deutsche die individualistische Seite dieser Rechtsbeziehung.

Zunächst einmal fällt auf, daß eine allgemeine geschlossene Regelung der indivision überhaupt und der Erbengemeinschaft (indivision héréditaire) im besonderen im Gesetz fehlt[601]). Nur die Teilung des Nachlasses ist aus-

---

594) Statt aller Derrida n. 262.

595) Die Haftungsbeschränkung des Erben ist also im französischen Recht kein Hindernis für die Nachfolge in den Gesellschaftsanteil. Allerdings betrifft die Haftungsbeschränkung immer nur die Altschulden. Insoweit nimmt der Nachfolger dann aber eine dem Kommanditisten ähnliche Stellung ein, obwohl er Kollektivgesellschafter und Kaufmann ist. Vgl. Derrida n. 263.

596) Cass. civ. Urteil vom 7. 3. 1939 in D. H. 1939. 193; vgl. Du Garreau de la Méchenie J. soc. 1938, 266; Lecourt A 1, n. 88; die Ausschlagung steht dem Erben selbstverständlich frei, Art. 775 C. civ.: »Nul n'est tenu d'accepter une succession qui lui est échue«.

597) Cass. req. Urteil vom 19. 12. 1932 in S. 1935. 1. 56; Derrida n. 268.

598) Derrida n. 265.

599) Roguin n. 3046; Maury et Vialleton in Planiol et Ripert IV n. 468.

600) Petrusca n. 87.

601) Picard in Planiol et Ripert III n. 286 und Maury et Vialleton in Planiol et Ripert IV n. 469.

führlicher geregelt (Art. 815 ff. C.civ.), im übrigen finden sich nur gelegentliche Einzelvorschriften, die insbesondere das Verhältnis zu den Nachlaßgläubigern betreffen[602]). Die Betonung der Teilung in Art. 815 C.civ.:

»Nul ne peut être contraint à demeurer dans l'indivision, et le partage peut être toujours provoqué...«

sowie der Mangel jeder Organisationsnorm verdeutlichen einerseits den individualistischen Charakter[603]) der indivision und lassen zum anderen erkennen, daß der Gesetzgeber von 1804 in ihr nur ein Übergangsstadium erblickte[604]). Nicht nur gilt sie als auf möglichst schnelle Auflösung gerichtet, sondern ihre Existenz wird durch die nach französischem Recht deklarative Wirkung der Teilung noch gewissermaßen rückwirkend negiert[605]); denn gem. Art. 883 C.civ. wird jeder Miterbe so angesehen, als habe er die ihm bei der Teilung zugewiesenen Gegenstände bereits im Augenblick des Erbfalls erworben[606]). Im übrigen gilt der Grundsatz der Teilung in Natur (Art. 826 C.civ.)[607]).

Die Praxis hat jedoch erwiesen, daß durchaus ein Bedürfnis besteht für Regeln, die das Verhältnis der Gemeinschafter zueinander, ihre Rechte und Pflichten und insbesondere ihre Befugnisse hinsichtlich der Teilungsmasse festlegen. Die Rechtsprechung hat die Lücke des Gesetzes in diesem Punkt nach und nach ausgefüllt. Als Tendenz der von der Rechtsprechung entwickelten Regelungen läßt sich die Verselbständigung der Teilungsmasse gegenüber den privaten Vermögensmassen der Gemeinschafter erkennen[608]). Die im Rahmen der vorliegenden Untersuchung entscheidenden Regelungen der Erbengemeinschaft sind folgende:

1. Zuordnungssubjekte der Nachlaßgegenstände sind die einzelnen Erben, sie sind Miteigentümer (copropriétaires)[609]).
2. Die Berechtigung des einzelnen Erben ist eine bruchteilsmäßige (»une quote-part s'exprimant par un chiffre«)[610]. Hinsichtlich dieser Quote hat er individuelles Alleineigentum[611]).
3. Jeder Erbe kann nicht nur über seinen Anteil am Gesamtnachlaß, sondern auch schon vor der Teilung über seinen Anteil am einzelnen Nachlaßgegenstand frei verfügen[612]). Über den ganzen Gegenstand können nur alle gemeinsam verfügen[613]).
4. Die Verwaltung erfolgt im Prinzip gemeinsam, jeder Erbe hat ein Vetorecht (ius prohibendi). Die Rechtsprechung hat seine Ausübung um der Praktikabilität willen aller-

---

602) Maury et Vialleton in Planiol et Ripert ebendort.
603) vgl. Ferid-Firsching, Frankr. Grdz. H I, Rdnr. 231.
604) »situation précaire et transitoire« – s. Maury et Vialleton in Planiol et Ripert IV n. 469.
605) Maury et Vialleton ebendort.
606) Vgl. Roguin n. 3082ff.; Ferid-Firsching, Frankr. Grdz. H I, Rdnr. 231.
607) Zum ideologischen Hintergrund dieser Norm – dem revolutionären Gleichheitsdogma sowie der sozialpolitischen Zielsetzung Napoleons – vgl. Hedemann, Die Fortschritte des Zivilrechts im XIX. Jahrhundert II. Teil, 1. Hälfte, S. 82ff. (Berlin 1930).
608) Maury et Vialleton in Planiol et Ripert IV n. 470.
609) Picard in Planiol et Ripert III n. 286.
610) Picard ebendort.
611) Ferid-Firsching, Frankr. Grdz. H II, Rdnr. 232.
612) Picard in Planiol et Ripert III n. 286 und 288; Roguin n. 3055, 3057, 3058; Ferid-Firsching, Frankr. Grdz. H II, Rdnr. 232.
613) Picard ebendort.

dings in bestimmte Grenzen verwiesen. Grundsätzlich kann aber eine Mehrheit nicht die Minderheit binden. Man pflegt dies mit dem Satz zum Ausdruck zu bringen: In pari causa melior est causa prohibentis[614]).

Im Ergebnis besteht also die Autonomie des einzelnen Erben vor allem im Innenverhältnis und nicht so sehr Dritten gegenüber[615]).

b) Indivision und Mitgliedschaft

Das Verhältnis zwischen indivision und Mitgliedschaft wird in der französischen Literatur und Rechtsprechung nirgendwo als problematisch empfunden und daher auch gar nicht zur Diskussion gestellt. In der Tat ergeben sich weder vom Gesellschaftsrecht noch vom Erbrecht her in diesem Punkt Schwierigkeiten, selbst wenn man einmal mit den im deutschen Recht entwickelten Maßstäben mißt. Einerseits hat die Mitgliedschaft den Charakter einer Gläubigerstellung, andererseits ist die indivision eine stark individualistische Rechtsgemeinschaft. Die Forderung nach Selbstbestimmung jedes einzelnen Gesellschafter-Erben ist daher im französischen Recht leichter zu erfüllen: zum einen ist eine Gläubigerstellung ein ohne weiteres teilbares Rechtsverhältnis, zum anderen sind die Erben bereits vom Erbfall an quotal Zuordnungssubjekte der Gesellschafterrechte als Nachlaßbestandteil; sie können über ihren Anteil an der Mitgliedschaft frei verfügen, soweit sich nicht vom Gesellschaftsrecht her Hindernisse ergeben; und nach der Teilung werden sie so angesehen als hätten sie jeder für sich diese Quote als selbständigen Gesellschaftsanteil bereits mit dem Erbfall erworben. Das einzige die Erben bis zur Teilung verbindende Band ist die gemeinsame Verwaltungsbefugnis, wobei aber ebenfalls dem einzelnen Erben in Form des Vetorechts seine Autonomie bewahrt bleibt.

3. Nachfolgeberechtigung eines von mehreren Erben (qualifizierte Nachfolgeklausel)

a) Problematik

Im französischen Recht war die Zulässigkeit einer qualifizierten Nachfolgeklausel bis zur Reform von 1966 Gegenstand heftigster Kontroversen. Sie stellte das Hauptproblem im Rahmen des Verhältnisses von Gesellschaftsrecht und Erbrecht dar. Es hatte seinen Grund nicht in einer etwaigen konstruktiven Schwierigkeit, den nachfolgeberechtigten Gesellschaftererben aus dem Verband der Erbengemeinschaft herauszulösen, sondern in der Frage, ob die qualifizierte Nachfolgeklausel einen verbotenen pacte sur

---

614) Roguin n. 3061; Maury et Vialleton in Planiol et Ripert IV n. 482; immerhin ist hinsichtlich der Nutzungen (jouissance) eine vorweggenommene Teilung (partage provisionel) möglich.

615) Siesse, S. 150.

succession future darstellt. Hier wurde nun die unterschiedliche dogmatische Begründung der Wirksamkeit einer Nachfolgeklausel von Bedeutung (vgl. oben S. 104f.). Eine Parallelität zur deutsch-rechtlichen Problematik besteht insofern, als es auch im französischen Recht um einen Konflikt zwischen grundlegenden gesellschaftsrechtlichen und erbrechtlichen Prinzipien ging: um das Verhältnis des Grundsatzes der Vertragsfreiheit zur erbrechtlichen Nachfolgeordnung, genauer: zum Prinzip der Universalsukzession und der darin enthaltenen Gleichheit aller Erben.

Die Reform des Gesellschaftsrechts von 1966 hat auch für diese Rechtsfrage eine positive Regelung gebracht. Damit ist die Zulässigkeit der qualifizierten Nachfolgeklausel keine Frage mehr. Dennoch behalten die früheren Auseinandersetzungen in Rechtsprechung und Literatur weiterhin insofern ihre Gültigkeit, als sie sich bemühten, diese Klausel dogmatisch einzuordnen und zu begründen. Dies und die genannte Parallelität der Problemstellung im Verhältnis zum deutschen Recht rechtfertigen es, zunächst die Rechtslage und deren Entwicklung vor der Reform von 1966, die eine Neufassung des Art. 1868 C.civ. gebracht hat, zu untersuchen.

Auszugehen ist daher bei den folgenden Erörterungen zunächst von der alten Fassung des Art. 1868 C.civ.:

> »S'il a été stipulé qu'en cas de mort de l'un des associés, la société continuerait avec son héritier, ou seulement entre les associés survivants, ces dispositions seront suivies: au second cas, l'héritier du décédé n'a droit qu'au partage de la société, eu égard à la situation de cette société lors du décès, et ne participe aux droits ultérieurs qu'autant qu'ils sont une suite nécessaire de ce qui s'est fait avant la mort de l'associé auquel il succède.«

Es sei aber bereits hier darauf hingewiesen, daß der an dieser Stelle insbesonders interessierende erste Teil der Bestimmung als Abs. 1 auch in die neue Fassung des Art. 1868 übernommen worden ist:

> »S'il a été stipulé qu'en cas de mort de l'un des associés, la société continuerait avec son héritier ou seulement avec les associés survivants, ces dispositions seront suivies, sauf à prévoir que pour devenir associé, l'héritier devra être agrée par la société.«[616])

Die Beurteilung des Problems der qualifizierten Nachfolgeklausel ist verschieden, je nachdem welcher Standpunkt bei der dogmatischen Begründung der Nachfolgeklausel ganz allgemein eingenommen wird (vgl. oben S. 103ff.). Allen Auffassungen gemeinsam war jedoch immer schon die Anerkennung eines wirtschaftlichen Bedürfnisses für die Wirksamkeit einer solchen Vereinbarung[617]). Wie und ob aber auf Grund des Art. 1868 a.F. ihre Wirksamkeit begründet werden konnte, war – wie gesagt – bis zur Reform von 1966 höchst umstritten.

---

616) Zu dem letzten Vorbehalt vgl. oben S. 109 sowie unten sub V.

617) Vgl. z.B. Du Garreau de la Méchenie J. soc. 1938, 269; Guyenot Rev. trim. dr. com. 1957, 18.

b) Die dogmatische Einordnung der qualifizierten Nachfolgeklausel auf dem Hintergrund der Auslegung des Art. 1868 C.civ. alter Fassung

aa) Art. 1868 C.civ. als Derogation des Art. 1865 n. 3 C.civ.

Geht man davon aus, daß eine Nachfolgeklausel das allgemeine Vertragsrecht auf das Gesellschaftsverhältnis anwendbar macht (s. o. S. 104), soweit es um das Schicksal dieses Rechtsverhältnisses beim Tode eines der Vertragschließenden geht, daß sie also die Regel des Art. 1122 C.civ. wiederherstellt, wonach ein Vertrag auch für und gegen die Erben gilt bzw. auf sie übergeht, dann ergibt sich die Schwierigkeit, die Auswahl eines oder mehrerer von allen Erben zur Nachfolge in die Mitgliedschaft mit dem Wortlaut des Art. 1122 C.civ. in Einklang zu bringen. In dieser Vorschrift heißt es: »ses héritiers«, d.h. *alle* Erben sind Nachfolger in die vererblichen Rechtsverhältnisse. Einer vertraglichen Vereinbarung, die sich daran nicht hält, haftet leicht der Makel eines pacte sur succession future und damit der Nichtigkeit gem. Art. 1130 C.civ. an. Von diesem Ausgangspunkt her bestand die Aufgabe demnach zwangsläufig darin, die qualifizierte Nachfolgeklausel so zu deuten, daß sie jedenfalls keinen pacte sur succession future darstellt. Das ist auf verschiedene Weise versucht worden.

α) *Die qualifizierte Nachfolgeklausel als Vertrag zugunsten Dritter: Wirksamkeit auf Grund Art. 1121 C.civ.?*

Am 27. 12. 1933 hatte das Tribunal civil de la Seine folgenden beispielhaften Fall – den bekannten Fall Louis-Dreyfus[618]) – zu entscheiden:

> Im Gesellschaftsvertrag einer société en nom collectif war vereinbart worden, daß beim Tode eines Gesellschafters die Gesellschaft mit seinen Kindern als Kommanditisten fortgesetzt werden sollte. Die Kommanditeinlage sollte die eine Hälfte der hinterlassenen Mitgliedschaft bilden; die andere Hälfte sollte ausgezahlt werden. Der Gesellschafter Louis Dreyfus starb und hinterließ außer seiner Ehefrau drei Kinder. Eines von ihnen lehnte es ab, als Kommanditist die Gesellschaft fortzusetzen und verlangte die Auszahlung des *gesamten* auf ihn entfallenden Teils der Mitgliedschaft.

Das Gericht (Tribunal civil de la Seine) gab diesem Erben Recht. Die Entscheidung wurde so begründet:

> (1) Soweit vereinbart wurde, die Mitgliedschaft zur Hälfte *auszuzahlen*, handele es sich um einen pacte sur succession future.
> (2) Soweit zugunsten der Kinder die *Nachfolge* in die Mitgliedschaft vereinbart wurde, handele es sich um einen Vertrag zugunsten Dritter, den jeder Erbe annehmen oder ablehnen könne, da er für ihn nicht verpflichtend sei.

An dieser Stelle ist zunächst nur der zweite Teil der Entscheidung (2) von Bedeutung.

Das Gericht ist davon ausgegangen, daß Art. 1868 C.civ. die Nachfolge-

---

[618]) Gaz. Pal. 1934. 1. 316.

klausel zwar zulasse, aber nur dann, wenn sie alle Erben gleichermaßen begünstige. Der Ausdruck »son héritier« bezeichne die Gesamtheit der Erben. Auch sei die Klausel im Rahmen des Art. 1122 C.civ. zu sehen, der von *allen* Erben spreche. Sei dagegen nur ein Teil der Erben zur Nachfolge berechtigt[619]), so könne die Vereinbarung nicht die beabsichtigte Vererbungswirkung haben. Die Nachfolger seien dann nicht mehr in ihrer Qualität als Erben angesprochen, sondern jeder einzelne in seiner Person. So erscheine der Nachfolger als Dritter in Bezug auf die Vertragschließenden, die Klausel stelle einen Vertrag zugunsten Dritter (stipulation pour autrui) dar. Auf diese Weise entziehe sich die Klausel der Anwendung des Art. 1868 C.civ., denn so gedeutet sei sie nicht verpflichtend[620]).

Auch Ripert hatte sich für diese Auffassung eingesetzt[621]). Er wies darauf hin, daß eine qualifizierte Fortsetzungsvereinbarung nach allgemeinem Vertragsrecht zu beurteilen sei. Fasse man sie als Vertrag zugunsten Dritter auf, so bereite die Begründung ihrer Wirksamkeit keine Schwierigkeiten, denn Art. 1121 C.civ. lasse solche Vereinbarungen ausdrücklich zu:

»On peut pareillement stipuler au profit d'un tiers ...«

Bei dieser Einordnung der Klausel war der Nachfolger selbstverständlich nicht verpflichtet, die Gesellschaft fortzuführen. Ein Vertrag zugunsten Dritter bedarf immer der Annahme durch den Begünstigten. Diese Annahme war nun aber nicht als Eintritt in die Gesellschaft zu verstehen. Die eben gekennzeichnete Auffassung ging nämlich davon aus, daß die Mitgliedschaft – die Annahme des Vertrages zugunsten Dritter vorausgesetzt – *ipso iure* mit dem Tode des Erblassers auf den nachfolgeberechtigten Erben

---

619) Daß im Fall Louis-Dreyfus überhaupt eine Ungleichbehandlung vorlag, bezweifelt Du Garreau de la Méchenie J. soc. 1938, 273; denn es seien ja alle vorhandenen Kinder gleichbehandelt worden und sie seien die einzigen Erben. Daran wird aber nur deutlich, daß das Gericht nicht nur die beim Erbfall vorhandenen Erben in Betracht zieht, sondern alle potentiellen Erben im Augenblick des Vertragsschlusses. Gegen eine solche Auffassung aber auch Esmein in D. S. 1956. II. 282.

620) Gaz. Pal. 1934. 1. 316:
»L'art. 1868 C. civ. autorise une semblable exception, mais uniquement en ce qui concerne »l'héritier« de l'associé, ce qui ne peut s'entendre que de l'ensemble de ceux qui, recueillant l'universalité de la succession du de cujus, peuvent prendre globalement et entièrement sa place dans la société. Cette exception ne se conçoit d'ailleurs que dans les limites fixées par l'art. 1122 même Code, et dès lors la stipulation de l' associé doit obligatoirement être faite au profit de tous les héritiers et ayants cause universels ou à titre universel, à l'égard desquels elle constitue ainsi une charge de la succession, à laquelle ils ne peuvent se soustraire.
Par contre, si la stipulation a été faite au profit seulement de l'un des héritiers ou ayants cause universels ou à titre universel, désigné non plus en raison de leur qualité de successibles appelé à recueillir l'universalité de la succession, mais en raison des liens de sang ou d'affection qui les attachent au stipulant, cette stipulation revêt un caractère personnel et exclusif qui fait apparaître le ou les intéressés comme des tiers par rapport à celui qui stipule; une pareille stipulation échappe à l'application de l'art. 1868, en ce sens qu'elle n'a point à être obligatoirement suivie par eux; elle constitue une stipulation pour autrui, et le ou les bénéficiaires ont la faculté de s'en prévaloir ou d'y renoncer.«

621) Ripert Rev. gén. dr. com. 1938, 14ff.; Ripert (-Roblot) n. 831; vgl. auch Lepargneur in Planiol et Ripert XI n. 1058 m.w.N. auf S. 340 Fußn. 2.

übergehe[622]), aber eben nicht *iure hereditario*, sondern auf Grund des Gesellschaftsvertrages[623]). Damit erwies sich die Klausel als verfügender Vertrag zugunsten Dritter, zwar unter der aufschiebenden Bedingung des Todes eines Gesellschafters, aber immerhin als eine Übertragung des Gesellschaftsanteils unter Lebenden! Dies bedeutet also, daß diese Meinung die *Vererbung* der Gesellschafterstellung auf einen von mehreren Erben *nicht* zuließ. Eine qualifizierte *Nachfolgeklausel* war damit abgelehnt[624]).

Man kann diese Theorie schon vom Ergebnis her als unbefriedigend empfinden. Sie hat aber vor allem von ihrer dogmatischen Konstruktion her erhebliche Kritik erfahren. Die entscheidenden Einwände sind folgende[625]): Bei exakter Anwendung der Regeln über den Vertrag zugunsten Dritter müßte der begünstigte Erbe die Mitgliedschaft beim Tode des Erblassers aus dem Vermögen der überlebenden Gesellschafter (Versprechende) erhalten. In Wahrheit verläßt sie aber zu keinem Zeitpunkt das Vermögen des Erblassers (Versprechensempfänger)[626]). Zu Recht ist eingewendet worden, es sei alles andere als plausibel, daß der Gesellschaftsanteil durch einen Vertrag zugunsten Dritter im Zeitpunkt des Todes solle aus dem Vermögen des Erblassers herausgelöst werden können[627]). Vor allem aber müßte ja auch diese Konstruktion vor dem Verbot des Art. 1130 C.civ. bestehen können, und das ist nicht der Fall. Auch wenn man einen Vertrag zugunsten Dritter annähme, hätte die Vereinbarung materiell zum Ziel, beim Tode des Erblassers einen Gegenstand der Erbschaft ipso iure gesondert zuzuordnen, unabhängig vom übrigen Nachlaß. Nach der allgemein akzeptierten Formel der Rechtsprechung liegt darin zweifellos ein pacte sur succession future[628]).

Damit erwies sich die Auffassung von der qualifizierten Nachfolgeklausel als Vertrag zugunsten Dritter in zweifacher Hinsicht als unbefriedigend: sie konnte nicht zur Vererbung der Mitgliedschaft führen und scheiterte noch dazu am Verbot des Art. 1130 C.civ. Du Garreau de la Méchenie wollte daher – immerhin konsequent – überhaupt nur die qualifizierte *Eintritts*klausel zulassen[629]).

---

[622]) Vgl. Guyenot Rev. trim. dr. com. 1957, 19.

[623]) Ripert Rev. gén. dr. com. 1938, 12 u. 17.

[624]) Rokas unterliegt also einem Mißverständnis der französischen Quellen, wenn er dennoch von einer Vererblichkeitsklausel spricht: a.a.O. S. 106 unter 1.

[625]) Die von Ripert Rev. gén. dr. com. 1938, S. 16 widerlegten Einwände sind in der Tat nicht stichhaltig; vgl. auch Du Garreau de la Méchenie J. soc. 1938, 272.

[626]) Guyenot Rev. trim. dr. com. 1957, 34.

[627]) Derrida n. 284.

[628]) Du Garreau de la Méchenie J. soc. 1938, 276; Hamel et Lagarde n. 481 a. E.; ausführlich Guyenot Rev. trim. dr. com. 1957, 34ff. (37); Cour d'appel de Paris Urteil vom 17. 12. 1935 in D. P. 1936. 2. 89.

[629]) J. soc. 1938, 277f.

β) *Die qualifizierte Nachfolgeklausel als gesellschaftsvertragliche Vereinbarung: Wirksamkeit auf Grund des Art. 1868 C.civ.?*

Am 17. 12. 1935 hatte der Pariser Appellationshof (Cour d'appel de Paris) erneut im Fall Louis-Dreyfus zu entscheiden[630]). Er kam zu einem dem Urteil des Tribunal de la Seine entgegengesetzten Ergebnis. Das Gericht lehnte zunächst einmal ab, daß es sich um einen Vertrag zugunsten Dritter handele. Bedeutsam ist nun aber die positive Argumentation, d.h. die Begründung der Wirksamkeit der qualifizierten Nachfolgeklausel. An dieser Stelle interessiert wiederum nur der Teil der im Fall Louis-Dreyfus getroffenen Vereinbarung, der die Nachfolge in die Mitgliedschaft zum Gegenstand hatte, nicht die Auszahlung. Hierzu führte das Gericht aus:

(1) Art. 1130 C. civ. sei eng auszulegen und auf die gem. Art. 1868 C. civ. zugelassene Nachfolgevereinbarung gar nicht anwendbar. Den Gesellschaftern sei es daher völlig frei gestellt, sämtliche Modalitäten der Nachfolge für den Fall des Todes eines Gesellschafters zu vereinbaren[631]).
(2) Art. 1868 C. civ. spreche ausdrücklich im Singular von »son héritier«, im Gegensatz zu Art. 1122 C. civ., wo es »ses héritiers« heiße. Damit sei auch die qualifizierte Nachfolgeklausel in das Belieben der Gesellschafter gestellt[632]).

Diese Auffassung hat, außer in einigen ähnlichen Fällen der Rechtsprechung, keine Zustimmung gefunden. Das Wortlautargument ist einhellig abgelehnt worden. Man war sich einig, daß die Formulierung »son héritier« als abstractum für alle Erben gewählt worden ist[633]). Jedenfalls hat der Gesetzgeber dabei nicht an die qualifizierte Nachfolgeklausel gedacht[634]). Das materielle Argument der Vertragsfreiheit verbarg genau genommen eine petitio principii. Es lautete etwas anders formuliert so: weil die Klausel eine gesellschaftsvertragliche Vereinbarung (convention entre associés) darstelle, zu der Art. 1868 C.civ. die Gesellschafter prinzipiell ermächtige und damit die Vertragsfreiheit wiederherstelle, sei sie kein pacte sur succession

---

[630]) Cour d'appel de Paris Urteil vom 17. 12. 1935 in D. P. 1936. 2. 89 mit Anm. Capitant = D. H. 1936. 88.

[631]) »L'art. 1130 C. civ., qui prohibe les pactes sur succession future, est d'interprétation stricte. Il ne s'applique pas, en matière de société, à la clause statutaire, prévue par l'art. 1868 C. civ., d'après laquelle la société continuera avec les héritiers de l'associé prédécédé. L'autorisation ainsi donné aux associés entraînant nécessairement pour eux le droit de déterminer librement dans les statuts la part pour laquelle les héritiers désignés du prédécédé entreront dans la société, de décider que les héritiers seront simple commanditaires, de convenir qu'ils n'entreront dans la société que pour une fraction de la part sociale de leur auteur et que l'autre fraction leur sera remboursée, de déterminer à l'avance quelle sera la part sociale du défunt, ***en un mot de régler pratiquement le mode de continuation de la société*** et la liquidation des droits sociaux de l'associé disparu.« (Hervorhebung vom Verf.).

[632]) »L'art. 1868 C. civ. permettant de stipuler qu'en cas de déces d'un associé la société continuera avec son héritier, c'est-à-dire avec une catégorie d'héritiers ou tels héritiers de cette catégorie, et non, à la différence de l'art. 1122, avec ses héritiers.«

[633]) Capitant in D. P. 1936. 2. 90; Ripert Rev. gén. dr. com. 1938, 10; Guyenot Rev. trim. dr. com. 1957, 33 f.m.w.N.

[634]) Esmein in D. S. 1956. II. 282.

future und daher nicht dem Verbot des Art. 1130 C.civ. unterworfen. Das aber war gerade die Frage.

Die materielle Qualifikation einer Vereinbarung als pacte sur succession future ist unabhängig von ihrer dogmatischen Konstruktion. Sowie eine Klausel bewirken soll, daß eine Sonderzuordnung beim Erbfall stattfindet, stellt sie der Definition gemäß einen pacte sur succession dar. Daß dies gerade für die qualifizierte Nachfolgeklausel gilt, läßt sich kaum bestreiten. Darüber ist man sich heute auch im wesentlichen einig[635]).

bb) Art. 1868 C.civ. als Derogation des Art. 1130 C.civ.: Wirksamkeit der qualifizierten Nachfolgeklausel als pacte sur succession future auf Grund Art. 1868 C.civ.?

Geht man davon aus, daß die in Art. 1868 C.civ. zugelassenen Fortsetzungsklauseln einen pacte sur succession future darstellen, so ist in dieser Vorschrift eine Derogation zu Art. 1130 C.civ. enthalten (vgl. oben S. 104f.). Der Schritt ist dann nicht mehr sehr weit, in Art. 1868 C.civ. eine nicht nur auf die beiden genannten Fälle (Fortsetzung mit den Erben oder Fortsetzung unter den überlebenden Gesellschaftern) beschränkte, sondern eine ganz allgemeine Durchbrechung des Verbots des Art. 1130 C.civ. zu sehen, die *jede* Form von Fortsetzungs- und insbesondere Nachfolgeklausel zuläßt. Das war der Ausgangspunkt von CAPITANT (s. oben S. 104f.). Diese Auffassung enthielt dasselbe Element der Generalisierung wie die eben gekennzeichnete Ansicht, die mit dem Prinzip der Vertragsfreiheit glaubte arbeiten zu können. Sie hatte aber den Vorzug, das Kernproblem nicht zu umgehen: das Verhältnis der qualifizierten Nachfolgeklausel zu dem Verbot des Art. 1130 C.civ. Sie konnte sich aber nur dann als akzeptabel erweisen, wenn es ihr gelang, nachzuweisen, daß die in Art. 1868 C.civ. enthaltenen Alternativen wirklich einen pacte sur succession future enthalten, und sie weiterhin die Ausdehnung der Derogation auf die qualifizierte Nachfolgeklausel begründen konnte. Dieser zweite Schritt der Beweisführung enthielt aber die eigentliche Schwierigkeit: den Konflikt zwischen der qualifizierten Nachfolgeklausel und dem Prinzip der Gleichheit aller Erben.

Eine Lösung dieses Konflikts war aber überhaupt nur erreichbar, wenn man sich auf den Standpunkt stellte, daß eine Nachfolgeklausel *an sich* schon einen pacte sur succession future darstellt, wie es CAPITANT seit langem vertreten hat. Alle anderen Lösungsversuche führten nur – wie sich gezeigt hat – zur Umgehung des Problems. Bevor die jüngste Rechtslage hinsichtlich der qualifizierten Nachfolgeklausel im Gesellschaftsvertrag einer société en nom collectif dargestellt werden kann, muß eine Reihe ähnlicher Klauseln behandelt werden, die in Rechtsprechung und Literatur eingehend diskutiert worden sind, und aus deren Beurteilung sich auch die Kriterien ergeben, mit denen die qualifizierte Nachfolgeklausel bis zur Reform von 1966 zu messen war.

---

635) s. z.B. Escarra et Rault n. 272, S. 309.

c) Die Behandlung anderer Fortsetzungsklauseln als wirksame pactes sur succession future

aa) Die Übernahmeklausel (clause commerciale)

Unter einer clause commerciale versteht man eine Vereinbarung, wonach das Handelsgeschäft oder der Gesellschaftsanteil des Erblassers vom überlebenden Ehegatten oder Gesellschafter übernommen werden soll mit der Verpflichtung, den entsprechenden Wert in den Nachlaß zu zahlen.

In dem bekannt gewordenen Fall CRÉMIEUX war eine solche Klausel im Ehevertrag enthalten, wobei ein Handelsgeschäft zum Sondergut des Vorverstorbenen gehörte. Der Kassationshof hat einen pacte sur succession future angenommen und die Vereinbarung deshalb für nichtig erachtet[636]). Später hat der Kassationshof eine im Gesellschaftsvertrag einer zweigliedrigen société en nom collectif enthaltene Übernahmeklausel ebenfalls als pacte sur succession qualifiziert, nun aber auf Grund des Art. 1868 C.civ. für wirksam gehalten[637]). Dieselbe Meinung war früher auch hinsichtlich der Übernahmeklausel im Ehevertrag vom Kassationshof vertreten worden[638]).

bb) Die Umwandlungsklausel (clause de transformation)

Im Falle einer clause de transformation wird im Gesellschaftsvertrag vereinbart, daß die Erben als Kommanditisten die Gesellschaft mit den überlebenden Gesellschaftern fortsetzen sollen. Die Mitgliedschaft geht also nicht so auf die Erben über, wie der Erblasser sie innegehabt hatte, sondern als Kommanditanteil. Da aber schon eine Vereinbarung, die den Inhalt eines Rechtsverhältnisses für den Todesfall verändert, als pacte sur succession future angesehen wird[639]), stellt auch die Umwandlungsklausel einen solchen dar. Dennoch wird sie allgemein auf Grund des Art. 1868 C.civ. für wirksam gehalten[640]).

---

[636]) Cass. civ. Urteil vom 11. 1. 1933 in D. P. 1933. 1. 10 mit Anm. von Capitant = S. 1933. 1. 161 mit Anm. von Gény; ebenso Tribunal de la Seine Urteil vom 7. 6. 1935 in D. P. 1936. 2. 94 mit Anm. von Capitant; vgl. auch Cour d'appel de Paris Urteil vom 22. 7. 1950 in D. 1950. I. 72 sowie Cass. civ. Urteil vom 29. 11. 1954 in J. C. P. 1955. II. 8441 mit Anm. von Esmein.

[637]) Cass. civ. Urteil vom 26. 10. 1943 in D. 1943. J. 301 mit Anm. von Boulanger; ebenso Julliot de la Morandière-Rodière-Houin n. 404; in einem anderen Urteil hat der Kassationshof sich auf das Prinzip der Vertragsfreiheit gestützt: Cass. civ. Urteil vom 3. 5. 1944 in S. 1944. 1. 111; vgl. auch Cass. req. Urteil vom 28. 11. 1934 in S. 1935. 1. 297 mit Anm. von Lescot.

[638]) Cass. civ. Urteil vom 16. 12. 1925 in D. P. 1927. 1. 5 mit Anm. von Capitant = S. 1926. 1. 169 mit Anm. von Vialleton.

[639]) Bastian J. soc. 1935, 410; vgl. auch Capitant in D. P. 1936. 2. 90.

[640]) Vgl. Cass. civ. Urteil vom 7. 3. 1939 in D. H. 1939. 193; Esmein in D. S. 1956. II. 282; Ripert (-Roblot) n. 832; Derrida n. 271 ff. m. w. N.

cc) Die Abfindungsklausel (clause de rachat)

α) *Die einfache Form*

Mit »clause de rachat« (oder auch »clause d'indemnisation«) wird eine gesellschaftsvertragliche Vereinbarung bezeichnet, die zum Inhalt hat, daß beim Tode eines Gesellschafters die Erben nicht als Nachfolger die Mitgliedschaft erwerben, sondern eine bestimmte Summe Geldes als Abfindung erhalten. Es handelt sich also um eine Regelung, die auf die Fortsetzung der Gesellschaft unter den überlebenden Gesellschaftern hinausläuft. Art. 1868 C.civ. a.F. sah für diesen Fall vor, daß die Erben nur ihr Recht auf Teilung haben. Das bedeutete: Teilung in Natur oder Liquidation der Gesellschaft zum Zwecke der Wertteilung. Dies hätte fatale Folgen für das Unternehmen gehabt und würde genau das Gegenteil der in einer Fortsetzungsvereinbarung zum Ausdruck gekommenen Absicht erreicht haben. Da diese gesetzliche Regelung aber nur als ein Beispiel verschiedener Abwicklungsmöglichkeiten angesehen wurde[641]), wurde in der Praxis einer Fortsetzungsklausel zugunsten der überlebenden Gesellschafter die Regelung der Abfindung der Erben hinzugefügt. Die festgesetzte Summe repräsentierte dann für die Erben den Gesellschaftsanteil[642]).

Die dogmatische Konstruktion der clause de rachat war recht umstritten. Sie wurde als einfache »convention entre associés« (Vereinbarung unter Gesellschaftern), als »convention de partage« (Teilungsvereinbarung), als »cession éventuelle des droits sociaux« (aufschiebend bedingte Übertragung der Gesellschafterrechte), oder auch als »préemption« (Vorkauf) charakterisiert[643]). Über das Verhältnis zu Art. 1130 C.civ. war damit aber nichts ausgesagt, denn mit diesen Bezeichnungen allein war die Natur der Vereinbarung als pacte sur succession future noch gar nicht berührt.

An dieser Stelle sind wiederum die beiden im Fall Louis-Dreyfus ergangenen Entscheidungen von Bedeutung (vgl. oben S. 113ff., 116ff.). Zum Teil – nämlich soweit die Mitgliedschaft des Erblassers *ausgezahlt* werden sollte – ging es ja auch dort um eine clause de rachat. Der Appellationshof Paris bezeichnete die Klausel insoweit als »promesse de vente« (Verkaufsversprechen) des Erblassers, dessen Wirkungen aber bis zum Tode des Versprechenden aufgeschoben seien[644]). Damit sollte eine Differenzierung zu der in Eheverträgen annullierten Übernahmeklausel vorgenommen werden, um die Wirksamkeit dieser *gesellschaftsvertraglichen* Vereinbarung *nicht* an Art. 1130 C.civ. scheitern zu lassen[645]). Diese Unterscheidung ist erheblich

---

641) Ferid, Festschr. Hueck, S. 366.

642) Vgl. zu dem ganzen Fragenkomplex Hamel et Lagarde n. 480; Julliot de la Morandière-Rodière-Houin n. 404; eingehend Le Galcher-Baron Anm. zum Cass. civ. Urteil vom 21. 5. 1957 in Rev. soc. 1958, 278ff.; Derrida n. 288ff. m.w.N.

643) Vgl. Bastian J.C.P. (Sem. Jur.) 1961. II. 12135; Derrida n. 293.

644) Cour d'appel de Paris vom 17. 12. 1935 in D. P. 1936. 2. 89.

645) »Au surplus, la clause de rachat ainsi stipulée au profit des associés survivants n'a pas pour objet de leur attribuer un droit privatif sur tout ou partie d'une succession non ouverte; elle équivaut à une promesse de vente dont l'effet se produira après la mort

kritisiert worden. Eine verschiedene Beurteilung derselben Vereinbarung als »cession éventuelle des droits sociaux faite à titre successif« im Ehevertrag[646]) einerseits und als »promesse de vente conditionelle dont les dispositions demeurent suspendues jusqu'au décès de l'un d'eux« im Gesellschaftsvertrag andererseits sei schlechterdings nicht zu begründen. Denn in beiden Fällen gehe es darum, einen bestimmten Erbschaftsgegenstand, die Mitgliedschaft, beim Tode des Erblassers gesondert zuzuordnen. In beiden Fällen solle der Tod den Übergang der Gesellschafterstellung bewirken. In beiden Fällen handele es sich daher um einen pacte sur succession future[647]). Dies hatte das Tribunal de la Seine auch im Fall Louis-Dreyfus angenommen[648]).

In jüngster Zeit war man sich weitgehend darüber einig, daß die gesellschaftsvertragliche clause de rachat, unabhängig von ihrer dogmatischen Einordnung, einen pacte sur succession future darstellt, der aber ausnahmsweise gem. Art. 1868 C.civ. zugelassen ist[649]). Die Reform dieser Vorschrift im Jahre 1966 hat nunmehr auch diesen Fall positiv geregelt (s. u. sub V.).

β) *Die qualifizierte Form: der Fall Gatellier*

Bisher ist deutlich geworden, daß sowohl die clause commerciale und die clause de transformation, als auch die clause de rachat einen pacte sur succession future darstellen. In allen diesen Fällen wurde schon vor der Reform von 1966 die Wirksamkeit der gesellschaftsvertraglichen Vereinbarung auf Art. 1868 C.civ. gestützt. Zu beachten ist aber, daß hierbei die Erben gleichbehandelt wurden: *alle* Erben sollten abgefunden werden. Immerhin hatte sich die Erkenntnis durchgerungen, daß Art. 1868 C.civ. zumindest einige Vereinbarungen vom Verbot des Art. 1130 C.civ. ausnahm. In jüngster Zeit ist die Entwicklung endgültig dahin gegangen, diese Derogation zu generalisieren und auch auf solche Klauseln auszudehnen, in denen die Gleichheit der Erben nicht ohne weiteres berücksichtigt ist. Diese Entwicklung zeigt sich in der Geschichte des berühmten *Falles* Gatellier (veuve Gatellier c. Vignon et S.A.R.L. »Les Moulins de Condetz«).

Es handelte sich dabei um folgenden Sachverhalt:

> Im Gesellschaftsvertrag einer zweigliedrigen société à responsabilité limitée (s.a.r.l. = G.m.b.H.) war vereinbart worden, daß im Falle des Todes eines Gesellschafters die Gesellschaft nicht aufgelöst, sondern fortgesetzt werden sollte, und zwar durch

---

de l'associé qui l'a consentie; les droits sociaux qui en sont l'objet n'appartiendront pas aux associés survivants à titre successif, mais en vertu d'un contrat à titre onéreux dont les dispositions, arrêtées d'un commun accord, demeurent suspendues jusqu'à la réalisation d'un évènement incertain.«

646) So vor allem im Fall Crémieux Cass. civ. Urteil vom 11. 1. 1933 in D. P. 1933. 1. 10 mit Anm. von Capitant; vgl. oben S. 118.

647) Capitant in D. P. 1936. 2. 91; ausführlich Guyenot Rev. trim. dr. com. 1957, 28f.

648) Gaz. Pal. 1934. 1. 316; vgl. oben S. 113.

649) Esmein in D. S. 1956. II. 282; Julliot de la Morandière-Rodière-Houin n. 404; Derrida n. 293 mit ausführlichen Nachweisen.

den überlebenden Gesellschafter einerseits und andererseits durch die Witwe des Verstorbenen sowie dessen Abkömmlinge. Für den Fall, daß ein Gesellschafter weder Witwe noch Abkömmlinge hinterließe, sollte der überlebende Gesellschafter ein Vorkaufsrecht hinsichtlich des Gesellschaftsanteils des verstorbenen Gesellschafters haben. Dieser Fall trat ein als einer der Gesellschafter im Indochinakrieg fiel. Er hinterließ als Alleinerbin seine Mutter, die Witwe Gatellier. Ihr gegenüber übte der überlebende Gesellschafter das Vorkaufsrecht aus. Die Witwe Gatellier wehrte sich dagegen mit der Behauptung, die Vertragsklausel stelle einen verbotenen pacte sur succession future dar.

Man muß, um die Problemstellung ganz genau zu erfassen, wissen, daß gem. Art. 36 des Gesetzes betreffend die s.a.r.l. vom 7. 3. 1925[650]) der Gesellschaftsanteil grundsätzlich vererblich war, sofern nichts anderes vereinbart wurde:

»La société n'est point dissoute par ... la mort d'un des associés, sauf en ce dernier cas stipulation contraire des statuts.«

Bei einer s. a. r. l. ergaben sich mithin beim Tode eines Gesellschafters drei Möglichkeiten: Fortsetzung der Gesellschaft mit den Erben (auf Grund des Gesetzes); Fortsetzung ohne die Erben (auf Grund vertraglicher Vereinbarung gem. Art. 1868 C.civ.); Auflösung der Gesellschaft (auf Grund vertraglicher Vereinbarung gem. Art. 1865 C.civ.). Für die Erben bedeutete das also zunächst einmal: entweder waren alle Erben zur Fortsetzung berufen oder von ihr ausgeschlossen; mit anderen Worten: entweder wurden alle Erben von dem oder den überlebenden Gesellschaftern abgefunden oder keiner. Da dies letzte der gesetzliche Grundsatz war, hatten die Klauseln im Gesellschaftsvertrag einer s. a. r. l. nicht den Charakter von Fortsetzungs-, sondern von Ausschluß- oder Abfindungsklauseln.

Im Fall Gatellier enthielt nun die Abfindungsvereinbarung eine Differenzierung unter den Erben: nur die Mutter des verstorbenen Gesellschafters, die Witwe Gatellier, sollte ausgezahlt werden, obwohl sie nach französischem Recht Erbin 2. Ordnung – noch weit vor dem Ehegatten – war[651]). Nur den Ehegatten und die Abkömmlinge sollte die Abfindung nicht treffen. Wir haben es daher mit einer qualifizierten Form der clause de rachat zu tun, und es stellt sich die Frage, ob auch sie noch von Art. 1868 C.civ. a. F. gedeckt war.

Nachdem am 16. 5. 1952 der Appellationshof Paris den Fall Gatellier – offenbar im Sinne der Wirksamkeit der Vereinbarung auf Grund des Art. 1868 C.civ. a. F. – entschieden hatte[652]), kassierte auf Rekurs der Witwe Gatellier hin der Kassationshof am 18. 10. 1955 dieses Urteil mit folgender Begründung:

Es sei unter den Erben eine Differenzierung vorgenommen worden, die zur Folge hätte haben können, daß die Witwe G. aus der Gesellschaft ausgeschlossen wurde. Damit werde im Gesellschaftsvertrag das erbrechtliche Schicksal der Mitgliedschaft

---

650) Auch das Recht der s.a.r.l. ist durch das Gesetz Nr. 66–537 vom 24. Juli 1966 neugefaßt worden.

651) Vgl. im einzelnen Ferid-Firsching, Frankr. Grdz. E. I, Rdnr. 65 ff. und 76 ff.

652) Das ergibt sich aus dem folgenden Urteil des Kassationshofes; vgl. Esmein in D. H. 1958. J. 210.

unter Mißachtung der gesetzlichen Regelung der Erbfolge geregelt. Die Klausel stelle daher einen pacte sur succession future dar, der nicht etwa auf Grund des Art. 1868 C. civ. wirksam sei, weil diese Vorschrift nur Art. 1865 C. civ. derogiere[653]).

Daraufhin hatte am 14. 5. 1957 der Appellationshof Rouen erneut zu entscheiden. In dieser Entscheidung wurde zunächst einmal eine äußerst wichtige Differenzierung unter solchen Vereinbarungen getroffen, die materiell einen pacte sur succession future enthalten:

Vereinbarungen, die einen pacte sur succession future darstellen, seien im Hinblick darauf verboten, daß sie Abänderungen der erbrechtlichen Nachfolgeregeln enthalten könnten. Diese Abänderungen seien aber in ihren Auswirkungen nicht immer gleich. Sie könnten einen Verstoß oder eine Mißachtung der Regeln bedeuten, die der Gesetzgeber zur Wahrung der Gleichberechtigung der Erben bei der Nachlaßteilung aufgestellt habe; sie könnten aber auch eine bloße Regelung der Rechte der an der Nachlaßteilung beteiligten Personen enthalten, wobei deren Gleichheit durch gewisse Ausgleichszahlungen gewahrt sei. Nur die zuerst genannten Vereinbarungen seien verboten, während die letzteren erlaubt seien, weil sie nicht gegen den Willen des Gesetzgebers verstießen.

Eine gesellschaftsvertragliche Klausel, die das grundlegende Prinzip der Gleichberechtigung aller Erben beachte, indem sie niemanden von seiner Berechtigung am Nachlaß ausschließe, sofern jeder seinen Anteil, sei es in Natur, sei es dem Wert nach, erhalte, sei daher wirksam, und zwar auf Grund des Art. 1868 C. civ.[654]).

Dieses Urteil enthält eine grundlegende Neubestimmung des Prinzips der Gleichberechtigung der Erben. Indem das Gericht es zuläßt, daß einer

---

653) Cass. com. vom 18. 10. 1955 in D. S. 1956. J. 281 mit Anm. von Esmein; das Gericht führt aus: »qu'il est ainsi établi entre les héritiers une distinction pouvant avoir pour conséquence d'évincer de la société la veuve Gatellier; que ces stipulations ont pour effet de régler contractuellement, nonobstant toute disposition légale ou testamentaire, la dévolution de partie des biens de la succession de Roger Gatellier; qu'elles constituent un pacte sur succession future, et ne sauraient être validées par l'art. 1868 C. civ., dont le but est seulement de déroger à l'art. 1865 C. civ.« Zustimmend die Anm. von Alibert in J.C.P. (Sem. Jur.) 1956. II. 9057 und Autesserre Rev. soc. 1955, 338ff.

654) Cour d'appel de Rouen Urteil vom 14. 5. 1957 in D. H. 1958. 208 mit Anm. von Esmein; vgl. auch Autesserre Rev. soc. 1959, 241ff.; die entscheidenden Leitsätze lauten: »Une telle stipulation est prohibée en considération des modifications qu'elle peut faire subir aux règles légales régissant la dévolution successorale; ces modifications peuvent présenter deux aspects, soit une violation ou une méconnaissance des règles posées par le législateur sous l'inspiration de la volonté de sauvegarder le principe de l'égalité dans le partage, soit un simple aménagement des droits des copartageants conçu dans l'observation des règles essentielles qui découlent du principe d'égalité, grâce à la prévision de certaines compensations efficaces.
La stipulation qui a pour objet la méconnaissance substantielle des règles légales en matière de succession est seule prohibée; celle qui n'a pour objet qu'un simple aménagement des droits des copartageants est au contraire permise; elle est en effet la seule des deux qui n'aille pas à l'encontre de la volonté du législateur.
Ne constitue pas un pacte sur succession future la stipulation d'un pacte social qui ne comporte qu'un simple aménagement des droits successoraux convenus dans le respect des règles essentielles de l'égalité, grâce à la prévision de certaines compensations efficaces et sans qu'une discrimination ait été établie entre héritiers, chacun d'eux devant en définitive recevoir sous une forme ou sous une autre, soit en nature, soit en valeur, le montant de ses attributions matérielles successorales, seules à considérer en la matière.«

oder mehrere von allen Erben von der Beteiligung an einem bestimmten Nachlaßgegenstand ausgeschlossen sind, ohne aber von der Berechtigung am Nachlaß insgesamt ausgeschlossen zu sein, versteht es das Prinzip der Gleichheit der Erben nicht mehr gegenständlich, sondern wertmäßig. Der »Nachlaß«, an dem *alle* Erben beteiligt sein müssen, ist der *Wert* der gesamten Erbschaft (der Nachlaßwert). In diesem Sinne versteht das Gericht denn auch Art. 1868 C.civ. a.F., d.h. *alle* Erben müssen in einer clause de rachat insofern berücksichtigt sein, als ihnen zumindest der *Wert* des Gesellschaftsanteils zugutekommen muß. Eine gesellschaftsvertragliche Fortsetzungsvereinbarung, die dieses Prinzip berücksichtigt, ist wirksam. Nicht ganz deutlich ist der Appellationshof Rouen in der Frage, ob eine qualifizierte clause de rachat, wenn sie diesen Grundsatz berücksichtigt, dennoch einen pacte sur succession darstellt, der ausnahmsweise zulässig ist, oder ob es sich schon per definitionem nicht mehr um einen solchen handelt.

Mit letzter Deutlichkeit hat am 28. 4. 1961 der Kassationshof die Frage entschieden. In einem Urteil der nun »vereinigten Senate« (chambres réunies), das den Fall Gatellier zum Abschluß brachte, wurde die Entscheidung des Appellationshofes Rouen bestätigt und noch dahin präzisiert, daß es sich zwar um einen pacte sur succession future handele, dieser sei aber ausnahmsweise gem. Art. 1868 C.civ. wirksam[655])

Damit hat sich die höchste Autorität der französischen Rechtsprechung zumindest im Ergebnis zu der Auffassung hingewendet, die seit Capitant[656]) in der Literatur immer mehr Anhänger gefunden hatte, zu der sich die Gerichte aber nur gelegentlich zu bekennen wagten. Immerhin haben zwei Appellationshöfe den Kassationshof umstimmen können. Das Schrifttum hat diese Wendung begrüßt. In den Besprechungen der Urteile zum Fall Gatellier hat die überwiegende Meinung seit längerem für diese Lösung plädiert. Es ist darauf hingewiesen worden, daß man die eine Alternative des Art. 1868 C.civ. a.F. zu toten Buchstaben machen würde, wenn man die qualifizierte clause de rachat nicht zuließe, denn die überlebenden Gesellschafter wollten selten das Risiko eingehen, mit allen Erben die Gesellschaft fortsetzen zu müssen[657]). Durch die qualifizierte Klausel werde der »intuitus personae« berücksichtigt[658]). Wenn sogar alle Erben ausgeschlossen werden

---

[655]) Cass. ch. réunies Urteil vom 28. 4. 1961 in D. H. 1961. J. 697 mit Anm. von Besson = J.C.P. (Sem. jur.) 1961. II. 12135 mit Anm. von Bastian = S. 1961. J. 170 mit Anm. von Autesserre = J. soc. 1961, 257 mit Anm. von Cordonnier. »Aux termes de l'art 1868 du Code civil le pacte social peut prévoir, au décès d'un des associés, la continuation de la société entre les seuls survivants qui peuvent alors racheter, *dans les conditions prévues au contrat*, des parts sociales du prédécédé; une telle stipulation, bien qu'attribuant aux associés survivants un droit éventuel sur une partie d'une succession non ouverte, est, par exception, autorisée par l'article 1868 du Code civil et par suite ne tombe pas sous le coup de la prohibition des pactes sur succession futures édictée par l'article 1130.«

[656]) Vgl. oben S. 104f.

[657]) Cordonnier J. soc. 1956, 25; Besson in D. H. 1961. J. 699f.; Bastian in J.C.P. (Sem. jur.) 1961. II. 12135.

[658]) Derrida n. 287; Bastian ebendort.

könnten gegen eine Abfindung, dann müsse es erst recht zulässig sein, nur einen oder einige von allen auszuzahlen[659]). Zum Teil wurde in der qualifizierten clause de rachat überhaupt nur eine Kombination der beiden in Art. 1868 C.civ. a.F. ausdrücklich zugelassenen Alternativen gesehen[660]). Ihre Wirksamkeit sei ein glücklicher Kompromiß zwischen Gesellschaftsrecht und Erbrecht[661]).

d) Die Auslegung der Art. 1868 und 1130 C.civ. und ihr Verhältnis zueinander im Zeitpunkt der Reform von 1966

Die Untersuchung der Entwicklung insbesondere der Rechtslage im Hinblick auf die qualifizierte clause de rachat hat ergeben, daß es in jüngster Zeit zur Durchsetzung einer völlig neuen Interpretation des Prinzips der Gleichberechtigung der Erben – jedenfalls im Spannungsfeld zwischen Gesellschaftsrecht und Erbrecht – gekommen ist. Diese Gleichheit wird nicht mehr gegenständlich verstanden, sondern wertmäßig[662]). Das gilt nicht nur im Falle einer s.a.r.l., sondern wird ganz generell auf alle Gesellschaftsformen bezogen[663]). Da es Aufgabe des Art. 1130 C.civ. ist, gerade dieses Prinzip zu sichern, wird damit auch das Verständnis des pacte sur succession verändert. Die Kennzeichnung einer gesellschaftsvertraglichen Vereinbarung als pacte sur succession future allein ist nicht mehr hinreichend, um ihre Nichtigkeit zu begründen. Andererseits ergibt sich auch eine neue Interpretation des Art. 1868 C.civ., der ebenfalls den Grundsatz der Gleichbehandlung aller Erben berührt. Hat sich zwar grundsätzlich erwiesen, daß diese Vorschrift eine Derogation zur Art. 1130 C.civ. darstellt und daher bestimmte Vereinbarungen, die einen pacte sur succession beinhalten, vom Verbot ausnimmt, so weist der neu verstandene Gleichheitsgrundsatz aber zugleich auch auf die Schranken hin, innerhalb deren eine gesellschaftsvertragliche Klausel bleiben muß. Art. 1868 C.civ. wird auf diese Weise sowohl extensiv ausgelegt als auch begrenzt[664]).

Die neuere Gesetzgebung hat im übrigen ähnliche Fälle zugelassen, so daß die Behandlung der qualifizierten clause de rachat auch keine Systemwidrigkeit darstellt. So ist gem. Art. 832 C.civ. neuer Fassung die Sonderzuordnung landwirtschaftlicher Unternehmen sowie von Handelsunternehmen gegen Zahlung des Gegenwertes in den Nachlaß zugelassen. Nach Art. 866, 1077 C.civ. kann ein Kind auf Grund elterlicher Vereinbarung einen bestimmten Vermögenswert beim Erbfall allein erhalten unter Abfindung seiner Geschwister (sog. elterliche Vorausteilung – partage d'ascendant)[665]).

---

[659]) Esmein in D. H. 1958. J. 211; Besson in D. H. 1961. J. 700 a.E.; Bastian a.a.O.
[660]) Julliot de la Morandière-Rodière-Houin n. 405 a.E.
[661]) Cordonnier J. soc. 1961, 269; zustimmend auch Escarra et Rault n. 272.
[662]) Vgl. Ripert (-Roblot) n. 831; Esmein in D. H. 1958. II. 211; Bastian in J.C.P. (Sem. jur.) 1961. II. 12135.
[663]) Bastian in J.C.P. (Sem. jur.) 1961. II. 12135.
[664]) Bastian ebendort; Guyenot Rev. trim. dr. com. 1957, S. 52 hält allein den Gesetzgeber dazu für kompetent; vgl. auch Auteserre in S. 1961. J. 171.

e) Die Bedingungen der Wirksamkeit der qualifizierten Nachfolgeklausel im Gesellschaftsvertrag einer société en nom collectif im Zeitpunkt der Reform von 1966

Aus den bisherigen Untersuchungen läßt sich die Antwort auf die Frage, ob und unter welchen Bedingungen die qualifizierte Nachfolgeklausel im Gesellschaftsvertrag einer société en nom collectif wirksam ist, ohne weitere Schwierigkeiten ableiten. Sie stellt nämlich, da sie die Fortsetzung der Gesellschaft mit einem oder mehreren von allen Erben vorsieht, nur das Spiegelbild der qualifizierten clause de rachat bei einer s.a.r.l. (Fall GATELLIER) dar. Da die s.a.r.l. von Gesetzes wegen mit den Erben fortgesetzt wird, bedeutet die Vereinbarung dort – wie gesagt – eine Einschränkung der Fortsetzungsmöglichkeit, während sie bei der société en nom collectif die Fortsetzung erst ermöglicht und gewissermaßen die gesetzlich statuierte Abfindung der Erben einschränkt. Beide Klauseln haben ihre Grundlage in Art. 1868 C.civ. a.F., der soviel wie »allgemeines Gesellschaftsrecht« darstellt. In beiden Klauseln geht es darum, daß die Gesellschaft nicht mit allen, sondern nur mit einer Minderheit der Erben fortgesetzt werden soll. Die Bedingungen, unter denen das möglich ist, sind daher in beiden Fällen dieselben.

Auch die qualifizierte Nachfolgeklausel stellt ja der Definition nach einen pacte sur succession future dar. Ihre Wirksamkeitsbedingungen ergeben sich mithin aus der Auslegung der Art. 1868 und 1130 C.civ., wie sie sich bis zur Reform von 1966 entwickelt und gefestigt hat. Die Entscheidung des Kassationshofes im Fall GATELLIER wird durchaus in dieser Verallgemeinerung verstanden[666]).

Das bedeutet:

(1) Eine qualifizierte Nachfolgeklausel ist wirksam, wenn sie die wertmäßige Gleichbehandlung der Erben nicht beeinträchtigt. Sie muß demnach außer der Regelung der *Sondernachfolge* (dévolution particulière)[667]) zugleich den *Wertausgleich* gegenüber den nicht nachfolgeberechtigten Erben festlegen.[668]). Mit anderen Worten: eine qualifizierte Nachfolgeklausel ist nur als *qualifizierte clause de rachat* oder *»clause d'indemnisation«* gültig.

Der nachfolgeberechtigte Erbe wird also ipso iure mit dem Erbfall auf Grund seiner Rechtsnachfolge Kollektivgesellschafter. Seine Miterben muß er aber abfinden.

(2) Eine qualifizierte Nachfolgeklausel, die die nichtnachfolgeberechtigten Erben *nicht abfindet*, ist unwirksam[669]). Sie stellt einen auch nicht

---

[665]) Vgl. die Hinweise bei Esmein in D. S. 1956. II. 283; Ripert (-Roblot) n. 540–1; Besson in D. H. 1961. J. 698f.

[666]) So mehrfach ausdrücklich Bastian in J.C.P. (Sem. jur.) 1961. II. 12135.

[667]) So Bastian in J.C.P. (Sem. jur.) 1961. II. 12135.

[668]) Dasselbe gilt hinsichtlich der Pflichtteilsberechtigten; vgl. Ripert (-Roblot) n. 756.

[669]) Unrichtig Rokas, S. 108.

durch Art. 1868 C.civ. geheilten, sondern nach Art. 1130 C.civ. verbotenen pacte sur succession future dar.

f) Der Reformentwurf zum Gesellschaftsrecht

Eine bereits im Jahre 1947 eingesetzte Kommission zur Reform des Gesellschaftsrechts befaßte sich ebenfalls mit dem Problem der qualifizierten Nachfolge. Am 14. Februar 1958 wurde in der Kommission folgender Textvorschlag für eine entsprechende Regelung angenommen:[670])

»Il peut être . . . stipulé par dérogation aux dispositions de l'article 1130 du Code civil que la société continuera, soit avec le conjoint, soit avec un ou quelques-uns des héritiers ou successeurs, ceux-ci étant déterminés par les statuts, soit, si ces derniers le permettent, par une disposition à cause de mort. En ce cas, les bénéficiaires de la clause devront récompense aux héritiers ou successeurs de l'associé décédé, réservataires ou non, s'ils ne peuvent être allotis de leurs droits successoraux sur les autres biens de la succession.«

Zu deutsch:

»In Abweichung von Art. 1130 C. civ. kann . . . vereinbart werden, daß die Gesellschaft, sei es mit dem Ehegatten, sei es mit einem oder einigen Erben oder Rechtsnachfolgern, fortgesetzt werden soll; diese können durch den Gesellschaftsvertrag oder, wenn es der Gesellschaftsvertrag zuläßt, durch eine letztwillige Verfügung bestimmt werden. In diesem Fall müssen die von der Klausel Begünstigten die Erben oder Rechtsnachfolger des verstorbenen Gesellschafters abfinden, gleichgültig, ob sie Pflichtteilsberechtigte sind oder nicht, sofern ihre Erbanteile nicht aus dem übrigen Nachlaß befriedigt werden können.«

V. Die Neuregelung durch die Reform vom 24. Juli 1966

Im Jahre 1966 ist die Reform des Gesellschaftsrechts verwirklicht worden. Dabei sind die Nachfolgeprobleme durch eine Neufassung des Art. 1868 C.civ. gelöst worden. Art. 2 des Gesetzes Nr. 66–538 vom 24. Juli 1966[671]) lautet:

»L'article 1868 du code civil est remplacé par les dispositions suivantes:

Art. 1868. – S'il a été stipulé qu'en cas de mort de l'un des associés, la société continuerait avec son héritier ou seulement avec les associés survivants, ces dispositions seront suivies, sauf à prévoir que pour devenir associé, l'héritier devra être agréé par la société.

Il en sera de même s'il a été stipulé que la société continuerait, soit avec le conjoint survivant, soit avec un ou plusieurs des héritiers, soit avec toute autre personne désignée par l'acte de société ou, si cet acte l'autorise, par disposition testamentaire.

Lorsque la société continue avec les associés survivants, l'héritier est seulement créancier de la société et n'a droit qu'à la valeur des droits sociaux de son auteur. L'héritier a pareillement droits à cette valeur s'il a été stipulé que pour devenir associé, il devrait être agréé par la société et si cet agrément lui a été refusé.

---

[670]) Travaux de la commission de réforme du code de commerce et du droit des sociétés, Bd. VII, S. 339; zitiert auch bei Cordonnier J. soc. 1961, 267f.

[671]) J. O. 26. 7. 1966, p. 6441; D. S. 1966 Législation 293.

Lorsque la société continue dans les conditions prévues à l'alinéa 2 ci-dessus, les bénéficiaires de la stipulation sont redevables à la succession de la valeur des droits sociaux qui leur sont attribués.
Dans tous les cas prévus au présent article, la valeur des droits sociaux est déterminée au jour du décès par un expert ...«
Zu deutsch:
»Artikel 1868 des Code civil wird durch die folgenden Bestimmungen ersetzt:
Art. 1868. – Ist vereinbart worden, daß die Gesellschaft im Falle des Todes eines Gesellschafters mit dem Erben oder auch nur unter den überlebenden Gesellschaftern fortgesetzt wird, so ist diese Vereinbarung verbindlich, es sei denn es ist vorgesehen, daß der Erbe von der Gesellschaft aufgenommen werden muß, um Gesellschafter zu werden.
Dasselbe gilt, wenn vereinbart worden ist, daß die Gesellschaft fortbesteht mit dem überlebenden Ehegatten, mit einem oder mehreren Erben, oder auch einer ganz anderen Person, die im Gesellschaftsvertrag oder, falls dieser es zuläßt, durch eine testamentarische Anordnung bestimmt ist.
Sofern die Gesellschaft unter den überlebenden Gesellschaftern fortgesetzt wird, ist der Erbe nur Gläubiger der Gesellschaft und hat lediglich einen Anspruch auf den Wert der Gesellschafterrechte des Erblassers. Diesen Wert kann der Erbe auch dann verlangen, wenn vereinbart worden ist, daß er, um Gesellschafter zu werden, durch die Gesellschaft aufgenommen werden muß und diese Aufnahme ihm gegenüber abgelehnt worden ist.
Sofern die Gesellschaft gemäß den Bestimmungen des obigen Absatzes 2 fortgesetzt wird, sind die durch die Vereinbarung Begünstigten in Höhe des Wertes der ihnen zugeordneten Gesellschafterrechte dem Nachlaß verpflichtet.
In allen Fällen, die in diesem Artikel vorgesehen sind, wird der Wert der Gesellschafterrechte auf den Tag des Todes durch einen Sachverständigen bestimmt ...«

Diese neue Fassung des Art. 1868 C.civ. übernimmt also in Abs. 1 zunächst einmal die bisherige Regelung.

Der Zusatz *»sauf à prévoir que pour devenir associé, l'héritier devra être agréé par la société«* darf nicht zu der Annahme verleiten, die Zustimmung der Gesellschafter sei nunmehr eine weitere Voraussetzung für die erbrechtliche Nachfolge in die Mitgliedschaft. Vielmehr ist gerade nicht der Fall der Nachfolgeklausel, sondern der der Eintrittsklausel gemeint. Es handelt sich der Sache nach nur um eine Klarstellung, die in der Regierungsvorlage und in der von der Nationalversammlung in erster Lesung verabschiedeten Fassung des Gesetzes noch gar nicht enthalten war. Erst der Senat schlug auf Grund des Berichtes des Senators MOLLE[672]) vor, folgenden Absatz in die Neufassung des Art. 1868 C.civ. aufzunehmen, dessen Fassung noch deutlicher erkennen läßt, daß es um die Eintrittsklausel geht:

»Il peut aussi être stipulé que, pour devenir associé, l'héritier doit être agréé par la société. A défaut d'agrément, il a droit à la valeur de la part sociale de son auteur ...«

In den folgenden Absätzen des Art. 1868 C.civ. schließt sich dann die Regelung der bisher problematischen Nachfolgefälle an. Diese neuen Regelungen, insbesondere auch hinsichtlich der qualifizierten Nachfolgeklausel, sind nichts anderes als die Kodifizierung der oben dargestellten Ergebnisse, die bereits de lege lata von der Rechtsprechung und Literatur entwickelt worden sind. Entscheidungen und Schrifttum zur alten Fassung des Art. 1868 C.civ. behalten daher, soweit sie zu diesen Ergebnissen hingeführt

---

[672]) J. O. (Sénat) Annexe No. 89 (1965/66).

haben, weiterhin Bedeutung für das dogmatische Verständnis der Neuregelung. Sie bleiben ferner von großem Wert für einen Vergleich mit dem deutschen Recht[673]).

B. Italien

I. Die der OHG entsprechende italienische Gesellschaftsform: die società in nome collettivo

Auch das italienische Recht kennt eine Kollektivgesellschaft, die »società in nome collettivo«. Sie ist in Art. 2291 Cod.civ. von 1942 folgendermaßen definiert:

»Nella società in nome collettivo tutti i soci rispondono solidalmente e illimitatamente per le obbligazioni sociali.«
(Bei der società in nome collettivo haften sämtliche Gesellschafter als Gesamtschuldner und unbeschränkt für die Verbindlichkeiten der Gesellschaft).

Hinzuzulesen ist Art. 2292 Cod.civ., der bestimmt:

»La società in nome collettivo agisce sotto una ragione sociale ...« (Die società in nome collettivo handelt unter einer Gesellschaftsfirma).

Aus diesen Merkmalen ergibt sich, daß sich società in nome collettivo und offene Handelsgesellschaft entsprechen.

Hinsichtlich der Rechtsgrundlagen enthält Art. 2293 Cod.civ. folgende Regelung:

»La società in nome collettivo è regolata dalle norme di questo capo, in quanto queste non dispongano, dalle norme del capo precedente.«
(Die società in nome collettivo findet ihre Regelung in den Vorschriften dieses Kapitels und, soweit diese nichts bestimmen, in den Vorschriften des vorhergehenden Kapitels).

Das bedeutet: die Vorschriften über die einfache Gesellschaft finden subsidiäre Anwendung auf die società in nome collettivo.

II. Auswirkung des Todes eines Gesellschafters auf den Bestand der Gesellschaft nach dem Gesetz

Die Auswirkung des Todes eines Gesellschafters auf das Gesellschaftsverhältnis ist in Art. 2284 Cod.civ. geregelt, der gem. Art. 2293 Cod.civ. auch auf die società in nome collettivo Anwendung findet:

»Salvo contraria disposizione del contratto sociale in caso di morte di uno dei soci, gli altri devono liquidare la quota agli eredi, a meno che preferiscano sciogliere la società, ovvero continuarla con gli eredi stessi e questi vi acconsentano«.
(Unbeschadet gegenteiliger Bestimmung des Gesellschaftsvertrages müssen beim

---

673) S. unten 3. Teil.

Tode eines Gesellschafters die übrigen Gesellschafter dessen Anteil den Erben auszahlen, sofern sie es nicht vorziehen, die Gesellschaft aufzulösen oder sie mit den Erben selbst fortzusetzen und sofern diese damit einverstanden sind).

Das Gesetz sieht also drei Möglichkeiten vor, aber die einzige, die keine weitere Einigung erfordert, ist die Auflösung der Mitgliedschaft des verstorbenen Gesellschafters und *Fortsetzung der Gesellschaft unter den überlebenden Gesellschaftern*, nicht dagegen Auflösung der ganzen Gesellschaft. Diese Alternative ist daher als der gesetzliche Normalfall anzusehen und wird auch so verstanden[674]). Eine nähere Regelung dieses Falles enthält Art. 2289 Cod. civ.:

»Nei casi in cui il rapporto sociale si scioglie limitatamente a un socio, questi o i suoi eredi hanno diritto soltanto ad una somma di danaro che rappresenti il valore della quota«.
(In den Fällen, in denen das Gesellschaftsverhältnis mit Beschränkung auf einen einzelnen Gesellschafter gelöst wird, steht diesem oder seinen Erben nur ein dem Wert seines Anteils entsprechender Geldbetrag zu).

Daß die Gesellschaft durch den Tod eines Gesellschafters nicht aufgelöst wird, ergibt sich auch daraus, daß Art. 2272 Cod. civ., der gem. Art. 2308 Cod. civ. auch im Rahmen der società in nome collettivo gilt, den Tod nicht als Auflösungsgrund nennt.

III. Vererbung der Mitgliedschaft

1. Vererblichkeit der Mitgliedschaft beim Vorliegen einer gesellschaftsvertraglichen Nachfolgeklausel

Zunächst ist festzustellen, daß die Fortsetzung der Gesellschaft mit den Erben, die Art. 2284 Cod. civ. meint, nicht etwa in der Vererbung der Mitgliedschaft ihren Grund hat, sondern in einer entsprechenden Vereinbarung zwischen den Erben und den überlebenden Gesellschaftern. Es handelt sich also um einen nachträglichen *Eintritt*, bei dem die Erben dann – genau wie im deutschen Recht – ihren Abschichtungsanspruch wieder in die Gesellschaft einbringen[675]). Das Gesetz läßt aber mit den Worten »salvo contraria disposizione del contratto sociale« eine andere Regelung im Gesellschaftsvertrag zu. Art. 2284 Cod. civ. ist also dispositiv[676]).

Im Rahmen dieser Untersuchung stellt sich die Frage, ob Art. 2284 Cod. civ. auch in dem Sinne dispositiv ist, daß die Vererbung des Gesellschaftsanteils vereinbart werden kann. Brunetti führt als eine von insgesamt fünf Alternativen hinsichtlich des Schicksals der Gesellschaft beim Tode eines Gesellschafters die folgende auf: der Gesellschaftsvertrag könne vorsehen, daß die Gesellschaft mit den Erben des verstorbenen Gesellschafters fort-

---

[674]) Vgl. Brunetti, S. 396; Graziani, S. 99.
[675]) Brunetti, S. 401.
[676]) Graziani, S. 99.

gesetzt werden solle[677]). Eine solche Fortsetzungsvereinbarung kann drei verschiedene Wirkungen haben. Es sind folgende Vereinbarungen zu unterscheiden[678]):

(1) Eine Klausel, die den automatischen Übergang des Gesellschaftsanteils *mortis causa* vorsieht: der Erbe wird Mitgesellschafter (sog. *clausola di successione*).
(2) Eine Klausel, die für den Erben ein Recht *und* eine Pflicht begründet, in die Gesellschaft einzutreten (sog. *clausola di continuazione obbligatoria*).
(3) Eine Klausel, die dem Erben das Recht – *nicht* auch die Pflicht – gibt, in die Gesellschaft einzutreten (sog. *clausola di continuazione facoltativa*).

Die zuletzt genannte Vereinbarung ist lediglich eine Vorwegnahme der in Art. 2284 Cod. civ. vorgesehenen Möglichkeit. Aber auch bei der unter (2) aufgeführten Alternative handelt es sich nur um eine Eintrittsklausel, wenngleich auffällt, daß nach italienischem Recht für den Erben eine Eintritts*pflicht* begründet werden kann. Zwar ist die Wirksamkeit einer solchen Klausel bestritten, aber Rechtsprechung und überwiegende Lehre erkennen sie an[679]). Nur die »clausola di successione« (1) stellt eine echte Nachfolgeklausel dar, da sie den automatischen Übergang des Gesellschaftsanteils auf den Erben mortis causa, also iure hereditario bewirkt.

Die Wirksamkeit einer solchen Nachfolgeklausel, d. h. die Vererblichkeit des Gesellschaftsanteils, ist in Italien allerdings noch nicht völlig unumstritten. Die Frage wird auch hier zum Teil unter dem Gesichtspunkt der Verpflichtbarkeit des Erben zur Fortsetzung behandelt und dann verneint[680]). GRAZIANI widerlegt die Bedenken, indem er vom Erbrecht her argumentiert: Der Erbe sei Gesamtrechtsnachfolger hinsichtlich aller übertragbaren Rechte. Die Übertragbarkeit und Unübertragbarkeit sei eine Qualität der Mitgliedschaft, auf die der Erbe in keiner Weise Einfluß habe. Gebe man zu, daß der Gesellschaftsvertrag die Mitgliedschaft übertragbar und vererblich machen und der Erbe infolgedessen in die Qualität eines Gesellschafters auf Grund seines Erbrechts sukzedieren *könne*, so *müsse* er es auch, wenn ihm nicht ausdrücklich ein Wahlrecht vorbehalten sei[681]). Zwar wird die Vererbbarkeit eines Gesellschaftsanteils gelegentlich noch immer unter Berufung auf den intuitus personae verneint[682]). Die ganz überwiegende Auffassung geht aber heute dahin, daß die Mitgliedschaft durch eine Nachfolgeklausel ihres persönlichen Charakters entkleidet und dadurch dem Erbrecht unterstellt werden kann[683]). Daraus ergibt sich dann aber in

---

677) Brunetti, S. 396 unter Ziff. 1; die übrigen Alternativen außer dem gesetzlichen Normalfall sind: Vereinbarung der Auflösung der Gesellschaft in einer gesellschaftsvertraglichen Klausel, nachträglicher Auflösungsbeschluß sowie nachträgliche Fortsetzungsvereinbarung mit den Erben: im letzten Fall handelt es sich um den eben besprochenen Eintritt der Erben.
678) Nach Graziani, S. 100; vgl. auch Auletta Riv. trim. dir. proc. civ. 1951, S. 895.
679) So Graziani, S. 100; dagegen z. B. Rocco a. a. O., S. 225 ff.
680) So wohl Ferri, s. Graziani, S. 101 Fußn. 8.
681) Graziani, S. 101.
682) So etwa Candian, Giur. it. 1950, IV, Sp. 38 ff. unter VI.
683) Rocco a. a. O., S. 256; Brunetti, S. 400; prinzipiell zustimmend auch Auletta Riv. trim. dir. proc. civ. 1951, S. 916 f.

der Tat, daß die Mitgliedschaftspflichten als Nachlaßbestandteile automatisch den Erben treffen. Mit dem Erwerb des Nachlasses wird der Erbe also Gesellschafter. Eine besondere Erklärung ist nicht erforderlich[684]).

Läßt sich mithin als Ergebnis festhalten, daß auch nach italienischem Recht der Gesellschaftsanteil vererblich und damit eine echte Nachfolgeklausel im Gesellschaftsvertrag wirksam ist, so bleibt noch einschränkend zu bemerken, daß die Geschäftsführungsbefugnis dann nicht mit vererbt wird, wenn der Erblasser sie auf Grund besonderer persönlicher Eigenschaften innehatte[685]). Grundsätzlich geht also die Mitgliedschaft als Ganzes über.

Die Nachfolgeklausel muß nicht schriftlich sein, sondern kann sich aus dem Zweck der Gesellschaft ergeben[686]).

2. Der Erwerb der Erbschaft im italienischen Recht

Der Erbfall hat im italienischen Recht nicht den unmittelbaren Rechtserwerb durch den Erben zur Folge, sondern bedeutet gem. Art. 456, 457 Cod. civ. nur Anfall der Erbfolge (delazione), d.h. der Erbe hat das Recht, die Erbschaft anzunehmen. Erst mit der Erklärung der Annahme der Erbschaft erwirbt der Erbe den Nachlaß. Zwar wirkt gem. Art. 459 Cod. civ. die Annahme auf den Erbfall zurück, aber solange sie nicht erfolgt ist, ist die Erbschaft ohne Rechtsträger, d.h. sie stellt einen »ruhenden Nachlaß« (hereditas iacens) dar (Art. 470 Cod. civ.). Dieser wird regelmäßig durch den Berufenen, sonst durch einen Pfleger verwaltet[687]).

Die Nachfolge in den Gesellschaftsanteil wird daher ähnlich wie im österreichischen Recht zu denken sein: bis zur Annahme ist gewissermaßen der Nachlaß selbst Gesellschafter, erst mit der Annahme wird es der Erbe. Dieser Punkt wird aber in der einschlägigen Literatur nicht erörtert.

IV. Fallgestaltungen

1. Nachfolgeberechtigung eines Alleinerben

Ist ein nachfolgeberechtigter Alleinerbe vorhanden, so geht mit der Annahme der Erbschaft auch der Gesellschaftsanteil auf ihn über. Einer besonderen Erklärung bedarf es dazu nicht[688]). Will der Erbe sich der Verpflichtung, die Gesellschaft mit den überlebenden Gesellschaftern fortzusetzen, entziehen, so bleibt ihm nur die Möglichkeit, die Erbschaft auszuschlagen[689]).

---

684) Abw. Vaselli in einer Anmerkung zum Urteil des C. Cass. vom 26. 3. 1947 in Giur. it. 1948, I, 1, Sp. 74; damit wird die Vererbung genau genommen abgelehnt.
685) Rocco a.a.O., S. 300; das ist h.M., vgl. Auletta Riv. trim. dir. proc. civ. 1951, S. 909.
686) Graziani, S. 99 Fußn. 2; Rocco a.a.O., S. 246.
687) Vgl. Ferid-Firsching, Italien Grdz. D I Rdnr. 22, G II Rdnr. 196, G III Rdnr. 199.
688) Abw. Vaselli, vgl. oben N. 684.
689) Brunetti, S. 396.

Heftig umstritten ist die Frage, ob der Erbe auch dann Gesellschafter der società in nome collettivo wird, wenn er unter Vorbehalt der Inventarerrichtung (beneficio dell'inventario) die Erbschaft annimmt, d.h. unter Haftungsbeschränkung[690]). Verneint man das, so könnte sich der Erbe auf diese Weise der Fortsetzung der Gesellschaft entziehen[691]).

Ein minderjähriger Erbe[692]) kann, obwohl gem. Art. 471 Cod.civ. er nur unter Vorbehalt der Inventarerrichtung die Erbschaft annehmen kann, Gesellschafter werden. In diesem Falle sind aber zur Annahme der Erbschaft durch den Vater als Vertreter (Art. 320 I, 321 Cod.civ.) noch verschiedene gerichtliche Ermächtigungen und Registereintragungen erforderlich[693]). Art. 2294 Cod.civ. schreibt ferner die Beachtung verschiedener Vorschriften aus dem Vormundschaftsrecht vor, die den Minderjährigen schützen[694]).

Im übrigen hindert es die Nachfolge des Erben in die Gesellschafterstellung nicht, wenn er etwaige dem Erblasser obliegende Leistungen zu erbringen für seine Person nicht in der Lage ist[695]).

Die Frage, ob der Staat Gesellschafter werden kann, wird nicht erörtert.

2. Nachfolgeberechtigung mehrerer Erben

Mehrere Erben bilden eine Gemeinschaft, die »communione ereditaria«. Sie ist den allgemeinen Vorschriften über die Bruchteilsgemeinschaft (Art. 1100–1116 Cod.civ.) unterstellt, soweit es nicht um die speziell geregelte Auflösung geht. Nach Art. 1103 Cod.civ. ist jeder Erbe zur Verfügung über seine Quote berechtigt. Die Verwaltung dagegen erfolgt gemeinsam. Dazu bestimmt Art. 1105 II Cod.civ.:

> »Zu den gewöhnlichen Verwaltungshandlungen sind die Beschlüsse der Mehrheit der Teilhaber, berechnet nach dem Wert ihrer Anteile, für die nicht zustimmende Minderheit verbindlich.«

Obwohl also auf diese Weise eine Minderheit ihres Einflusses auf die Geschäfte der Gesellschaft beraubt werden kann, wird angenommen, daß der Gesellschaftsanteil Gegenstand der Erbengemeinschaft wird, da er auf

---

690) Vgl. Brunetti, S. 396; Graziani, S. 102, eingehend Auletta Riv. trim. dir. proc. civ. 1951, S. 917ff.

691) So ausdrücklich Auletta a.a.O., S. 922f.

692) minderjährig ist gem. Art. 2 Cod. civ., wer noch nicht das 21. Lebensjahr vollendet hat.

693) Im einzelnen: Genehmigung des Vormundschaftsgerichts (Art. 471 i.V.m. Art. 374 Ziff. 3 Cod. civ.), Errichtung einer öffentlichen Urkunde (Art. 484 I Cod. civ.), Eintragung in ein Erbschaftsregister (Art. 484 I Cod. civ.), Eintragung in das Grundpfandregister (Art. 484 II Cod. civ.), Errichtung eines den prozessualen Vorschriften entsprechenden Inventars (Art. 769ff. Cod. proc.).

694) Es sind dies: Art. 320 I, 321 Cod. civ. (Vertretung des Minderjährigen durch den Vater), Art. 320 IV Cod. civ. (Entscheidung des Vormundschaftsgerichts über die Zweckmäßigkeit der Fortführung eines Handelsgeschäfts sowie Ermächtigung durch das Landgericht) und Art. 397 Cod. civ. (betr. einen aus der väterlichen Gewalt entlassenen Minderjährigen).

695) C. Cass Urteil vom 26. 3. 1947 in Giur. it. 1948, I, 1, 74.

Grund der Nachfolgeklausel zum Nachlaß gehört[696]). Die darin enthaltene Problematik wird nicht erörtert. Man kann daher feststellen, daß nach italienischem Recht jeder der Erben mit der Annahme der Erbschaft Gesellschafter wird, weil die einzelnen Erben Zuordnungssubjekte für die Mitgliedschaft sind und die Teilung des Nachlasses nur deklatarorische Bedeutung hat. Die Verwaltung dagegen erfolgt bis zur Teilung gemeinsam, d.h. genau genommen durch die Mehrheit der Erben[697]).

Sollten die Gesellschafterrechte mehrerer Erben auf Grund der gesellschaftsvertraglichen Nachfolgeklausel durch einen gemeinsamen Vertreter ausgeübt werden, so schließt das nicht aus, daß alle Erben Gesellschafter werden[698]).

3. Nachfolgeberechtigung eines von mehreren Erben (qualifizierte Nachfolgeklausel)

Qualifizierte Nachfolgeklauseln kommen auch in Italien nicht selten in Gesellschaftsverträgen vor[699]). Dennoch sind die Äußerungen über ihre Wirksamkeit in Rechtsprechung und Literatur spärlich[700]). Ob eine solche Vereinbarung die Wirkung haben kann, daß die Mitgliedschaft nur auf den Nachfolger unter Ausschluß der übrigen *vererbt*, d.h. iure hereditario übergehen kann, ist nicht ganz eindeutig zu erkennen. Rocco nimmt lediglich ein Eintrittsrecht an[701]). Nach GRAZIANI aber sind alle Erben an eine vom Erblasser frei vereinbarte Fortsetzungsklausel gebunden, und zwar auch dann, wenn sie die Mitgliedschaft nur für einen von ihnen vererblich macht. Tragende Begründung für die Wirksamkeit der qualifizierten Nachfolgeklausel ist hier also das Prinzip der Vertragsfreiheit (Art. 2284 Cod.civ.). Auch das Tribunale di Bari ist offenbar in einer Entscheidung aus dem Jahre 1959 von der Wirksamkeit dieser Vereinbarung ausgegangen[702]).

Auch im italienischen Recht stellt sich aber sogleich das *Problem des Wertausgleichs*. GRAZIANI stellt die Frage, was geschehen solle, wenn der Gesellschaftsanteil die ganze Hinterlassenschaft ausmacht oder wenn durch die erbrechtliche Sonderzuordnung in die Pflichtteilsrechte eingegriffen

---

696) Rocco a.a.O., S. 295ff.; abw. Candian Giur. it. 1950, IV, Sp. 40ff. unter VII, weil er die Vererblichkeit überhaupt ablehnt; Candian kommt zur Einzelnachfolge, weil er annimmt, daß jedem einzelnen Erben ein Eintrittsrecht (!) zustehe.

697) Rocco a.a.O., S. 297f. räumt ein, daß z.B. der Anspruch auf Gewinn anteilsmäßig von jedem Erben selbständig geltend gemacht werden könne, aber Beschlüsse, die die gemeinsame Sache – also die Mitgliedschaft – betreffen, müßten in jedem Fall gemeinsam gefaßt werden.

698) Graziani, S. 101 Fußn. 13; Brunetti, S. 401 Fußn. 139; Rocco a.a.O., S. 299.

699) Vgl. die Bemerkung bei Graziani, S. 102.

700) allerdings kann man nicht – wie Ferid, Festschr. Hueck, S. 371 – von einem »Schweigen der Literatur« sprechen.

701) Rocco a.a.O., S. 261; vgl. auch die Anmerkung zum Urteil des C. Cass vom 17. 3. 1951 in Riv. dir. com. 1951, II, 216ff.

702) Urteil vom 29. 5. 1959 in Foro it. 1960, I, 160 mit Anm. von Biondi; s. insbes. Leitsatz Nr. 7.

wird. In diesem Fall könnten die Gesellschafter nicht verpflichtet sein, nun etwa alle Erben in die Gesellschaft aufzunehmen. Andererseits dürften aber auch die Pflichtteilsrechte der übrigen Erben nicht geopfert werden. GRAZIANI schlägt daher in diesem Fall vor, die qualifizierte Nachfolgeklausel in eine Eintrittsklausel (patto di continuazione facoltativa) umzudeuten. Der Nachfolgeberechtigte habe dann die Wahl. Wenn er Gesellschafter werden wolle, habe er die Miterben abzufinden. Diese hätten einen Ausgleichsanspruch gegenüber dem Nachfolger in den Gesellschaftsanteil[703]). Aus dieser Argumentation kann der Schluß gezogen werden, daß die Mitgliedschaft auf Grund einer qualifizierten Nachfolgeklausel nur dann zugunsten eines von mehreren Erben vererblich ist, wenn der übrige Nachlaß zur Befriedigung der nicht nachfolgeberechtigten Miterben ausreicht. Auch hier begegnet man also dem Gedanken, daß die nicht nachfolgeberechtigten Miterben durch die qualifizierte Nachfolgeklausel zumindest wertmäßig nicht benachteiligt werden dürfen.

Ein Konflikt der qualifizierten Nachfolgeklausel mit dem auch im italienischen Recht verbotenen Erbvertrag (patto successorio)[704]) könnte sich aus Art. 458 Cod. civ. ergeben, der bestimmt:

> »È nulla ogni convenzione con cui taluno dispone della propria successione. È del pari nullo ogni atto col quale taluno dispone dei diritti che gli possono spettare su una successione non ancora aperta, o rinunzia ai medesimi.«
> (Vereinbarungen, durch die jemand über die eigene Erbfolge verfügt, sind nichtig. Nichtig sind auch Rechtsgeschäfte, durch die jemand über Rechte verfügt oder auf Rechte verzichtet, die ihm an einer noch nicht angefallenen Erbschaft zustehen können).

Dies entspricht ganz dem Verbot des pacte sur succession future im französischen Recht. Der angedeutete Konflikt wird aber – soweit ersichtlich – nicht erörtert[705]).

---

[703]) Graziani, S. 103.

[704]) Vgl. Ferid-Firsching, Italien Grdz. F I 1, Rdnr. 75.

[705]) Der C. Cass. hat in dem Urteil vom 17. 3. 1951 in Riv. dir. com. 1951, II, 216ff. lediglich entschieden, daß eine Fortsetzungsvereinbarung, die eine Anwachsung zugunsten der überlebenden Gesellschafter zur Folge hat, jedenfalls *keinen* patto successorio darstelle.

3. Abschnitt

Anglo-Amerikanischer Rechtskreis

Vorbemerkung

Der historische Aufbau des anglo-amerikanischen Rechts (»common law« i. w. S.) im Gegensatz zum systematischen Aufbau der kontinentaleuropäischen Rechte (»civil law«) hat zur Folge, daß die Begriffswelt beider Rechtssysteme von Grund auf verschieden sind, so daß selbst gleichlautende termini i. d. R. nicht dasselbe bedeuten. Um zu einem gültigen Vergleich zu kommen, bedarf es daher zunächst einmal einer sorgfältigen Analyse von Funktion, Ordnungsziel und näherer Ausgestaltung des in Betracht gezogenen Rechtsinstituts[706]).

Aber auch die Bedeutung der Rechtsquellen ist grundverschieden. Bei anglo-amerikanischen Kodifikationen, den »statutes«, handelt es sich meist nur um Aufzeichnungen von längst geltendem common law. Dies wiederum hat zur Folge, daß Entscheidungen, die vor einer Kodifikation ergangen sind, ihre Gültigkeit behalten; denn common law bleibt immer subsidiär anwendbar, sofern es nicht im Einzelfall durch das Gesetz erkennbar derogiert wird. Obwohl das Ausmaß des kodifizierten Rechts insbesondere in den USA ständig wächst, findet sich demnach noch heute der ganz überwiegende Teil des Rechts in den Gerichtsentscheidungen. Im übrigen bedarf es einer differenzierten Betrachtung des englischen und amerikanischen Rechts, wenn anders man nicht zu voreiligen Verallgemeinerungen und damit Ungenauigkeiten kommen will.

A. England

I. Die der deutschen OHG entsprechende englische Gesellschaftsform: die partnership

Geht man davon aus, daß das Hauptmerkmal einer OHG die persönliche Haftung der Gesellschafter ist, so bieten sich im englischen Recht zwei Formen einer Personenvereinigung zum Vergleich an: die »unlimited com-

---

[706]) Esser, S. 349, spricht vom »Gesetz der funktionalen Äquivalenz«. Das bedeutet: »in gleichen Ordnungsaufgaben unter vergleichbaren gesellschaftlichen Zuständen die Gemeinsamkeit von Lösungen zu entdecken, die je von ihrer Entstehungsgeschichte her in ihrer Systembedingtheit dem gleichen Ordnungsziel dienen.«

pany« und die »partnership«. Die unlimited company ist nicht etwa deshalb zum Vergleich ungeeignet, weil sie eine eigene Rechtspersönlichkeit hat. Das Attribut der Rechtspersönlichkeit läßt im englischen Recht die Haftungsfrage unberührt[707]). Auch die partnership ist teilweise Rechtsperson, so in Schottland. Aber auch sonst ist man sich nicht ganz einig, ob die partnership als »legal entity« bzw. »legal person« anzusehen ist oder nicht. Ein anderes Merkmal läßt aber die unlimited company für einen Vergleich mit der deutschen OHG ungeeignet erscheinen: sie hat ein in Aktien zerlegtes Grundkapital. Dies bedeutet, daß der Gesellschafterwechsel keinen Beschränkungen unterliegt. Es fehlt mithin das persönliche Band unter den Gesellschaftern, das für die OHG als Personengesellschaft im deutschen Recht gerade so charakteristisch ist[708]). Ob andererseits die partnership der OHG entspricht, läßt sich nicht einheitlich beantworten. Es kommt darauf an, unter welchem Gesichtspunkt man einen Vergleich anstellt. Das wird deutlich, wenn man sich die einzelnen Merkmale der partnership vor Augen hält.

Das Recht der partnership ist in England seit 1890 in der PARTNERSHIP ACT (P.A. 1890)[709]) kodifiziert. Ihr Geltungsbereich erstreckt sich auf England, Wales, Schottland und Nordirland[710]). Die P.A. 1890 enthält in sec. 1 (1) folgende Legaldefinition:

> »Partnership is the relation which subsists between persons carrying on a business in common with a view of profit.«

LINDLEY stellt danach drei Hauptmerkmale (»essential elements«) heraus[711]):

1. *»business«:*
Sec. 45 P. A. 1890 erläutert diesen Begriff folgendermaßen: »The expression »business« includes every trade, occupation or profession«. Es ist also jede Tätigkeit oder Beschäftigung, insbesondere jeder Handel gemeint. Es kann sich dabei auch um ein nur einmaliges Tätigwerden handeln[712]).
2. *Personenmehrheit* (»two or more persons carrying on the business«):
Allerdings ist die Mitgliederzahl in England beschränkt auf 20, bei Bank-partnerships auf 10 [713]).
3. *Gewinnabsicht* (»view of profit«).

POLLOCK will diesen drei »essentials« noch ein viertes hinzufügen: die *Gewinnverteilung* unter den Gesellschaftern (the agreement among the members of the partnership to share the profits)[714]). LINDLEY hält dies nicht für ein konstitutives Merkmal, sondern für die regelmäßige Folge des Zusammenschlusses zu einer partnership[715]). Das leuchtet ein, wenn man berücksichtigt, daß nach sec. 2 (b) P.A. 1890 die Gewinnverteilungsabrede noch nicht auf eine partnership schließen läßt und daß gem. sec. 2 (c) P.A. 1890

---

707) Baumann, S. 18.
708) Vgl. Baumann ebendort.
709) Lindley, S. 865 ff. (Appendix 1).
710) Sinner, S. 5.
711) Lindley, S. 11 ff.
712) Lindley, S. 11 Fußn. 2; Re Abenheim 109 L.T. 219.
713) Das ergibt sich aus § 434 und § 429 der COMPANIES ACT von 1948.
714) Pollock, S. 19 ff.; vor der P. A. 1890 war das ganz üblich, vgl. Lindley, S. 14.
715) Lindley, S. 14.

die Teilnahme am Gewinn nur den ersten Anschein für eine partnership begründet.

Es fällt auf, daß die *unbeschränkte Haftung* der Gesellschafter nicht als ein wesentliches Merkmal der partnership angesehen wird. Sie besteht zwar und ist in sec. 12 P. A. 1890 auch geregelt:

> »Every partner is liable jointly with his copartners and also severally for everything for which the firm while he is a partner therein becomes liable . . .«[716]).

Es besteht also das, was man persönliche und gesamtschuldnerische Haftung nennen kann. LINDLEY stellt sie denn auch als ein Charakteristikum der gewöhnlichen partnership im Gegensatz zur »limited partnership« heraus[717]). Sie wird aber als Akzidenz und nicht als Konstituens aufgefaßt.

Aus den aufgezählten »essential elements«, insbesondere aus der Tatsache, daß Gegenstand der partnership *jede* Tätigkeit sein kann, läßt sich der Schluß ziehen, daß die partnership im englischen Recht die Funktion erfüllt, die im deutschen Recht der bürgerlichrechtlichen Gesellschaft zukommt: sie ist die *Grundform* der Personenmehrheit. Das ergibt auch ein Rückschluß aus der besonderen Behandlung der limited partnership[718]). Dieser Schluß läßt sich weiter durch einen Hinweis auf sec. 1 (2) P. A. 1890 bestärken, wonach nur solche Personenvereinigungen keine partnership darstellen, die unter ein besonderes Statut fallen (vor allem companies), oder auf Grund eines besonderen Patents (letters patent) oder einer Verleihung durch den König (Royal charter) gegründet werden. Hier wird das Regel-Ausnahme-Verhältnis ganz deutlich[719]).

Eine Beobachtung der weiteren Merkmale der partnership läßt aber auch erhebliche Ähnlichkeiten mit der OHG erkennen:

1. Jeder Partner is *vertretungsberechtigt:* » . . . each partner has an implied authority to bind the firm in all matters within the scope of the partnership business« (sec. 5 P. A. 1890).
2. Jeder Partner ist zur *Geschäftsführung* befugt: »Every partner may take part in the management of the partnership business« (sec. 24 (5) P. A. 1890).
3. *Verselbständigung des partnership-Vermögens:* Es ist – wie sich im Laufe der Untersuchung herausstellen wird – »gesamthänderisch gebunden«[720]) und kann gem. sec. 23 P. A. 1890 von den Privatgläubigern der Partner nicht in Anspruch genommen werden. In Schottland ist die partnership selbst Trägerin des Vermögens.
4. Die Partner handeln unter einer *Firma:* »Persons who have entered into partnership with one another are . . . called collectively a firm, and the name under which their business is carried on is called the firm name« (sec. 4 (1) P. A. 1890).
5. Auf Grund der ORDER 48 A der RULES OF SUPREME COURT[721]) ist die partnership ferner aktiv und passiv *prozeßfähig.*

---

[716]) Vgl. auch sec. 9 P. A. 1890.
[717]) Lindley, S. 802.
[718]) Vgl. Lindley, S. 797ff.
[719]) Interessant ist in diesem Zusammenhang auch, daß Lindley (S. 15 ff.) 19 verschiedene – auch ausländische – Definitionen anführt, die – soweit sie dem kontinentalen Recht (Deutschland, Frankreich) entnommen sind – die Definitionen der *einfachen* Gesellschaft sind (§ 705 BGB, Art. 1832 C. civ.).
[720]) Vgl. Baumann, S. 48.
[721]) Lindley, S. 879ff. (Appendix 2).

Erfüllt die partnership mithin im englischen Recht zwar die *Funktion* der einfachen Gesellschaft des kontinentalen Rechts, so ist ihre rechtliche *Ausgestaltung* jedoch derart, daß sie ohne Bedenken mit der deutschen OHG verglichen werden kann[722]).

II. Die Auswirkungen des Todes eines Partners nach dem Gesetz

1. Schicksal der partnership

Sec. 33 (1) P.A. 1890 lautet:

> »Subject to any agreement between the partners, every partnership is dissolved as regards all the partners by death . . . of any partner.«

Der Tod eines Partners hat hiernach die Auflösung nicht nur der Mitgliedschaft des Verstorbenen zur Folge, sondern er löst die partnership im ganzen, also in Beziehung auf alle Gesellschafter auf, sofern nicht im Gesellschaftsvertrag etwas anderes vereinbart worden ist[723]).

Wenn mehrere Personen eine partnership begründen, so ist ihre Absicht gewöhnlich, daß sie nur unter ihnen bestehen soll[724]). Das gegenseitige Vertrauen ist also das wesentliche Element des Zusammenschlusses. Darum ist es ein auch in sec. 24 (7) P.A. 1890 zum Ausdruck gekommenes Prinzip, daß keine Person ohne Zustimmung aller Partner in die partnership eingeführt werden kann. Insbesondere haben weder die Erben noch die personal representatives[725]) ohne weiteres ein Recht, an Stelle des Erblassers Partner zu werden[726]). Auch im englischen Recht wird also der »intuitus personae« betont, der die partnership kennzeichnet im Gegensatz zu anderen Gesellschaftsformen und der den Grund dafür darstellt, daß die partnership durch den Tod eines Partners aufgelöst wird[727]).

2. Schicksal des partnership-Vermögens, insbesondere des Kapitalanteils des verstorbenen Partners

a) Rechtsnatur der Vermögensgemeinschaft bei einer partnership

Im englischen Recht unterscheidet man drei Formen einer Vermögensgemeinschaft: die »joint tenancy« – sie deckt sich im wesentlichen, wenn auch

---

[722]) Vgl. Baumann, S. 44f.

[723]) Lindley, S. 582; so schon lange vor dem Erlaß der P. A. 1890 z.B. im Fall Pearce v. Chamberlain 2 Ves. Sen. 33 aus dem Jahr 1749 (vgl. Lindley S. 582 Fußn. 28).

[724]) Lindley, S. 582.

[725]) Vgl. dazu gleich im folgenden.

[726]) Lindley, S. 392 und 623.

[727]) Den Ausdruck »Personengesellschaft« kennt das englische Recht dagegen nicht, jedenfalls nicht im Gegensatz zum Begriff »Kapitalgesellschaft«.

nicht völlig, mit dem deutschen Institut der Gesamthandsgemeinschaft[728]); die »tenancy in common« – sie entspricht der Bruchteilsgemeinschaft; die »co-parcenary« – sie bezeichnet eine Eigentumsgemeinschaft an Grundstücken, die zu einem Nachlaß gehören[729]). Diese letzte Form kann hier außer Betracht bleiben.

Eine joint tenancy liegt vor, wenn mehrere Personen kraft ihrer Gemeinschaft die gleichen Rechte an demselben Gegenstand in der Weise innehaben, daß der einzelne nicht allein über einen Bruchteil, sondern nur zusammen mit allen anderen über das Ganze verfügen kann. Sie ist insbesondere gekennzeichnet durch die vier »unities«:

1. »unity of title«: gleicher Erwerbsgrund für alle;
2. »unity of time«: gleichzeitiger Rechtserwerb für alle;
3. »unity of possession«: gleiches Besitzrecht für alle;
4. »unity of interest«: gleicher Inhalt und Umfang des Rechts für alle[730]).

Eine tenancy in common liegt vor, wenn mehrere Rechtsinhaber ohne äußerliche Aufteilung des Gegenstandes in der Weise das Recht innehaben, daß jeder Mitinhaber über seinen bestimmten Bruchteil selbständig verfügen kann[731]).

Lindley ist der Auffassung, daß sämtliche Mitglieder einer partnership gleichermaßen am Gesellschaftsvermögen berechtigt sind[732]). Für diese Auffassung spricht auch sec. 24 (1) P.A. 1890. Er folgert daraus, daß kein Partner das Recht habe, einen Teil des Gesellschaftsvermögens sein eigen zu nennen[733]). Das spricht entschieden für die Annahme einer joint tenancy[734]).

Wenn Lindley meint, daß es nicht ganz eindeutig sei, ob es sich um eine tenancy in common oder um eine joint tenancy handelt[735]), so hat das besondere Gründe, die mit dem Institut der »survivorship« bei einer joint tenancy zusammenhängen.

b) Problem der »survivorship«

Aus der unity of interest und der unity of possession wird im englischen Recht bei einer joint tenancy die sog. survivorship abgeleitet. Das bedeutet, daß die überlebenden tenants beim Tode eines co-tenant ein Recht auf den Anteil des Vorverstorbenen haben, ein »ius accrescendi« (right of survivorship). Daher gibt es bei dieser Konzeption beim Tode des Mitberechtigten keine Lücke, die durch das Nachrücken der Erben des Verstorbenen aus-

---

728) Vgl. Sinner, S. 44.
729) Curti I, S. 96.
730) Curti I, S. 96.
731) Curti ebendort.
732) Lindley, S. 375.
733) Lindley ebendort.
734) So auch Curti II, S. 293; Baumann, S. 48.
735) Vgl. Lindley, S. 375.

gefüllt werden müßte oder auch nur könnte. Den Erben geht vielmehr der Anteil völlig verloren[736]).

Dieser Grundsatz ist aber schon früh durchbrochen worden, soweit es sich um Kaufleute handelte: »ius accrescendi inter mercatores locum non habet«. Dies ist ein Prinzip des common law, nicht nur »in equity«[737]). Es ist im 17. Jahrhundert aus dem law merchant in das common law übernommen worden[738]). Es gilt insbesondere bei der partnership. Stirbt ein Partner, so fällt sein Anteil also nicht den überlebenden Gesellschaftern an, sondern geht auf die Erben über. Was das rechtlich exakt bedeutet, ist erkennbar, wenn man die Stellung der Erben im Hinblick auf diesen Anteil betrachtet.

c) Stellung der Erben: Verhältnis zu den überlebenden Partnern

aa) Das Institut des personal representative

Im englischen Erbrecht gilt nicht der Grundsatz der Unmittelbarkeit. Es wird vielmehr ein Mittelsmann zwischengeschaltet, der »personal representative«, auf den der Nachlaß zunächst einmal übergeht. Bei der testamentarischen Erbfolge heißt er »executor«, bei der gesetzlichen »administrator«. Der Übergang des Nachlasses auf den personal representative betraf aber noch bis in jüngste Zeit nur das »personal estate« (bewegliches Vermögen)[739]), während das »real estate« (unbewegliches Vermögen)[740]) den Erben direkt anfiel. Dieser Unterschied war rechtshistorisch bedingt: seit dem 12. Jahrhundert hatte sich das Recht der Kirche am beweglichen Nachlaß und dessen Übernahme und Verwaltung durch die Bischöfe entwickelt. 1897 wurde durch die LAND TRANSFER ACT die Erbschaftsverwaltung durch einen personal representative auch auf das Immobiliarvermögen erstreckt. Den Abschluß der Entwicklung bildet die ADMINISTRATION OF ESTATES ACT von 1925 (A.E.A. 1925), wonach es keinen unmittelbaren Anfall an die Erben mehr gibt. Der gesamte Nachlaß geht mithin heute auf den personal representative über[741]). In *dieser* Hinsicht ist es daher nicht mehr von Bedeutung, wenn sec. 22 P.A. 1890 den partnership-Anteil ausdrücklich als personal estate qualifiziert.

Die personal representatives werden vom Gericht ernannt. Solange sie nicht ernannt sind, geht gem. sec. 9 A.E.A. 1925 das Vermögen auf den Nachlaßrichter über, damit keine ruhende Erbschaft entsteht. Im übrigen wirkt das Gericht in England nur bei der Bestellung und Abberufung des personal representative mit. Dieser hat gegenüber dem Gericht in der Erfüllung seiner Aufgaben eine völlig freie Stellung. Es handelt sich also nicht

---

736) Vgl. Curti I, S. 97.
737) Lindley, S. 376; vgl. auch Ferid, Festschr. Hueck, S. 359 Fußn. 70.
738) Drake, 15 Michigan L.R. 619; ganz deutlich spätestens im Fall Jefferey v. Small 1 Vern. Chanc. 217 (1683).
739) Ungenau, aber im Kern richtig, vgl. Ferid-Firsching, USA Grdz. B II, Rdnr. 7.
740) Wie N. 739.
741) Von Caemmerer DFG 1936, S. 121f.

eigentlich um ein gerichtliches Nachlaßverfahren[742]). Aufgabe der personal representatives ist es, den Nachlaß als Treuhänder abzuwickeln, die Schulden zu bezahlen und – soweit erforderlich – die Nachlaßgegenstände zu verwerten. Was nach Zahlung der Schulden übrig bleibt (residuary estate) wird gem. Testament oder Gesetz (d.h. den »rules of distribution« in sec. 46ff. A.E.A. 1925) an die Vermächtnisnehmer bzw. Erben (»distributees«) verteilt.

bb) Übergang des partnership-Anteils auf den personal representative

Aus den bisherigen Feststellungen ergibt sich:

(1) der Anteil des verstorbenen Partners am partnership-Vermögen wächst nicht den überlebenden Gesellschaftern an, er geht vielmehr auf den Rechtsnachfolger über;
(2) Rechtsnachfolger ist zunächst einmal der personal representative, danach die Erben;
(3) weder der personal representative noch die Erben haben ohne weiteres das Recht, an Stelle des Erblassers Partner zu werden.

Daraus ergibt sich, daß es nicht die Mitgliedschaft im ganzen sein kann, die auf den personal representative übergeht. Es kann sich nur um den vermögensrechtlichen Anteil handeln. Dessen Übergang kann wiederum nicht in der Weise gedacht werden, daß der personal representative joint tenant wird. Was mit dem »Anteil« (share), der auf den Rechtsnachfolger übergeht, gemeint ist, ist nichts anderes als die verhältnismäßige Beteiligung des Erblassers am partnership-Vermögen, nachdem es versilbert worden ist und alle Verbindlichkeiten erfüllt sind[743]). Es handelt sich also um den Liquidationsanteil, der Sache nach um einen Abschichtungs- oder Auseinandersetzungsanspruch. Dieser Anteil oder Anspruch allein ist es, der beim Tode eines Partners auf den personal representative »übergeht«[744]). In diesem Sinne ist sec. 43 P.A. 1890 zu verstehen, der bestimmt:

> »Subject to any agreement between the partners, the amount due from surviving or continuing partners to an outgoing partner or the representatives of a deceased partner in respect of the outgoing or deceased partner's share is a debt accruing at the date of the dissolution or death.«

Auch wenn der partnership-Anteil einer bestimmten Person vermacht worden ist, hat das nur die Wirkung, daß ihr dieser als Liquidationsanteil bzw. Abschichtungsanspruch zufließen soll[745]).

cc) Das Verhältnis zwischen personal representative und den überlebenden Partnern

Aus sec. 43 P.A. 1890 ergibt sich zwangsläufig, daß das Verhältnis zwischen personal representative und den überlebenden Partnern ein Gläubiger-

---

[742]) Vgl. von Caemmerer DFG 1936, S. 121f.
[743]) Re Ritson, Ritson v. Ritson 1 Ch. 128 (1899); Lindley, S. 375.
[744]) Lindley, S. 375f.; Pennington, S. 26; s. auch Re Ritson, Ritson v. Ritson a.a.O.
[745]) Lindley, S. 652.

Schuldner-Verhältnis ist[746]). Andererseits wird diese Beziehung aber auch als trust angesehen. Die Kehrseite des dem Rechtsnachfolger zustehenden Abschichtungsanspruchs ist nämlich, daß sowohl Grundstücksrechte als auch Fahrnis und Forderungen mit dem Tode eines Partners auf die Überlebenden übergehen[747]). In *diesem* Zusammenhang ist die ehemalige common law rule von Bedeutung, die real und personal estate unterschiedlich behandelte und wonach der Anteil des verstorbenen Partners an real estate auf die Erben überging. Nur der Anteil an personal estate ging auf die surviving partners über[748]). Um zu verhindern, daß der Anteil am real estate dem partnership-Vermögen auf diese Weise entzogen wird, bestimmt sec. 22 P.A. 1890:

»Where land or any heritable interest therein has become partnership property, it shall, unless the contrary intention appears, be treated as between the partners (including the representatives of a deceased partner), and also as between the heirs of a deceased partner and his executors or administrators, as personal or movable and not real or heritable estate.«

In jedem Fall ist also der partnership-Anteil personal estate, selbst wenn sich real estate im Gesellschaftsvermögen befindet[749]). Die überlebenden Partner werden daher hinsichtlich sämtlicher Rechte die alleinigen Rechtsinhaber, wenn ein Partner stirbt. Dieser Rechtsübergang erfolgt mit dem Ziel, daß die überlebenden Partner das Gesellschaftsvermögen versilbern können, sie sind »trustees for sale«[750]), und auch hinsichtlich des Erlöses werden sie als trustees für die Rechtsnachfolger angesehen[751]).

Im Ergebnis kann also festgestellt werden, daß auch die »doctrine of non-survivorship between the partners« nicht hindert, daß die überlebenden Partner alleinige Inhaber des partnership-Vermögens werden, daß also genau genommen doch eine Anwachsung stattfindet. Der Grundsatz, daß es bei der partnership kein ius accrescendi (right of survivorship) wie sonst bei einer joint tenancy gibt, bedeutet daher nicht mehr, als daß es *keine ersatzlose* Anwachsung mehr gibt, sondern daß in diesem Fall den Rechtsnachfolgern ein Abschichtungsanspruch zusteht. In diesem Sinne heißt es bereits im Fall Martin v. Crump aus dem Jahre 1698:

»Two joint merchants make B their factor; one dies, leaving an executor; this executor and the survivor cannot join, for the remedy survives, but not the duty; *and therefore on recovery he must be accountable to the executor* for that.«[752]).

---

[746]) Lindley, S. 625 Fußn. 18.
[747]) Lindley, S. 376f.
[748]) Vgl. Crane, S. 217.
[749]) Lindley, S. 378.
[750]) Lindley, S. 377.
[751]) Pollock, S. 124 (Anm. zu sec. 43 P. A. 1890) hält dagegen die Bezeichnung der überlebenden Partner als trustees für bildhaft und ungenau.
[752]) 2 Salkeld 444, zitiert nach Crane, S. 197 Fußn. 75.

III. Abdingbarkeit der gesetzlichen Regelung durch eine gesellschaftsvertragliche Klausel

1. Abdingbarkeit der Auflösungswirkung des Todes eines Partners

Das Recht der partnership wird sehr weitgehend vom Prinzip der Vertragsfreiheit beherrscht. So findet sich in sehr vielen Vorschriften die Wendung: »subject to any agreement between the partners« (vorbehaltlich einer anderen gesellschaftsvertraglichen Regelung). Daraus, daß auch sec. 33 (1) P.A. 1890 die Auflösungswirkung des Todes eines Partners dem Vorbehalt einer abweichenden Parteivereinbarung unterstellt[753]), kann geschlossen werden, daß nach englischem Recht diese Wirkung durch eine Fortsetzungsklausel abbedungen werden kann mit der Folge, daß die partnership trotz des Todes eines Partners bestehen bleibt[754]).

2. Wirkung einer Fortsetzungsklausel

Eine andere Frage ist, ob auch die Auflösung der Mitgliedschaft des verstorbenen Partners abbedungen werden kann mit der Wirkung, daß sie auf den oder die Rechtsnachfolger übergeht. Fortsetzungsklauseln sind nach englischem Recht ohne Bedenken gültig, sie können insbesondere die Fortsetzung der partnership mit den Rechtsnachfolgern (personal representatives bzw. Erben) eines Partners vorsehen. »In English law, such a provision in the articles of partnership for the benefit of the representatives of a deceased partner, is not questioned«[755]).

Über die Wirkung einer Fortsetzungsvereinbarung zugunsten der Rechtsnachfolger sagt LINDLEY,

> »that clauses of this kind, although they bind the surviving partners to let in the person nominated, do not bind him to come in, *but give him an option whether he will do so or not*«[756]).

Danach sind zwar die überlebenden Partner an eine Fortsetzungsklausel gebunden, der Nachfolger ist aber in keinem Fall verpflichtet – auch als Rechtsnachfolger nicht –, die partnership an Stelle des Erblassers fortzusetzen[757]), er ist lediglich *berechtigt*. Auch dann, wenn die Vereinbarung »absolute« ist, können die Begünstigten frei wählen, und es kann im Falle der Ablehnung allenfalls eine Schadensersatzforderung gegen den Nachlaß entstehen[758]). Bei der sog. »option«, die die Fortsetzungsklausel den Rechtsnachfolgern zuwendet, handelt es sich daher um nichts anderes als ein bloßes *Eintrittsrecht*.

---

[753]) S. o. S. 138.
[754]) So auch Ferid, Festschr. Hueck, S. 364 Fußn. 91.
[755]) Kent, S. 56f.; vgl. auch Lindley, S. 458.
[756]) Lindley, S. 458.
[757]) Zur Entwicklung dieses Grundsatzes s. Fabricius, S. 38 Fußn. 3.
[758]) Lindley ebendort.

Daraus ergibt sich zwangsläufig, daß die Mitgliedschaft in einer partnership nach englischem Recht *nicht vererbt* werden kann. Der Gesellschaftsvertrag kann den Übergang der dem Erblasser zustehenden partnership-Rechte auf die überlebenden Partner nicht abbedingen und stattdessen ihren Übergang auf die Rechtsnachfolger vorsehen. Was auf diese in jedem Falle übergeht, ist allein der Abschichtungsanspruch. Daneben kann nur ein Recht zum Eintritt in die partnership zugewendet werden. Mit anderen Worten: der Gesellschaftsvertrag kann bewirken, daß die partnership nicht gegenüber allen Partnern durch den Tod eines von ihnen aufgelöst wird, nicht aber, daß auch die Mitgliedschaft des Verstorbenen bestehen bleibt. Tritt ein Eintrittsberechtigter in die partnership ein, so wird eine neue Mitgliedschaft begründet[759]).

Die mangelnde Kontinuität wird auch daraus deutlich, daß der Eintretende als solcher nicht für die vom Erblasser begründeten Schulden haftet, sondern nur für die zukünftigen. Sec. 17 (1) P.A. 1890 bestimmt:

»A person who is admitted as a partner into an existing firm does not thereby become liable to the creditors of the firm or anything done before he became a partner.«

Lindley fügt hinzu, daß jeder, der Partner werde, es für die Zukunft werde und nicht für die Vergangenheit[760]).

Die gesellschaftsvertragliche Fortsetzungsklausel ist denn auch konsequent zunächst als »contract for the benefit of a third person« (Vertrag zugunsten Dritter) qualifiziert worden[761]). Das würde aber nach der allgemeinen Regel des englischen Rechts, daß die Parteien eines Vertrages für einen Dritten kein durchsetzbares Recht begründen können, weil dieser keine »valuable consideration« erbracht hat[762]), dem Eintrittsberechtigten eine schwache Stellung geben. Daher hat man seit langem »in equity« für die gesellschaftsvertragliche Fortsetzungsklausel eine Ausnahme gemacht, indem die Vereinbarung als trust zugunsten des Eintrittsberechtigten angesehen wird, so daß er einen durchsetzbaren Anspruch (enforcable right) gegen die überlebenden Partner hat[763]).

Leading case ist der Fall Page v. Cox aus dem Jahre 1852[764]).

Ein partnership-Vertrag enthielt die Klausel, daß die partnership nach dem Tode des einen mit dessen Witwe fortgesetzt werden solle. Der Partner starb und hinterließ seine Witwe, die ihr Eintrittsrecht geltend machte.
Das Gericht gab der Witwe Recht mit der Begründung, daß die Partner durch die Vereinbarung der Fortsetzung einen trust zu ihren Gunsten begründet hätten.

---

[759]) Im Falle der *Übertragung* der Mitgliedschaft nimmt man allerdings an, daß dann überhaupt eine neue partnership vorliegt. Lindley führt dazu aus: »As an ordinary partnership is not distinguishable from the persons composing it, and as every change amongst those persons create a new partnership, it follows, that every time a partner transfers his share to a non-partner under such circumstances as to make the transferee a partner, the continuity of the firm is broken« (S. 396).

[760]) Lindley, S. 247.

[761]) Vgl. Fabricius, S. 32.

[762]) Vgl. die eingehende Darstellung bei Fabricius, S. 33 ff.

[763]) Lindley, S. 459.

[764]) 10 Hare 163 und 90 R. R. 314; weitere Fälle s. Lindley, S. 459 Fußn. 56.

Der Vice-Chancellor führte aus: »We have to consider, then, what is the effect of such an agreement. Is it not to create an obligation in equity upon the surviving partner, in whom the legal interest would be, and was contemplated as being, vested; and *in what respect does such an obligation differ from a trust?* I see no difference between them; and I am of opinion, therefore, that, in the event which happened, *these articles created a trust in favour of the widow;*[765]).
... in case of this nature, the Court is to regard the substance and effect and not the mere form of the instrument; and that a trust may well be created, although there may be an absence of any expression in terms importing confidence.«

Aus alledem läßt sich folgendes *Ergebnis* ableiten: Die Rechte, die einem Partner zustehen, gehen mit seinem Tode zwangsläufig auf die überlebenden Partner über. Die Rechtsnachfolger erhalten lediglich einen Anspruch auf den Liquidationsanteil, das Auseinandersetzungsguthaben. Es kann jedoch durch eine Fortsetzungsklausel dem personal representative und den Erben, aber auch jeder anderen Person ein Eintrittsrecht zugewendet werden; dieses Recht ist auf Grund eines in der Fortsetzungsvereinbarung enthaltenen trust für den Eintrittsberechtigten als beneficiary gegen die überlebenden Partner als trustees durchsetzbar. Tritt der Begünstigte in die partnership ein, so bleibt die alte partnership bestehen, jedoch wird er selbst *neuer* Partner. Tritt er nicht ein, so wird die partnership aufgelöst, sofern für diesen Fall nicht etwas anderes vereinbart worden ist[766]), sofern also Abbedingung der Auflösungswirkung des Todes eines Partners und Fortsetzung mit einem Nachfolger nicht miteinander gekoppelt sind. Erbrechtliche Nachfolge ist nicht möglich.

C. Vereinigte Staaten von Amerika (USA)

I. Die der deutschen OHG entsprechende amerikanische Gesellschaftsform

1. Die amerikanische partnership

Auch im amerikanischen Recht kommt – genau wie im englischen – die »partnership« für einen Vergleich mit der offenen Handelsgesellschaft des deutschen Rechts in Betracht.

Die partnership ist auch in den USA »eine Art rechtliches Sammelgebilde«[767]) für alle Organisationsformen, die komplizierter als ein Einzelunternehmen sind, die aber auch nicht die Voraussetzungen eines besonde-

---

[765]) Corbin, § 846 S. 374, meint, daß man sowohl den verstorbenen Partner als auch den überlebenden als trustee ansehen könne, so daß ein »double trust« zugunsten desselben beneficiary bestehen würde. Die letzte Möglichkeit liegt aber doch wohl näher und dürfte auch im Fall Page v. Cox gemeint sein; vgl. die ähnlichen Überlegungen im deutschen Recht für den Fall des Ausschlusses des Abschichtungsanspruchs (s. o. S. 9).
[766]) Lindley, S. 459.
[767]) Sinner, S. 9.

ren Rechtsgebildes erfüllen[768]). In diesem Sinne hat daher die partnership auch im amerikanischen Recht die *Funktion*, die in den kontinentaleuropäischen Rechten die einfache Gesellschaft einnimmt. Allerdings ist der Anwendungsbereich in den USA gegenüber England insofern in gewissem Maße eingeschränkt, als Gegenstand einer partnership nicht schon die Besorgung eines einzelnen Geschäfts sein kann. Es handelt sich in einem solchen Fall um eine sog. »joint adventure« und nicht um eine partnership.

Die *rechtliche Ausgestaltung* der partnership ist aber wiederum der deutschen OHG sehr ähnlich[769]), wenngleich das amerikanische Recht in einigen Nuancen vom englischen abweicht.

Die partnership zu definieren ist wegen ihres breiten Anwendungsbereichs schwierig und zum Teil sogar für unmöglich gehalten worden. Als treffende Formulierung wird die des Chancellor KENT angesehen: Die partnership sei

> »a contract of two or more persons, to place their money, effects, labor and skill, or some of all of them, in lawful commerce or business, and to divide the profit and bear the loss, in certain proportions.«[770]).

Die UNIFORM PARTNERSHIP ACT (dazu gleich im folgenden Abschnitt) bringt in § 6 folgende Definition:

> »A partnership is an association of two or more persons to carry on as co-owners a business for profit.«

Demgemäß lassen sich für die amerikanische partnership folgende Merkmale festhalten:

(1) *Personenmehrheit* (»two ore more persons«);
(2) *vertraglicher Zusammenschluß* (»association«, »contract«);
(3) *Dauerverhältnis* (»to carry on«);
(4) *gemeinsames Interesse an Gewinnerzielung* (»for profit«);
(5) *gemeinsames Vermögen* (»co-owners«).

Die *unbeschränkte Haftung* ist wiederum in den Definitionen nicht enthalten. Das hat seinen Grund – genau wie im englischen Recht – darin, daß man sie als selbstverständliche *Folge* des Zusammenschlusses mehrerer Personen zu einer partnership auffaßt und nicht als konstitutives Merkmal. Haftungsbeschränkung ist eben nur auf Grund besonderer Normen möglich, die ein Rechtsgebilde aber, wenn sie in Anspruch genommen werden, nicht mehr als partnership erscheinen lassen[771]). Eine der sec. 1 (2) der englischen P.A. 1890 entsprechende Abgrenzungsformel[772]) wurde in der amerikanischen UNIFORM PARTNERSHIP ACT für überflüssig gehalten.

Eine *Firma* als gemeinsamer Name ist nach amerikanischem Recht nicht erforderlich[773]).

---

[768]) Lewis 24 Yale L. J., S. 622: »Partnership is the residuum, including all forms of co-ownership of a business except those business associations organized under a specific statute.«
[769]) Sinner, S. 10.
[770]) Kent, S. 23; 68 C.J.S. Partnership § 1, S. 398.
[771]) Vgl. Sinner, S. 13 unter Ziff. 6.
[772]) S. o. S. 137.
[773]) Vgl. Sinner, S. 13 unter Ziff. 7.

Nach dieser Begriffsbestimmung kann festgestellt werden, daß trotz gewisser Unterschiede zum englischen Recht auch die amerikanische partnership mit der deutschen OHG vergleichbar ist.

2. Die Quellen des amerikanischen partnership-Rechts

Nahezu das gesamte Privatrecht unterliegt in den USA der Gesetzgebungskompetenz der Einzelstaaten. Dementsprechend gibt es kein einheitliches partnership-Recht, da dieses Gebiet nicht zu den Materien zählt, für die durch art. 1 § 8 (4) u. (8) der U.S. CONSTITUTION in Verbindung mit Amendment X die Kompetenz des Kongresses begründet worden ist[774]). Eine Vereinheitlichung ist auch auf dem Wege über die bundesgerichtliche Rechtsprechung ausgeschlossen, seit im Jahre 1938 die Entscheidung Erie R.R. v. Tompkins[775]) die Bildung von federal common law verboten hat. Auch die Bundesgerichte haben danach das Recht der Einzelstaaten anzuwenden, so daß auch das Fallrecht state law darstellt[776]).

Auf der anderen Seite sind die Bestrebungen zur Rechtsvereinheitlichung recht erheblich. Ihr dienen einmal – außer den gesamtamerikanischen Sammelwerken – die »Restaments« des American Law Institute. Zum anderen gibt es eine »National Conference of Commissioners on Uniform State Laws«, in die jeder Staat seine Delegierten entsendet, und die Entwürfe zu Gesetzesvorlagen ausarbeitet, die die Einzelstaaten dann mit oder ohne Änderungen durch ihre Legislativen akzeptieren können. Auf diese Weise kommt es dann auf dem Wege der Parallelgesetzgebung zu »allgemeinem« Recht.

So ist auch 1914 die UNIFORM PARTNERSHIP ACT (U.P.A.) entstanden, die inzwischen (bis 1965) in 43 Staaten Gesetz geworden ist[777]). Als Vorlage diente die englische P.A. 1890. Die U.P.A. gibt im wesentlichen das common law wieder[778]), wie es mit vereinzelten Abweichungen auch in den Staaten gilt, in denen die U.P.A. noch nicht angenommen worden ist[779]). Daher kann an dieser Stelle vom Recht der partnership ausgegangen werden, so wie es in der U.P.A. seinen Niederschlag gefunden hat[780]).

---

[774]) Vgl. Sinner, S. 5.
[775]) 304 U. S. 64.
[776]) Vgl. Sinner, S. 6.
[777]) 7 Uniform Laws Annotated Suppl. 1965, S. 7.
[778]) 68 C.J.S. Partnership § 2, S. 405.
[779]) Crane, S. 8; vgl. auch Sinner, S. 7.
[780]) Soweit eine Frage nicht geregelt ist, gelten die »rules of law and equity, including the law merchant«, s. 68 C.J.S. Partnership § 2, S. 405 f.

II. Auswirkungen des Todes eines Partners nach dem Gesetz

1. Schicksal der partnership

Eine Veränderung im Bestand der an einer partnership beteiligten Personen hat nach amerikanischem Recht zwangsläufig die Auflösung (»dissolution«) zur Folge, mag es sich um den Austritt, Ausschluß oder den Tod eines partners handeln[781]). Im Hinblick auf diese letzte Möglichkeit bestimmt § 31 (4) U.P.A. unmißverständlich:

> »Dissolution is caused by the death of any partner.«

Der Grund dafür ist: »the personal qualities of each partner enter into the consideration of the contract«[782]), mit anderen Worten: wiederum der »intuitus personae«.

Mit der Auflösung endet jedoch die Existenz der partnership noch nicht, sondern sie besteht bis zum Abschluß der Liquidation (»winding up«)[783]).

2. Schicksal des partnership-Vermögens, insbesondere des Anteils des verstorbenen Partners

a) Rechtsnatur der Vermögensgemeinschaft bei einer partnership

Der Rechtszustand in den USA beruht zunächst einmal auf den gleichen Grundlagen wie das englische Recht. Auch hier werden als die beiden Hauptformen der Vermögensgemeinschaft die tenancy in common (Bruchteilsgemeinschaft) und die joint tenancy (Gesamthandsgemeinschaft) unterschieden[784]). Die Besonderheit des amerikanischen Rechts ist nun, daß nach der U.P.A. das partnership-Vermögen weder Gegenstand einer tenancy in common, noch einer joint tenancy ist, sondern man hat hierfür die besondere Form der »*tenancy in partnership*« herausgebildet[785]). § 25 (1) U.P.A. bestimmt:

> »A partner is co-owner with his partners of specific partnership property holding as a *tenant in partnership*.«

Gegenüber der tenancy in common besteht vor allem der Unterschied, daß

---

781) Vgl. Sinner, S. 52 u. 83.
782) Kent, S. 55 f.
783) 68 C.J.S. Partnership § 270, S. 766.
784) Vgl. Rheinstein, S. 623 f.
785) Vgl. schon den Fall Morrison v. Austin State Bank 72 N. E. 1109, 1111 (1905): »The legal characteristics of partnership property, and the interests, powers and rights of the partners relative to the same, are peculiar, and cannot well be assimilated to any other class of property when viewed in its relation to its ownership. While it has many characteristics of estates in common and in joint tenancy, yet the interest of partners in the firm property is *neither that of joint tenants nor that of tenants in common, but is sui generis.*«

keinem der Partner eine Quote am partnership-Vermögen zur freien Verfügung zusteht. Das aber ist gerade eine wichtige Gemeinsamkeit mit der joint tenancy[786]). Ein Unterschied zur joint tenancy besteht jedoch gerade in der Stellung der Erben.

Die besondere Form der tenancy in partnership hat andererseits gewisse Unklarheiten über die Trägerschaft des partnership-Vermögens mit sich gebracht. So ist man sich im amerikanischen Recht nicht einig, ob das Vermögen von der Gemeinschaft der Partner getragen wird, oder von der partnership als solcher. Es gibt eine große Anzahl von Entscheidungen, die die Partner als Träger ansehen, aber auch eine beträchtliche Anzahl von Fällen, in denen die partnership als »legal entity« oder »legal person«, d.h. als Rechtsperson behandelt worden ist[787]). Diese unterschiedliche Qualifizierung wird aber völlig undogmatisch vorgenommen. Es sind vielmehr rein pragmatische Gesichtspunkte, die das Gericht im Einzelfall die gerade zweckmäßigste Lösung wählen lassen[788]). So geht es bei Annahme einer entity meist darum, das partnership-Vermögen gegenüber den privaten Vermögensmassen der Partner zu verselbständigen[789]). Aber auch wenn die einzelnen Partner als Träger des Vermögens angesehen werden, ändert sich diese Selbständigkeit nicht etwa, sondern auch dann darf das partnership-Vermögen nur zu gesellschaftlichen Zwecken verwendet werden. Aus den verschiedenen Betrachtungsweisen lassen sich daher keine unterschiedlichen Rechtsfolgen ableiten. Es ist also nichts dagegen einzuwenden, die partnership jedenfalls intern als Vermögensgemeinschaft, als »tenancy« anzusehen, wofür ja zumindest auch die in § 25 (1) U.P.A. gewählte Formulierung spricht.

b) Die survivorship

Die U.P.A. bekennt sich offen zur Anwachsung des Anteils eines verstorbenen Gesellschafters am partnership-Vermögen zugunsten der überlebenden Partner. In § 25 (2) (d) U.P.A. heißt es:

> »On the death of a partner his right in specific partnership property vests in the surviving partner or partners, except where the deceased was the last surviving partner, when his right in such property vests in his legal representative.«

---

[786]) Vgl. Rheinstein, S. 624.

[787]) 68 C.J.S. Partnership § 67, S. 496; Crane, S. 13; vgl. z.B. in re Subpoena Duces Tecum 81 F. Supp. 418 (wo »property of the individual partners« angenommen wurde) und andererseits De Martini v. Industrial Acc. Commission 202 P. 2d 828 (wo man die partnership selbst als Eigentümerin ansah) – zitiert nach Crane, S. 21 Fußn. 35.

[788]) Vgl. im Fall Mason v. Mitchell 135 F. 2d 599: »The legal fiction of seperate entity as applied to partnerships is purely a linguistic device for conceptual convenience, and is not a premise to be released from but merely a shorthand statement of a conclusion.« Vgl. auch Crane, S. 20f.: »In view of all decisions under the Act, it cannot be maintained that it precludes the courts from adopting whatever view of the nature of partnership may be regarded as useful for the purpose of justifying a desired solution of particular problems.«

[789]) Vgl. 72 Harvard L. R., S. 1304ff.

Die überlebenden Gesellschafter werden hiernach die Alleinberechtigten[790]), die Einheit des partnership-Vermögens wird auf diese Weise erhalten. Die Erben tauchen in keinem Fall als Mitberechtigte auf.

Auch im amerikanischen Recht ist jedoch die commonlaw-rule von Bedeutung, wonach real-estate-Anteile des Erblassers auf die Erben übergehen und wonach seine Witwe daran ein Nutzungsrecht hat (»dower interest«)[791]). Um dennoch die Rechte und Interessen der überlebenden Partner und der partnership-Gläubiger zu schützen und ihnen die Berechtigung des Erblassers am real estate zukommen zu lassen, damit es weiter für die Gesellschaftszwecke verwendet werden kann (vor allem zur Liquidation)[792]), hat man im amerikanischen Recht »in equity« die sog. Konversionstheorie entwickelt (»equitable conversion doctrine«). Danach wird im partnership-Vermögen befindliches real estate in personal estate umgedeutet, so daß der legal title an ihm gleichfalls auf den oder die surviving partners übergeht[793]). Dadurch sind sie in der Lage, auch das unbewegliche Vermögen voll für die Liquidation verwerten zu können.

Dennoch ist die Situation nicht ganz dieselbe wie in England nach sec. 22 P.A. 1890[794]). Im Gegensatz zur englischen Regelung nimmt man in den USA keine »out and out« Konversion an, sondern läßt diese nur soweit gelten, wie es für die Interessen der partnership erforderlich ist[795]). Wenn die Gläubiger befriedigt sind, »there is reconversion«[796]). § 25 (2) (e) U.P.A., in dem es heißt:

> »a partner's share in specific partnership property is not subject to dower, curtesy, or allowances to widows, heirs or next of kin«

gilt also nur soweit die Liquidation es erfordert. Was übrig bleibt, unterliegt der Rekonversion in real estate und damit der normalen Regelung[797]).

c) Stellung der Erben: ihr Verhältnis zu den überlebenden Partnern

aa) Das Institut des personal representative

Der Rechtszustand in den USA hinsichtlich des Übergangs des Nachlasses auf die Rechtsnachfolger beruht auf den Grundlagen des englischen Rechts. Die Entwicklung ist jedoch in England und den USA nicht parallel verlaufen. Während im englischen Recht eine einheitliche Behandlung des gesamten Nachlasses herbeigeführt worden ist, indem die ganze Erbschaft

---

790) 68 C.J.S. Partnership § 271 a, S. 766.
791) Crane, S. 217.
792) »For the purpose of winding up«: Crane, S. 218.
793) Crane, S. 218.
794) Vgl. oben S. 142; allerdings gibt es einige Staaten, die ebenfalls real und personal estate einfach gleichstellen, s. Crane, S. 218 Fußn. 35.
795) Crane, S. 219.
796) Crane, S. 220.
797) Vgl. Crane ebendort.

nicht unmittelbar auf die Erben, sondern den personal representative als Mittelsmann übergeht, herrscht in der Mehrzahl der Vereinigten Staaten noch heute das auf historischer Entwicklung beruhende »gemischte« System, das real property und personal property unterschiedlich behandelt[798]). Nur der Titel für das personal estate geht auf den personal representative über; der Titel für real estate fällt den Erben unmittelbar an[799]).

Ein weiterer Unterschied zum englischen Recht besteht darin, daß der personal representative – »executor« bei testamentarischer, »administrator« bei gesetzlicher Erbfolge – in den USA so erheblich durch das Nachlaßgericht (Probate Court, Surrogate's Court, Orphan's Court, Prerogative Court oder Court of Ordinary) überwacht wird, daß man von einer »amtlichen« Nachlaßverwaltung sprechen kann[800]).

Die unterschiedliche Behandlung von real und personal estate ist im Hinblick auf das Schicksal des partnership-Anteils eines verstorbenen Partners jedoch ohne Bedeutung. § 26 U.P.A. behandelt den partnership-Anteil ausdrücklich als personal estate:

> »A partner's interest in the partnership is his share of the profits and surplus, and the same is personal property.«

Dieser Anteil geht daher in jedem Fall zunächst auf den personal representative über.

bb) Übergang des partnership-Anteils auf den personal representative

Aus dem unterschiedlichen Schicksal der Berechtigung des verstorbenen Partners am partnership-Vermögen (partner's share in specific partnership property) einerseits und seines partnership-»Anteils« (partner's interest in the partnership) andererseits läßt sich nun die Stellung des Rechtsnachfolgers, des personal representative ableiten.

Da der legal title, des »partner's share in specific partnership property«, den überlebenden Partnern anwächst, kann er nicht auf den personal representative übergehen. Der Rechtsnachfolger erhält also keinerlei Mitberechtigung am partnership-Vermögen und wird vor allem nicht an Stelle des Erblassers selbst Partner[801]).

---

[798]) Ferid-Firsching, US Grdz. B II, Rdnr. 7.

[799]) Ferid-Firsching, US Grdz. B II, Rdnr. 20. Nur wenn dem personal representative durch Testament die Verwaltung auch des Immobiliarvermögens übertragen ist, oder wenn der bewegliche Nachlaß nicht zur Befriedigung der Nachlaßgläubiger ausreicht, kann ihn das Gericht zur Verfügung auch über diesen Vermögensteil ermächtigen. In immerhin 16 amerikanischen Staaten unterliegen dagegen beide Vermögensmassen (personal *und* real estate) der Verwaltung des personal representative, vgl. Ferid-Firsching, US Grdz. B II, Rdnr. 20, S. 27 Fußn. 9.

[800]) von Caemmerer DFG 1936, S. 122f.

[801]) Vgl. Crane, S. 198: »The seccessor to a partner's share as co-owner, whether by assignment, execution sale, or *inheritance* does not become a partner, owing to delectus personae«. Vgl. auch § 18 (g) U.P.A.: »No person can become a member of a partnership without the consent of all partners.«

Dagegen geht des »partner's interest in the partnership« als personal property auf den personal representative über. Dies bedeutet nichts anderes, als daß der Rechtsnachfolger einen Anspruch auf den Liquidationsanteil bekommt, also eine Art Abschichtungs- oder Auseinandersetzungsanspruch[802]). So gehen die Erben trotz der Anwachsung nicht leer aus, und dies ist denn auch der eigentliche Unterschied der tenancy in partnership gegenüber einer joint tenancy. Die Beziehung zwischen personal representative und den die Liquidation durchführenden überlebenden Partnern wird aber nicht als bloßes Gläubiger-Schuldner-Verhältnis betrachtet, sondern als »fiduciary relation«[803]). Sie sind trustees oder zumindest quasi trustees[804]).

Im *Ergebnis* ist die Lage also dieselbe wie in England. Die tenancy in partnership stellt sich im Rahmen der vorliegenden Untersuchung in der Sache als dasselbe heraus wie die durch den Satz »ius accrescendi inter mercatores locum non habet« modifizierte joint tenancy des englischen Rechts, nur daß man ihr in England keinen besonderen Namen gegeben hat. Die tenancy in partnership ist daher in der Tat keine sachliche Neuentwicklung der Commissioners in der U.P.A.[805]).

III. Abdingbarkeit der gesetzlichen Regelung durch eine gesellschaftsvertragliche Klausel

1. Abdingbarkeit der Auflösungswirkung des Todes eines Partners?

Es fällt auf, daß § 31 (4) U.P.A. keinen Vorbehalt einer anderweitigen gesellschaftsvertraglichen Regelung enthält wie sec. 33 (1) der englischen P.A. 1890. Die U.P.A. ordnet rigoros die Auflösung der partnership durch den Tod eines Partners an[806]).

Andererseits enthalten auch in den USA die partnership-Verträge häufig Klauseln, wonach die partnership durch den Tod eines Partners nicht aufgelöst, sondern vielmehr mit den Rechtsnachfolgern fortgesetzt werden soll. Die Wirksamkeit solcher Fortsetzungsvereinbarungen (continuation agreements) wird allgemein bejaht, sofern die erforderliche »consideration« gegeben und damit die freie (einseitige) Widerruflichkeit ausgeschlossen

---

[802]) Vgl. 72 Harvard L.R., S. 1302: »Each partner has a seperate property right in the profits and surplus of the partnership business. This right is not a claim against any specific partnership asset, but is an interest in a share of the net worth of the partnership and passes as personal property to the estate of the deceased partner.« Vgl. § 26 U.P.A.; gem. § 43 U.P.A. hat der personal representative einen Anspruch auf Rechnungslegung; ebenso 68 C.J.S. Partnership § 283a, S. 776; vgl. Sinner, S. 47; Ramm, S. 8. Der Abschichtungsanspruch kann aber ausgeschlossen werden, s. Crane, S. 468 Fußn. 63.

[803]) Crane, S. 459; vgl. auch S. 361ff. (368).

[804]) 68 C.J.S. Partnership § 271b, S. 767.

[805]) Vgl. Drake 15 Michigan L.R., S. 619.

[806]) Nur im Staat North Carolina ist § 31 (4) U.P.A. im Sinne eines gesellschaftsvertraglichen Vorbehalts geändert worden, s. Sinner, S. 83 Fußn. 20.

ist[807]). Sie wird bereits in dem gegenseitigen Versprechen erblickt, eine partnership zu gründen und zu betreiben[808]). Es läßt sich mithin zunächst einmal feststellen:

»Ordinarily death of a partner causes dissolution of a partnership, but if partnership agreement so provides, business may be continued after death of a member«[809]).

Was dies aber rechtlich exakt bedeutet, ist nicht ganz eindeutig[810]). Es gibt eine Reihe von Entscheidungen, wonach die Fortsetzungsklausel die Wirkung hat, daß der Tod die partnership nicht auflöst. So heißt es etwa:

»The articles of partnership contained an express provision that the firm should not be dissolved by the death, ... A method of continuing the business after the death of a member is also provided. That such stipulations are perfectly valid and binding cannot be doubted«[811]).

Solche nicht besonders präzisen Äußerungen werden aber von einer anderen großen Gruppe von Entscheidungen als »inaccurate statements« abgelehnt, und es wird angenommen, daß auch eine Fortsetzungsklausel die Auflösungswirkung des Todes eines Partners *nicht* beseitigen kann. Werde die partnership fortgesetzt, so handle es sich in jedem Fall um eine neue:

»Where there are provisions in the articles of agreement or will for the continuance of the business after the death of one of the partners, it is sometimes inaccurately said that the death of a partner does not dissolve the partnership. If the business is carried on after the death of the partner under such arrangement or by the agreement of the heirs or personal representatives of the deceased, there is, in effect and in law, a *new partnership*, of which the survivors and the executors or heirs are the members«[812]).

Hiernach ist die Rechtslage also im Falle einer Fortsetzungsklausel keine andere als wenn die Erben mit den überlebenden Partnern nachträglich die Fortsetzung vereinbaren.

Die unterschiedlichen Äußerungen sind offenbar eine Folge der ungenauen Verwendung des Begriffs »dissolution«. Es sind genau genommen folgende drei Begriffe streng auseinanderzuhalten:

(1) *»dissolution«*, das ist der Zeitpunkt, in dem die Partner aufhören, gemeinsam das Unternehmen weiter zu betreiben;
(2) *»winding up«*, d.i. der Prozeß der Liquidation;
(3) *»termination«*, d.i. die Beendigung der Liquidation und damit der Existenz der partnership überhaupt[813]).

---

807) Ramm. S. 15ff. und 25f.

808) Ramm, S. 22f.

809) Abel v. O'Hearn 218 P. 2d 827 (1950); vgl. auch 68 C.J.S. Partnership § 294, S. 799.

810) Vgl. 68 C.J.S. Partnership § 297, S. 802f; Sinner, S. 52.

811) Leaf's Appeal 105 Pa. 505, 513 (1884); vgl. auch Evans v. Watts 43 A. 464 (1899) und Rand v. Wright 39 N. E. 447 (1894); vgl. noch im Jahre 1949 Wood v. Gunther 201 Pa. 2d 874.

812) Andrews v. Stinson 98 N. E. 222, 225 (1912); vgl. auch Hornaday v. Cowgill 101 N. E. 1030 (1913) und Storer v. Ripley 178 N.Y.S. 2d 7 (1958); vgl. Crane, S. 392 Fußn. 3.

813) Vgl. Crane, S. 390f., der wiederum auf eine entsprechende Anmerkung der Commissioners zu § 29 U.P.A. verweist; vgl. auch Lewis 24 Yale L.J., S. 627.

Diese Begriffe werden offenbar häufig verwechselt[814]). Neuere Entscheidungen sind dagegen wesentlich differenzierter; so heißt es etwa:

»Death of a member of partnership *dissolved* the partnership, but did *not terminate* the partnership for all purposes«[815]).

oder:

»Death of one partner *dissolves* partnership, though it is *not terminated* until winding up is completed«[816]).

Geht man mit diesen präzisen Begriffen an die obengenannten Entscheidungen heran, so erweist sich die Ausdrucksweise in den Fällen, in denen die Abdingbarkeit der »dissolution« zugelassen worden zu sein scheint, in der Tat als recht »inaccurate«. Es wird für mindestens sehr wahrscheinlich gehalten, daß nicht »dissolution«, sondern »termination« gemeint ist[817]). Dafür spricht auch die Tatsache, daß in § 31 U.P.A. der Begriff »dissolution« genau in dem definierten Sinne gebraucht ist[818]), so daß nur *sie* nicht unter den Vorbehalt anderweitiger vertraglicher Regelung gestellt ist. Die »termination« dagegen kann abbedungen werden. So erweist sich der Unterschied in den Entscheidungen als Scheinproblem.

Man kann also im amerikanischen Recht von folgender Rechtslage ausgehen:

Enthält ein partnership-Vertrag eine Fortsetzungsklausel, so hat das *nicht* die Wirkung, daß der Tod eines Partners die partnership nicht auflöst und diese erhalten bleibt. Nur die Liquidation und die Vollbeendigung sind damit abbedungen[819]). Wird die partnership fortgesetzt, so handelt es sich in jedem Fall um eine neue, die mit der alten nicht identisch ist[820]). Das beweist außer dem strengen Wortlaut von § 31 (4) U.P.A. auch die Regelung in § 41 (8) U.P.A., wonach die »fortgesetzte« partnership für die Schulden der alten zu haften hat. Bliebe bei Fortsetzung die Identität erhalten, dann wäre eine solche Schuldübernahme nicht denkbar[821]).

2. Die Wirkung einer Fortsetzungsklausel

Da die Auflösung der partnership durch den Tod eines Partners nicht abbedungen werden kann, ist damit auch bereits die Frage der Vererblichkeit der

---

814) Crane, S. 390; Lewis ebendort, S. 626f.
815) Hentges v. Wolff 61 N. W. 2d 748 (1954).
816) Miller v. Salabes 169 A. 2d 671 (1961).
817) Fuller 50 Yale L. J., S. 220 Fußn. 98.
818) Lewis 24 Yale L. J., S. 627.
819) vgl. Crane, S. 392: »Where the decedent's interest is not transferable, it is submitted, that it is better to consider that there is a *dissolution without winding up*, and a continuance of the business by a *new partnership* or person.« In 72 Harvard L. R., S. 1302 heißt es daher konsequent: » . . . an agreement preventing such a *liquidation* is desirable for the surviving partners.«
820) Crane, s. N. 819; ebenso Fuller 50 Yale L. J., S. 220.
821) Vgl. Sinner, S. 89.

Mitgliedschaft negativ entschieden. Eine Fortsetzungsklausel kann daher im amerikanischen Recht nicht die Wirkung einer Nachfolgeklausel haben[822]).

Wird im partnership-Vertrag die Fortsetzung der partnership mit den Rechtsnachfolgern eines vorversterbenden Partners vereinbart, so liegt darin außer der Abbedingung der Liquidation der partnership nur die Begründung eines *Eintrittsrechts* zugunsten des personal representative bzw. der Erben. Die Vereinbarung bindet zwar die überlebenden Partner, die Rechtsnachfolger haben aber in jedem Fall die freie Wahl (option), Partner zu werden oder nicht[823]). Allenfalls kann den Nachlaß – bei Verweigerung des Eintritts – ein Schadensersatzanspruch treffen[824]). Jedoch kann das nur einen mittelbaren Druck ausüben. In keinem Fall stehen die Erben vor der Wahl, entweder die Erbschaft auszuschlagen oder in die partnership einzutreten[825]). Auch eine letztwillige Verfügung kann sie nicht verpflichten[826]). Die Mitgliedschaft des verstorbenen Partners wird also zwangsläufig aufgelöst, und es kann allenfalls durch Eintritt für den Rechtsnachfolger eine *neue* Gesellschafterstellung begründet werden.

---

[822]) Crane, S. 198: »*The successor to a partner's share* as co-owner, whether *by* assignment, execution sale, or *inheritance does not become a partner*, . . .«.

[823]) Andrews v. Stinson 98 N. E. 222 (1912): »A stipulation in the articles of partnership providing for its continuance after the death of a partner is binding only at the option of the deceased partner's representative or heirs.« Vgl. auch Western Shoe Co. v. Neumeister 242 N. W. 802 (1932); vgl. Crane, S. 393 Fußn. 4; 68 C. J. S. Partnership § 294 S. 799.

[824]) Fuller 50 Yale L. J., S. 209f.; Ramm, S. 38f.

[825]) Ramm, S. 37f.

[826]) 68 C. J. S. Partnership § 295, S. 801.

3. Teil

RECHTSVERGLEICHENDE AUSWERTUNG

1. Abschnitt

Vergleich der Ergebnisse

A. Die Einheit des Problems

Das Wesen der Rechtsvergleichung »besteht im Inbezugsetzen verschiedener Rechtsordnungen in ihrem Geist und Stil oder spezieller im Inbezugsetzen kommensurabler Rechtsinstitute oder kommensurabler Problemlösungen in verschiedenen Rechtsordnungen«[827]). »Es ist die Einheit des Problems, nicht der Begriffskategorien, welche den Vergleichswinkel schafft«[828]). Daher ist zunächst das in allen Länderberichten auftauchende Problem herauszustellen, das durch die verschiedenen rechtlichen Regelungen gelöst werden soll, und das damit das tertium comparationis der dargestellten Lösungen ist. Es läßt sich folgendermaßen zusammenfassen:

In allen zum Vergleich herangezogenen Rechtsordnungen gibt es das Rechtsinstitut einer Personenvereinigung, die dem Strukturtypus der deutschen offenen Handelsgesellschaft entspricht. Der Tod eines Mitglieds hat überall grundsätzlich die Auflösung seiner Mitgliedschaft zur Folge und fast immer auch die Auflösung der ganzen Gesellschaft. Nur in Italien kommt es zur Beschränkung des Gesellschaftsverhältnisses auf die Überlebenden. Durchgängig hat sich als der tragende Grund für diese Folgen das Wesen der Gesellschaft erwiesen: das Vertrauensverhältnis unter den Mitgliedern, der »intuitus personae«, und das dadurch bedingte Gleichgewicht unter ihnen. Der Tod eines Gesellschafters wird dementsprechend als eine so schwerwiegende Veränderung empfunden, daß grundsätzlich die Auflösung der Gesellschaft und Liquidation des Vermögens als zwangsläufige Folge eintritt.

Andererseits hat sich überall gezeigt, daß die Gesellschafter ein starkes Interesse daran haben, die oft ganz erheblichen gesellschaftlichen Vermögenswerte vom Tod eines Mitgesellschafters unabhängig zu machen. Dieses Bedürfnis wird auch von allen Rechtsordnungen als legitim anerkannt, zumal es nicht nur um die persönlichen Interessen der Unternehmensträger

---

827) Zweigert, Beiträge, S. 253.

828) Esser, S. 359.

geht, sondern auch um die Erhaltung einer ökonomischen und damit auch sozialen Potenz. Dieses Ziel ist am sichersten durch eine automatische Nachfolge in die Gesellschafterstellung zu erreichen; denn auch die Fortsetzung unter den überlebenden Gesellschaftern schützt nicht ohne weiteres vor Einbußen am Gesellschaftsvermögen, weil dann zumindest der Anteil des Vorversterbenden »liquidiert« werden muß.

Die in jeder Rechtsordnung auftretende Frage, die einer rechtlichen Ordnung bedarf, lautet demnach:

Kann beim Tode eines Gesellschafters die Mitgliedschaft erhalten bleiben und auf einen Nachfolger ipso iure übergehen?

B. Die Frage der Vererbung der Mitgliedschaft

Für den automatischen Übergang der Mitgliedschaft beim Tode eines Gesellschafters kommt in allen Rechtsordnungen nur der *erbrechtliche* Weg in Betracht. Das Problem ist daher identisch mit der Frage nach der *Vererbung der Gesellschafterstellung.*

Es handelt sich dabei um eine sehr komplexe Fragestellung, bei der naturgemäß sehr verschiedene und gegenläufige Gesichtspunkte zu berücksichtigen sind, deren unterschiedliche Bewertung zu völlig verschiedenen Lösungen führen muß. Der führende – d.h. nicht ohne weiteres höchstrangige – Gesichtspunkt ist der der Privatautonomie der Gesellschafter. Er betrifft die allgemeine Frage, ob, in welcher Weise und in welchem Maße sie ihre Interessen im Wege vertraglicher Vereinbarung durchsetzen können. Dieser Blickwinkel tritt mit verschiedenen gegenläufigen Gesichtspunkten in Konflikt, und zwar:

(1) soweit es um die Frage der Vererblichkeit der Mitgliedschaft geht, mit dem des »intuitus personae« einer Gesellschafterstellung;
(2) soweit es um die Auswahl der Person des Nachfolgers geht, mit der gesetzlichen Erbfolgeordnung;
(3) soweit es um die Bindung des Nachfolgers geht, mit den spezifischen unabdingbaren Rechten eines Erben.

Diese Konflikte sind zugleich Wertkollisionen, die in den verschiedenen Rechtsordnungen nicht einheitlich aufgelöst werden. Im einzelnen haben die Länderberichte folgendes gezeigt:

I. Vererblichkeit der Mitgliedschaft

Die *kontinentaleuropäischen Rechtsordnungen* stellen die Auflösungswirkung des Todes eines Gesellschafters unter den Vorbehalt anderweitiger gesellschaftsvertraglicher Regelung, und zwar nicht nur im Hinblick auf die Gesellschaft im ganzen, sondern gerade auch bezüglich der Mitgliedschaft des verstorbenen Gesellschafters. So unterliegt der Übergang der Gesellschafterstellung auf die Erben dem Willen der Gesellschafter. Der »intuitus personae« tritt auf diese Weise gegenüber der Privatautonomie zurück, der

die Macht gegeben ist, die Mitgliedschaft von der Person ihres Trägers abzulösen. Die Person-Bezogenheit einer Gesellschafterstellung wird daher nicht mehr so sehr als deren Eigenschaft betrachtet, sondern vielmehr als Ausdruck einer bestimmten Interessenlage, nämlich als ein Schutz des Gesellschaftersinteresses, die Auswahl eines neuen Mitglieds in der Hand zu behalten. Dieser Schutz wird den Gesellschaftern aber nun nicht aufgedrängt, sondern ihrer Selbstbestimmung anheimgestellt, so daß es ihnen freisteht, die Mitgliedschaft bis zu einem gewissen Grade auswechselbar zu gestalten und vererblich zu machen.

Die entgegengesetzte Wertung ist im *anglo-amerikanischen Recht* anzutreffen. Der »intuitus personae« wird dort unabdingbar über die Privatautonomie gestellt. Daher wird zumindest die Mitgliedschaft des verstorbenen Gesellschafters zwangsläufig aufgelöst, in den USA darüber hinaus auch die ganze Gesellschaft. Die Person-Bezogenheit wird hier als im Wesen einer solchen Personenvereinigung liegend gedacht und nicht als dem Willen der Mitglieder unterworfen. Die Wirkung des Todes eines Gesellschafters wird also nicht von den Interessen der Beteiligten her beurteilt, sondern von dieser Natur der Mitgliedschaft her, deren Ablösung von der Person ihres Trägers dann undenkbar erscheint, und die dann auch nicht vererblich sein kann[829]).

Von einer echten Nachfolgeklausel läßt sich also nur im kontinentaleuropäischen Recht sprechen. Daher erweist sich die Lösung des angloamerikanischen Rechts bereits auf dieser Stufe als inkommensurabel mit der des deutschen Rechts und des Rechts der übrigen kontinentaleuropäischen Staaten. Bei den weiteren Erörterungen, die nur auf dem Hintergrund der Vererblichkeit einer Gesellschafterstellung überhaupt angestellt werden können, wird daher das anglo-amerikanische Recht im wesentlichen nicht mehr berücksichtigt werden können.

II. Die Bestimmung des Nachfolgers

Vereinbaren die Gesellschafter die Vererbung der Mitgliedschaft (Nachfolgeklausel), so ist der Personenkreis, auf den sie beim Tode eines Mitglieds automatisch übergehen kann, auf die Erben beschränkt. Es ist also die Privatautonomie der Gesellschafter durch die Erbfolgeordnung begrenzt. Zwar unterliegt diese wiederum der Privatautonomie des Erblassers, aber in jedem Fall kann nur eine Person Nachfolger werden, die nach dem Erbrecht Rechtsnachfolger ist. Nachfolger und Erbe müssen also identisch sein. Dies gilt für alle hier untersuchten kontinentaleuropäischen Rechtsordnungen. Im einzelnen ist zu unterscheiden:

---

[829]) Diese Beurteilung erinnert sehr an das römische Recht (vgl. oben in der Einleitung).

1. Nachfolge eines Alleinerben

Ist nur ein einziger Erbe vorhanden, so bereitet die Nachfolge in die Gesellschafterstellung nirgendwo rechtliche Schwierigkeiten. Wenn – wie in *Deutschland*, *Frankreich* und der *Schweiz* – das erbrechtliche Prinzip der Unmittelbarkeit gilt, wird der Erbe mit dem Erbfall ipso iure Gesellschafter. Gewisse Komplizierungen können sich dort ergeben, wo – wie in *Österreich* und *Italien* – erst ein besonderes Verfahren durchlaufen werden muß, bis der Erbe Inhaber der Mitgliedschaft werden kann. In diesen Ländern ist zunächst der Nachlaß selbst Gesellschafter. Erst wenn bestimmte Erklärungen abgegeben und gerichtliche Kontrollen durchlaufen worden sind, übernimmt der Erbe die Stellung des Erblassers in der Gesellschaft im eigenen Namen, während er vorher regelmäßig als Verwalter auftritt. Rechtliche Schwierigkeiten ergeben sich daraus jedoch nicht. Es handelt sich um Besonderheiten der Abwicklung des Nachfolgeverfahrens.

Rechtliche Komplikationen können sich allerdings – wie in *Frankreich* – dann ergeben, wenn die Nachfolge eines Minderjährigen in Frage steht. In diesem Fall kommt hinzu, daß sowohl in *Frankreich* als auch in *Italien* besondere behördliche bzw. gerichtliche Genehmigungen erforderlich sind.

2. Nachfolge mehrerer (aller) Erben (einfache Nachfolgeklausel)

Enthält die Nachfolgeklausel nur die allgemeine Bestimmung, daß die Mitgliedschaft vererblich sein soll, so wird übereinstimmend angenommen, daß der Übergang ipso iure auch dann eintritt, wenn mehrere Erben vorhanden sind. Unterschiedlich ist dagegen die Art und Weise der Nachfolge mehrerer Erben, was wiederum von der jeweiligen Struktur der Miterbengemeinschaft abhängt.

a) Die Struktur der Miterbengemeinschaft

Die Miterbengemeinschaft ist in den kontinentaleuropäischen Rechten sehr unterschiedlich strukturiert. In *Deutschland* und der *Schweiz* handelt es sich um Gesamthandsgemeinschaften. Dies bedeutet, daß die im Nachlaß befindlichen Gegenstände jedem einzelnen Gemeinschafter in der Weise zugeordnet werden, daß jeder Inhaber des ganzen Rechts ist, die Rechtszuständigkeit also bei den Erben liegt. Die Rechtsausübungsbefugnis, d.h. das Verfügungs- und Verwaltungsrecht, steht dagegen allen gemeinsam, d.h. der Gemeinschaft zu. Diese Gemeinsamkeit des Handelns bedeutet nach *schweizer* Recht Einstimmigkeit der Miterben, während im *deutschen* Recht das Mehrheitsprinzip – mit gewissen Grenzen – gilt.

In den übrigen Staaten – also in *Österreich*, *Frankreich* und *Italien* – ist die Erbengemeinschaft als Bruchteilsgemeinschaft ausgestaltet. Auch dort ist daher jeder Gemeinschafter zwar Träger des ganzen gemeinschaftlichen

Gegenstandes, aber die Rechtsausübungsbefugnis ist prinzipiell nach Quoten geteilt. Dabei ist jedoch weiter zu unterscheiden: in *Österreich* kann der einzelne Gemeinschafter zwar über seinen Anteil am ganzen Vermögen frei verfügen, einen Anteil am einzelnen Gegenstand hat er aber nicht. Verfügung und Verwaltung des Gegenstandes stehen in jedem Fall der Gemeinschaft zu, wobei Mehrheitsprinzip herrscht. In *Frankreich* ist zwar die Verfügungsbefugnis weitgehend individualisiert, indem jedem Gemeinschafter ein Anteil am einzelnen Gegenstand des gemeinschaftlichen Vermögens zur freien Verfügung zugeordnet ist. Dagegen erfolgt die Verwaltung gemeinschaftlich. Dabei ist im Ergebnis Einstimmigkeit erforderlich, da jeder Miterbe grundsätzlich ein Vetorecht hat. Das *italienische* Recht basiert auf der französischen Auffassung, nur herrscht bei der Verwaltung Mehrheitsprinzip.

b) Erbengemeinschaft und Mitgliedschaft

Durchweg wird ein Zusammenhang gesehen zwischen der unbeschränkten Haftung eines Gesellschafters und seiner Mitwirkungsbefugnis bei den Geschäften der Gesellschaft. Diese beiden Gesichtspunkte sind nur dann befriedigend miteinander verknüpft, wenn der einzelne Gesellschafter im Rahmen seiner Gesellschafterstellung ein entsprechendes Stück autonomer Rechtsausübungsbefugnis innehat, die ihm seinen Einfluß sichert. Dies ist der Maßstab, mit dem die verschiedenen Miterbengemeinschaften auf ihre Vereinbarkeit mit der Natur einer Gesellschafterstellung in einer Personenhandelsgesellschaft hin beurteilt werden müssen. Unter diesem Gesichtspunkt ist die Gruppierung der Erbengemeinschaften nicht nach ihrer Ausgestaltung als Gesamthand oder Bruchteilsgemeinschaft von Bedeutung, sondern nach der Art und Weise, wie die vom Erblasser erworbenen Nachlaßrechte verwaltet werden, insbesondere nach der Art der Willensbildung und der Behandlung von Minderheiten.

In diesem Sinne müssen solche Gemeinschaften, bei denen das Mehrheitsprinzip gilt, von jenen unterschieden werden, in denen nur einstimmig gehandelt werden kann. Nur in diesem Fall ist für jeden einzelnen Gesellschaftererben das ihm zukommende Maß an Einfluß gewährleistet, da er in keinem Fall überstimmt werden kann. Herrscht dagegen das Mehrheitsprinzip, so kann die Minderheit von der Mitbestimmung bei den Geschäften der Gesellschaft ausgeschlossen werden. In diesem Fall muß von einer Kollision der Regelungen der Miterbengemeinschaft mit der Eigenart der Gesellschafterstellung gesprochen werden, die einer Lösung bedarf.

aa) Nachfolge der Miterbengemeinschaft

Wenn von einer Nachfolge »der Miterbengemeinschaft« in die Mitgliedschaft gesprochen wird, dann ist damit gemeint, daß ihre rechtliche Ausgestaltung mit der Natur einer Gesellschafterstellung vereinbar ist, so daß die

Erben in ihrer spezifischen Verbundenheit Gesellschafter werden können. Dieser Fall ist nach den vorangegangenen Untersuchungen gegeben in *Frankreich* und der *Schweiz*. In beiden Ländern ist durch das Prinzip der Einstimmigkeit bei der Verwaltung der Nachlaßgegenstände, also auch der Mitgliedschaft, dem einzelnen Miterben die vom Gesellschaftsrecht her zu fordernde Einflußmöglichkeit gegeben.

bb) Einzelnachfolge der Miterben

Dort, wo die besonderen Regelungen der Erbengemeinschaft dem Miterben diese Autonomie versagen, muß, wenn anders die Nachfolge mehrerer Erben nicht scheitern soll, insoweit eine Derogation des Erbrechts angenommen werden. Dies wird in *Deutschland* und *Österreich* in der Weise erreicht, daß die Mitgliedschaft im Augenblick des erbrechtlichen Übergangs auf die Erben – in *Deutschland* mit dem Erbfall, in *Österreich* mit der Einantwortung – als geteilt angesehen wird, so daß jeder Miterbe seiner Erbquote entsprechend selbständiger Gesellschafter ist. Auch im *italienischen* Recht ergibt sich diese Kollision. Sie wird aber offenbar nicht als solche empfunden und nicht diskutiert. Daher können insoweit für *Italien* keine Aussagen gemacht werden.

3. Nachfolge eines von mehreren Erben (qualifizierte Nachfolgeklausel)

Enthält die Nachfolgeklausel die Bestimmung, daß nicht alle, sondern nur einer der Erben Nachfolger sein soll, so treten Privatautonomie der Gesellschafter und Erbfolgeordnung in einen besonderen Konflikt. Es handelt sich genauer um eine Kollision zwischen dem Interesse der Gesellschafter am Fortbestand der Gesellschaft ohne Vervielfältigung der Mitgliedschaft einerseits und dem Interesse der Erben an gleichmäßiger Beteiligung an allen Nachlaßgegenständen andererseits, das vor allem durch das Institut der Erbengemeinschaft gesichert wird. Diese Kollision wird je nach der Bewertung der gegenläufigen Interessen unterschiedlich gelöst.

a) Ablehnung der qualifizierten Nachfolge

Hält man die Regelung der Erbengemeinschaft für unabdingbar, so ist schon konstruktiv die Herauslösung eines Erben aus diesem Verband nicht möglich. Dann wird der erbrechtliche Grundsatz, daß jeder Nachlaßgegenstand zunächst einmal allen Erben gleichermaßen zugeordnet wird, für zwingend erachtet, und man bewertet damit die Interessen der Erben höher als die der Gesellschafter. Dann muß eine qualifizierte Nachfolgeklausel konsequenterweise unwirksam sein, da sie den Übergang der Mitgliedschaft gerade nicht auf alle, sondern ausschließlich auf den Nachfolger bewirken soll. Diese Lösung gilt noch heute in der *Schweiz*. – Zwar kann im

schweizer Recht ebenfalls erreicht werden, daß nur ein Erbe die Mitgliedschaft erhält, während die übrigen Erben durch ein Summenlegat abgefunden werden. Dies kann aber immer nur ein Ergebnis der Nachlaßteilung sein, niemals der Erbfolge selbst. So formal also im Einzelfall die Berechtigung aller Erben an der Mitgliedschaft sein mag, sie behält den Erben jedenfalls die Verfügungsmacht vor, und es bedarf eines Übertragungsgeschäfts, damit der nachfolgeberechtigte Erbe Alleininhaber der Mitgliedschaft wird.

b) Zulässigkeit der qualifizierten Nachfolge

In *Deutschland*, *Österreich*, *Frankreich* und *Italien* ist dagegen die qualifizierte Nachfolge heute zugelassen. In diesen Rechtsordnungen herrscht zwar ebenfalls das Prinzip der Gleichheit der Erben, welches durch das Institut der Miterbengemeinschaft gesichert ist. Man wirft aber die Frage auf, ob damit vom Gesetz die Interessen der Gesellschafter wirklich als nachrangig bewertet worden sind oder ob nicht vielmehr *diese* Kollision gar nicht gelöst sein sollte, weil der Gesetzgeber sie nicht gesehen hat. Dieser Zweifel schafft die Freiheit, zu einer Lösung zu kommen, die die legitimen Interessen der Gesellschafter berücksichtigt, ohne die Erben insgesamt letzten Endes zu benachteiligen. Dies wurde möglich durch eine differenziertere Betrachtung des Wesens der Gleichheit der Erben und damit der Erbengemeinschaft.

aa) Die Gleichheit der Erben

Insbesondere in *Deutschland* und *Frankreich* ist erkannt worden, daß die Gleichheit der Erben nicht notwendig gegenständlich zu verstehen ist, daß zwingenden Charakter im Grunde nur die wertmäßige Gleichbehandlung der Erben besitzt, in dem Sinne, daß jeder mit seiner Quote am *ganzen* Nachlaß*wert* beteiligt ist. Da die qualifizierte Nachfolgeklausel aber nur eine Derogation des Prinzips der gegenständlichen Gleichheit erfordert, weil es um die Sonder*zuordnung* der Mitgliedschaft geht, wird die Durchbrechung dieses mehr formalen erbrechtlichen Grundsatzes für zulässig erachtet[830]). Dies bedeutet andererseits, daß die Mitgliedschaft nach wie vor in ihrem *Wert* allen Erben zukommt, so daß sie bei der Verteilung des Nachlasses in jedem Fall zu berücksichtigen ist. Diese Lösung gilt wohl auch für das *österreichische* Recht, das sich weitgehend dem deutschen anschließt, und kann

---

[830]) Vgl. die Bemerkung von Esser, S. 326: »Konstruktives Denken verlangt ein Mindestmaß an historischer Unbekümmertheit. Soll die Doktrin überkommene Rechtsschutzformen zu einem zeitgerechten System von Institutionen umschaffen, so muß sie autorisiert sein, obsolet gewordene Figuren mit neuem Ordnungsgehalt zu füllen und Rechtsbegriffe jenseits ihres geschichtlichen Rahmens einem lebendigen Prinzip dienstbar zu machen.«

auch, wie die Untersuchungen gezeigt haben, grundsätzlich für *Italien* angenommen werden, wenngleich anscheinend ihre Grenzen dort enger gezogen werden.

bb) Sonderzuordnung und Wertausgleich

Die qualifizierte Nachfolge wird in der Weise abgewickelt, daß die Mitgliedschaft mit dem Erbfall dem nachfolgeberechtigten Miterben ganz und ausschließlich zugeordnet wird. Ihr Wert ist aber bei der Verteilung des übrigen Nachlasses zu berücksichtigen, so daß der Gesellschaftererbe zum Wertausgleich verpflichtet ist, sofern der Wert der Mitgliedschaft seine Erbquote übersteigt. Es bleibt in *diesem* Sinne dabei, daß ein Miterbe nicht mehr erhalten kann, als ihm nach dem Erbrecht zusteht. Auf diese Weise wird die Freiheit der Gesellschafter, die Person des Nachfolgers zu bestimmen, mit den Interessen der Erben harmonisiert.

III. Bindungswirkung einer Nachfolgeklausel

1. Bindung der überlebenden Gesellschafter

Die überlebenden Gesellschafter sind in den kontinentaleuropäischen Rechten ausnahmslos an eine Nachfolgeklausel gebunden. Sie sind dies nicht im anglo-amerikanischen Sinne, daß sie etwa verpflichtet wären, den Nachfolgern eine Gesellschafterstellung *einzuräumen*, sondern sie haben keine Möglichkeit mehr, den Übergang der Mitgliedschaft auf den Erben von sich aus zu beeinflussen. Ist die Gesellschafterstellung einmal vererblich gestaltet worden, dann wird der Erbe automatisch Gesellschafter.

2. Bindung des Erben

Der Erbe wird als Rechtsnachfolger Inhaber aller Rechtspositionen des Erblassers und daher zwangsläufig auch Gesellschafter. In diesem Sinne besteht eine zwingende Bindung auch des bzw. der Erben an eine Nachfolgeklausel.

Ebensowenig wie der Erbe aber überhaupt Rechtsnachfolger werden *muß*, ist er verpflichtet, die Mitgliedschaft zu übernehmen. In allen Rechtsordnungen kann er sich durch Ausschlagung der Erbschaft dagegen wehren, indem er dadurch in seiner Person das Zusammentreffen von Nachfolgeberechtigung und Erbeneigenschaft vereitelt.

Die für den Erben bestehende Alternative, entweder unbeschränkt haftender Gesellschafter einer Kollektivgesellschaft zu werden, oder die Erbschaft auszuschlagen, wird nicht überall als im Interesse des Erben noch der Gesellschafter liegend angesehen. Ein Erbe, dem das Risiko eines Gesellschafters zu groß erscheint, wird, wenn er deshalb ausschlägt, auch den

oft nicht geringen Wert des übrigen Nachlasses verlieren. Für die Gesellschafter ist die Aussicht einer reibungslosen Nachfolge erheblich vermindert, weil nicht jeder Erbe bereit sein wird, über den erworbenen Nachlaß hinaus auch sein eigenes Vermögen der gesellschaftsrechtlichen Haftung zu unterstellen.

Daher ist in *Deutschland* und *Österreich* die Möglichkeit für den Erben geschaffen worden, einerseits Gesellschafter zu werden, andererseits aber die Haftung auf den ererbten Gesellschaftsanteil zu beschränken, indem der Erbe verlangen kann, daß die Mitgliedschaft des Erblassers in einen Kommanditanteil umgewandelt wird: § 139 HGB. In *Frankreich*, *Italien* und der *Schweiz* bedarf es dazu einer besonderen gesellschaftsvertraglichen Vereinbarung (sog. Umwandlungsklausel). Als gesetzliche Lösung ist dies in *Frankreich* vorgesehen für den Fall der Nachfolge eines Minderjährigen.

2. Abschnitt

Folgerungen für das deutsche Recht

Die Untersuchungen haben ergeben, daß das Problem der Nachfolge in eine Gesellschafterstellung in allen kontinentaleuropäischen Rechten spezifische Schwierigkeiten bereitet. Sie haben ihren Grund darin, daß die Frage der erbrechtlichen Nachfolge im Gesellschaftsrecht nur zum Teil befriedigend geregelt ist. In der Praxis haben sich weitergehende Bedürfnisse herausgebildet, insbesondere im Hinblick auf die qualifizierte Nachfolge. Nachdem diese Bedürfnisse einmal als legitim und schützenswert anerkannt worden sind, geht es nun darum, rechtlich adäquate Lösungen zu finden und diese in das vorhandene System gesetzlicher Regelungen einzupassen, »konstruktive« Begründungen der Ergebnisse zu erarbeiten.

Aus dieser Fragestellung ergibt sich zugleich, daß die Anpassung der zunächst einmal außerhalb der Gesetze gefundenen Lösungen an das System je nach der Eigenart der jeweiligen Rechtsordnung verschieden aussieht. »Gleicher Bedarf zwingt verschieden strukturierte Rechte nicht zur Entwicklung gleicher Figuren, sondern nur gleicher Ordnungsgrundsätze, die mit disparaten Figuren bewältigt werden«[831]). Daher lassen sich für die Lösung strukturbedingter Probleme des deutschen Rechts nicht ohne weiteres Anregungen in den ausländischen Rechten finden. Dagegen zeigen die gemeinsamen »Ordnungsgrundsätze« und Wertungen um so deutlicher, daß bestimmte Ergebnisse heute unumgänglich sind, weil sie allein noch als gerecht empfunden werden.

---

[831]) Esser, S. 359.

A. Die Lösungen

I. Einzelnachfolge mehrerer Erben

Das Ergebnis, daß auch mehrere Erben in eine Gesellschafterstellung nachfolgen können, ist durch die rechtsvergleichenden Untersuchungen bestätigt worden. Insoweit handelt es sich um einen den kontinentaleuropäischen Rechten gemeinsamen Ordnungsgrundsatz. Dagegen hat sich gezeigt, daß die rechtliche Begründung und Konstruktion dieses Ergebnisses in Form der »Einzelnachfolge« strukturbedingt und in dieser Weise nur in Deutschland erforderlich ist. »Einzelnachfolge« bezeichnet der Sache nach eine spezifische Derogation bestimmter Vorschriften über die Erbengemeinschaft wie sie nur im *deutschen* Recht nicht umgangen werden kann.

In *Österreich* ergeben sich ähnliche Fragen, zu deren Lösung aber weitgehend das deutsche Recht herangezogen wird. Dennoch vermittelt das österreichische Recht eine für das deutsche Recht wichtige Einsicht: wenn in Österreich die Miterben in ihrer Verbundenheit als Erbengemeinschaft die Mitgliedschaft bis zur Einantwortung verwalten, andererseits aber mit der Einantwortung Einzelnachfolger werden, so beweist das, daß nicht die mangelnde Einheit der Erbengemeinschaft der Grund für die Einzelnachfolge sein kann, sondern – wie gezeigt wurde – nur die Rechtsnatur der Mitgliedschaft.

II. Sondernachfolge eines von mehreren Erben

Die qualifizierte Nachfolge wirft dort, wo sie zugelassen wird – also in allen kontinentaleuropäischen Staaten *außer der Schweiz* – dieselben sachlichen Probleme auf. Es geht überall um ihre Vereinbarkeit mit dem Prinzip der Gleichheit der Erben. Auf der Ebene der grundsätzlichen Wertungen ist es dabei zu einer auffallenden Parallelentwicklung in *Deutschland* und *Frankreich* gekommen. Die in der französischen Literatur und Rechtsprechung jüngst entwickelte Differenzierung in eine gegenständliche und eine wertmäßige Gleichheit der Erben, ist für eine Bestätigung der auch im deutschen Recht vertretenen Auffassung von besonderem Wert. Die Identität der Ordnungsgrundsätze, die mit den termini »Sondernachfolge« und »Wertausgleich« bezeichnet werden, läßt in hohem Maße auf ihre Richtigkeit schließen. Auch das *italienische* Recht weist diese Züge auf, während sich die Literatur in *Österreich* wiederum an die Lösungen des deutschen Rechts anschließt.

Dagegen sind die konstruktiven Folgerungen jeweils wieder systemgebunden. So kommt man im *französischen* Recht zu einem ausnahmsweise erlaubten »pacte sur succession future«, d.h. einer Derogation des Art. 1130 C.civ., während in *Deutschland* die Herauslösung eines Erben aus der Miterbengemeinschaft, d.h. eine Derogation der gesamthänderischen Bindung der Miterben ermöglicht wird. Daher lassen sich auf *dieser* Ebene für

die Lösung der spezifischen Probleme des *deutschen* Rechts keine Gedanken aus ausländischen Rechten übernehmen.

Immerhin läßt sich feststellen, daß der Schlüssel zur Beantwortung der Fragen, die die qualifizierte Nachfolge aufwirft, in dem neuen Verständnis der Gleichheit der Erben liegt; und daß insoweit die rechtsvergleichende Methode in der Lage ist, die besonders deutlich von WIEDEMANN für das *deutsche* Recht formulierte Ansicht auf eine sichere Grundlage zu stellen.

B. Die systematische Einordnung der Lösungen im deutschen Recht – abschließende Stellungnahme

Die rechtsvergleichenden Untersuchungen haben zweierlei ergeben:

1. *Einzelnachfolge* der Miterben bei Nachfolge aller Erben und *Sondernachfolge* + *Wertausgleich* bei qualifizierter Nachfolge sind als die beiden allein gangbaren Wege bestätigt worden, um Gesellschaftsrecht und Erbrecht zu harmonisieren.
2. Die systematische Einordnung und konstruktive Begründung dieser Lösungen ist ein spezifisch »innerdeutsches« Problem.

Zu dieser Frage soll abschließend Stellung genommen werden, wobei an den für Deutschland oben gegebenen Bericht angeknüpft wird.

Es war dort festgestellt worden, daß Einzelnachfolge und Sondernachfolge dem sachlichen Gehalt nach nichts Verschiedenes sind. In *beiden* Fällen wird die Mitgliedschaft dem einzelnen nachfolgeberechtigten Miterben unter Ausschluß der gesamthänderischen Mitberechtigung der übrigen Miterben zugeordnet. Ein Unterschied besteht nur darin, daß bei der Nachfolge aller Erben naturgemäß ein Wertausgleich nicht erforderlich ist, weil in diesem Fall Zuordnung und Wertverteilung parallel verlaufen. Das Entscheidende aber ist die Tatsache, daß eine Mitgliedschaft – sei es zu einem der Erbquote entsprechenden Teil, sei es ganz – immer nur auf *einen einzelnen Erben* übergeht; in jedem Fall sukzediert ein Erbe als *Allein*berechtigter. Darum handelt es sich im Grunde bei der Einzelnachfolge um Sondernachfolge aller Miterben *ohne* Wertausgleich, bei der qualifizierten Nachfolge um Sondernachfolge eines Miterben *mit* Wertausgleich zugunsten der übrigen Miterben. Der Wertausgleich ist erbrechtlicher Natur und unterliegt erbrechtlichen Grundsätzen[832]). Aus dieser Überlegung heraus ist eine einheitliche Erklärung und Begründung der Nachfolgevorgänge geboten.

Die Auffassung, die allein auf § 139 HGB als lex specialis zu den Nachlaßvorschriften verweist, macht es sich dabei zu einfach[833]). Aus dieser Vorschrift läßt sich zwar die *Zulässigkeit* von Einzelnachfolge und Sondernachfolge ableiten, aber nicht deren rechtliches Wesen. Um es zu bestimmen, muß davon ausgegangen werden, daß der Übergang der Mitgliedschaft auf

---

[832]) Damit unterliegt er allerdings auch der Abänderbarkeit durch erbrechtliche Verfügungen; anders dagegen das französische Recht, das den Wertausgleich als Wirksamkeitsvoraussetzung der qualifizierten Nachfolgeklausel ansieht.

[833]) Vgl. oben S. 42f. u. 54f.

den Nachfolger erbrechtlicher Natur ist. Wenn nun auf erbrechtlichem Wege einem Miterben ein Nachlaßgegenstand unter Ausschluß der gesamthänderischen Gebundenheit gesondert zugeordnet wird, dann kann nicht geleugnet werden, daß es sich der Sache nach um nichts anderes handelt als um Sondererbfolge. Die Frage ist, wie sie in das System des deutschen Rechts eingeordnet werden kann. In *diesem* Sinne besteht eine Lücke, die sich aus der Kollision von Gesellschaftsrecht und Erbrecht ergibt.

Als Antwort bieten sich zwei Versuche einer *Analogie* an: die von Siebert vorgeschlagene Analogie zur Sondererbfolge im Höferecht[834]) sowie die Analogie Wiedemanns zur Figur des Sonderguts in § 1417 BGB[835]), während alle übrigen Lösungsversuche bereits oben für nicht tragfähig befunden wurden. Mit Recht lassen sich gegen die von Siebert angenommene Ähnlichkeit der Interessenlage gewisse Bedenken erheben. Nicht minder gewichtige Einwände lassen sich aber der von Wiedemann vertretenen Ansicht entgegenhalten. Seine »Sonderguttheorie« sagt genau genommen über den *Nachfolgevorgang* nichts aus, sondern setzt ihn bereits voraus. Man mag die Mitgliedschaft, wenn sie in die Hand eines Miterben gelangt ist, gegenüber dem übrigen Nachlaß als Sondergut bezeichnen; *wie* sie aber Sondergut *wird*, ist damit nicht erklärt.

Es ist zweifelhaft, ob eine *Analogie* überhaupt in der Lage ist, Einzel- und Sondernachfolge in das deutsche Rechtssystem einzuordnen und aus ihm zu legitimieren. Man muß sich darüber im klaren sein, daß die eigentliche Legitimation dieser Lösungen aus der Bewertung der im Hintergrund stehenden Interessenlage, der Sachgesetzlichkeit, der – wenn man so will – »Natur der Sache« folgt und nicht aus dem Gesetz. Zwar hat die Analogie gerade bei einem »offenen« Argumentieren vom Problem her ihre ganz besondere Bedeutung und Funktion[836]), nämlich die der Kontrolle neuer Lösungen an den gesetzlich in ähnlichen Fällen vorgefundenen. So dient »ein anderweit schon anerkannter »Rechtsgedanke« als Schlüssel der Einordnung«[837]). Aber auch ein solches Verfahren hat seine Grenzen. Stammler erklärt es für eine unhaltbare Behauptung, daß jede Lücke des geformten Rechts durch einen Analogieschluß ausgefüllt werden könne. Denn es sei ja die Möglichkeit eines Analogieschlusses für eine bestimmte Frage von der Zufälligkeit abhängig, daß »innerhalb eines geformten Rechts sich bereits eine teilweise Gleichheit mit den jetzt zur Frage gestellten rechtlichen Voraussetzungen finde«[838]). Die anstehende Problematik dürfte die Richtigkeit dieser Auffassung beweisen.

Es erscheint mir richtig, wenn Siebert es in seinen früheren Äußerungen zumindest »dahingestellt« sein ließ, »ob es vertretbar wäre, den im Höferecht maßgebenden Gedanken der Erhaltung lebensfähiger Wirtschaftseinheiten auf die von Personengesellschaften betriebenen Unternehmen

---

834) Vgl. oben S. 43f. u. 55f.
835) Vgl. oben S. 44f. u. 56.
836) Vgl. Esser, S. 231.
837) Esser, S. 243.
838) Zitiert nach Larenz, S. 90.

irgendwie zu übertragen. Denn der entscheidende Grund dafür, daß die Gesellschafterstellung nicht auf die Miterbengemeinschaft, sondern auf die einzelnen Miterben oder auch nur auf einen einzelnen Miterben übergeht, liegt nicht in der Sphäre des Unternehmens, sondern in der persönlichen Natur der Mitgliedschaft«[839]).

Ich komme damit zu folgendem *Ergebnis:* § 139 HGB *läßt* die Nachfolge von Erben in eine Mitgliedschaft in einer OHG und damit sowohl die Einzelnachfolge mehrerer Erben als auch die Sondernachfolge eines von mehreren Erben *zu.* In beiden Fällen handelt es sich um einen gegenüber dem Höferecht nicht ähnlichen, sondern *weiteren* Fall von *Sondererbfolge* im deutschen Recht. Die durch Sondererbfolge erworbene Mitgliedschaft mag dann im Verhältnis zum übrigen Nachlaß als eine Art *Sondergut* des einzelnen Miterben bezeichnet werden.

---

[839]) Siebert, Vortrag, S. 24.

Literaturverzeichnis

Aus der französischen Literatur sind Anmerkungen zu höchstrichterlichen Entscheidungen nicht in das Literaturverzeichnis aufgenommen worden. Ihre Fundstellen ergeben sich aus dem jeweiligen Zitat.

Auletta, Giuseppe, Clausole di continuazione della società coll' erede del socio personalmente responsabile, in: Riv. trim. dir. proc. civ. 1951, S. 891 ff.
Autesserre, Jean, Licéité et pertinence des clauses statutaires réglant la transmission des parts des associés prédécédés dans les sociétés de personnes et notamment dans les sociétés à responsabilité limité, Rev. soc. 1959, 241 ff.
Banomyong, Pridi, Du sort des sociétés de personnes en cas de décès d'un associé, Paris 1927
Bastian, Daniel, Abschnitt »Frankreich« in: Jura Europae, Das Recht der Länder der Europäischen Wirtschaftsgemeinschaft, Band I: Gesellschaftsrecht, Paris-München und Berlin 1964
ders., Des clauses statutaires concernant l'évaluation des droits sociaux, J. soc. 1935, 401 ff. u. 465 ff.
Baumann, Joachim, Das Recht der Handelsgesellschaften im englischen Rechtskreis, Berlin 1961
Binder, Julius, Der Gegenstand, ZHR 59 (N.F. 44) 1. Heft, S. 1 ff.
Brosset et Schmidt, Guide des sociétés en droit suisse, Band 1: Les sociétés de personnes, Genève 1962
Brunetti, Antonio, Trattato del diritto delle società, Bd. I, 2. ed., Milano 1948
Buchda, Gerhard, Geschichte und Kritik der deutschen Gesamthandlehre, Marburg 1936
Buchwald, Friedrich, Gesellschaftsanteil und Erbrecht, AcP 154, 22 ff.
ders., Das Verhältnis von Erbrecht und Gesellschaftsvertrag, JR 1955, 173 ff.
v. Caemmerer, Ernst, Zur Nachlaßbehandlung in ausländischen Rechten, DFG 1936, 119 ff.
Candian, Aurelio, L'erede del socio e l'esclusione di un socio superstite, in: Giur. it. 1950 IV, S. 33 ff.
Corbin, Arthur Linton, On Contracts, Vol. 4, Sec. 772–989, St. Paul/Minnesota 1951
Crane, Judson A., Handbook on the law of partnership, 2. ed., St. Paul/Minnesota 1952
Curti, Arthur, Englands Privat- und Handelsrecht Bd. I u. II, Berlin 1927
Demelius, Heinrich, Das allgemeine Handelsgesetzbuch und die handelsrechtlichen Nebengesetze, 23. Aufl., Wien 1937
ders., Das für Österreich vorläufig in Geltung gesetzte Handelsgesetzbuch vom 10. Mai 1897 (ohne Seehandel) mit den Angleichungs-, Ergänzungs- und Übergangsbestimmungen und den wichtigsten Nebengesetzen sowie einem Sachregister, 8. Aufl., Wien 1966
ders., Das kaufmännische Nachlaßverfahren in Österreich, Wien 1931
ders., Tod des Gesellschafters, ÖNotZ 1954, 113 ff.
Derrida, Fernand, Abschnitt »Société en nom collectif« in: Encyclopédie Dalloz, Répertoire de Droit Commercial et des Sociétés, Band III: Sociétés, Paris 1958 ff.
Donner, Günther, Mehrheit von Erben und Kommanditisten im Falle des § 177 HGB, DR 1943, 1205 ff.
ders., Der Testamentsvollstrecker des eingetragenen Einzelkaufmanns, des offenen Handelsgesellschafters, des Komplementärs und des Kommanditisten, DNotZ 1944, 143 ff.
Drake, Joseph H., Partnership entity and tenancy in partnership: The struggle for a definition, 15 Michigan L. R. (1916–17), S. 609 ff.

Du Garreau de la Méchenie, Jean, Les clauses statutaires de continuation d'une société avec les héritiers de l'associé prédécédé, J. soc. 1938, 257ff.

Ehrsam, Paul, Gesellschaftsvertrag und Erbrecht. Die Fortsetzung der Gesellschaft trotz Tod eines Gesellschafters, Diss. Lausanne 1942

Einmahl, Jürgen, Die Ausübung der Verwaltungsrechte des Gesellschaftserben durch den Testamentsvollstrecker, AcP 160, 29ff.

Eiselt, Gerhard, Die Vererbung der Beteiligung an einer OHG, AcP 158, 319ff.

Enneccerus-Nipperdey, Allgemeiner Teil des Bürgerlichen Rechts, I. Band des Lehrbuchs des Bürgerlichen Rechts, begr. von Enneccerus-Kipp-Wolff, 15. Bearb., Tübingen 1960

Escarra, J. et Escarra, E. et Rault, Traité théorique et pratique de droit commercial, Les sociétés commerciales Band I., Paris 1950 (zitiert: Escarra et Rault)

Esser, Josef, Grundsatz und Norm in der richterlichen Fortbildung des Privatrechts, 2. Aufl., Tübingen 1964

Fabricius, Fritz, Das Fortbestehen der OHG nach dem Tode eines Gesellschafters gem. § 139 HGB, Diss. Münster 1952

Ferid, Murad, Zur Behandlung von Anteilen an Personalgesellschaften beim zwischenstaatlichen Erbgang, Festschrift für Hueck, S. 343ff., München u. Berlin 1959

Ferid-Firsching, Internationales Erbrecht (mit systematischer Darstellung des materiellen Erbrechts, Stand von 1964), München und Berlin 1955ff.

Fetter-Edlbacher, Verfahren außer Streitsachen. Gesetz über das gerichtliche Verfahren in Rechtsangelegenheiten außer Streitsachen, herausgegeben von Franz Fetter und Oskar Edlbacher, Wien 1956/1960

Fuller, Warner, Partnership agreements for continuation of an enterprise after the death of a partner, 50 Yale L. J. (1940–41), S. 202ff.

Funk, Fritz, Kommentar des Obligationenrechts, Band 2: Das Recht der Gesellschaften, Aarau 1951

v. Gierke, Julius, Die Fortsetzung der offenen Handelsgesellschaft mit den Erben eines Gesellschafters, Festgabe für Wieland, S. 94ff., Basel 1934

v. Gierke, Otto, Handelsgesellschaftsrecht und bürgerliches Recht, ArchBürg. R. 19, 114ff.

Graziani, Alessandro, Diritto della società, 5. ed., Napoli 1964

Gschnitzer, Franz, Lehrbuch des österreichischen bürgerlichen Rechts: Schuldrecht, Besonderer Teil, Wien 1963; Erbrecht, Wien 1964

Guhl, Theo, Das Schweizerische Obligationenrecht, 5. Aufl., Zürich 1956

Guisan, François, Recherche théorique de la limite entre le contrat et l'acte à cause de mort, in: Receuil de travaux (publié par la Faculté de droit de l'Université de Lausanne), Lausanne 1934

Guyenot, Jean, La clause statutaire de continuation d'une société avec l'un des héritiers d'un associé prédécédé, Rev. trim. dr. com. 1957, 15ff.

Haas, Robert, Abschichtung zum Buchwert als Schenkung? JBl. 1955, 8ff.

Haas, Volker Alfons, Erbengemeinschaft (Gesamthand) und Mitgliedschaftsrecht in Personalgesellschaften, Diss. Kiel 1962

Hämmerle, Hermann, Handelsrecht, Zweite Lieferung: Handelsgesellschaften, Graz–Wien–Köln 1959

Hamel et Lagarde, Traité de droit commercial Band I, Paris 1954

Hartmann, Wilhelm, in: Kommentar zum Schweizerischen Zivilgesetzbuch, begr. von Gmür, Obligationenrecht, hrsg. von Becker, Band VII, 1. Abt.: Die Handelsgesellschaften und die Genossenschaft, XXIV. und XXV. Titel: Die Kollektiv- und Kommanditgesellschaft, Art. 552–619, Bern 1943

Heck, Winfried, La Société en nom collectif, Diss. Heidelberg 1955

Held, Paul, Die Fortsetzung der Kollektivgesellschaft mit den Erben eines Gesellschafters (Art. 545 Ziff. 2 OR), ZBJV 1940, 417ff.

Hueck, Alfred, Das Recht der offenen Handelsgesellschaft, 3. Aufl., Berlin 1964

ders., Der gemeinschaftliche Vertreter mehrerer Erben in einer Kommanditgesellschaft, ZHR 125 (1963) 1ff.

ders., Anm. zum Urteil des BGH vom 22. 11. 1957, JZ 1957, 222ff.

Julliot de la Morandière – Rodière – Houin, Droit Commercial Band I, 3. Aufl., Paris 1962

Kapfer, Hans, Das allgemeine bürgerliche Gesetzbuch, 6. Aufl., Wien 1956

Kaser, Max, Das römische Privatrecht, Erster Abschnitt (altrömisches, vorklassisches und klassisches Recht) München 1955; Zweiter Abschnitt (nachklassisches Recht), München 1959
ders., Römisches Privatrecht, Studienbuch, 4. Aufl., München und Berlin 1965
Kastner, Walther, Erbrecht und Gesellschaftsrecht bei Personengesellschaften des Handelsrechts, ÖJZ 1958, 365ff.
Kaufmann, Ekkehard, Zur Zulässigkeit der gesellschaftsvertraglichen Vermögensbindung, JZ 1959, 522f.
Kent, James, Commentaries on American Law Vol. III, 14. ed., Boston 1896
Kipp-Coing, Erbrecht, 12. Bearb., Tübingen 1965
Klang, Heinrich, Kommentar zum Allgemeinen bürgerlichen Gesetzbuch, Band III: §§ 531–858 ABGB, 2. Aufl., Wien 1952; Band V: §§ 1090–1292 ABGB., 2. Aufl., hrsg. von Gschnitzer, Wien 1954 (zitiert: Klang + Bearbeiter)
Kohler, Joseph, Substanzrecht und Wertrecht, AcP 91, 155ff.
Krummel, Das Verlassenschaftsprovisorium nach dem verstorbenen Inhaber oder Gesellschafter, ÖNotZ 1961, 25ff.
Kunz, Romano, Über die Rechtsnatur der Gemeinschaft zur gesamten Hand. Abhandlungen zum schweizerischen Recht, Neue Folge, Heft 355, Bern 1963
Lange, Heinrich, Lehrbuch des Erbrechts, München und Berlin 1962
Larenz, Karl, Methodenlehre der Rechtswissenschaft, Berlin–Göttingen–Heidelberg 1960
Lecourt, Bernard, Les sociétés civiles, Paris 1962
Lewis, William Draper, The Uniform Partnership Act, 24 Yale L. J. (1914–15) 617ff.
Liebisch, Arnold, Über die Rechtsstellung des Erben eines offenen Handelsgesellschafters, ZHR 116 (1954), 128ff.
Lienhart, Das schweizerische Erbrecht, Heft 108 der Rechtshilfebücher, 2. Aufl., Zürich 1961
Lindley, Lord Walter B., On the law of partnership, 12. ed. by Ernest H. Scamell, London 1962
Liver, Peter, Gemeinschaftliches Eigentum, ZBJV 100 (1964) 261ff.
Marfurt, Heinrich, Die Auflösung der Kollektivgesellschaft beim Tode eines Gesellschafters, Diss. Freiburg (Schweiz) 1928
Michaelis, Karl, Zur Rechtsstellung des Gesellschaftererben, ZAkDR 1943, 233ff.
Motive, – zu dem Entwurf eines bürgerlichen Gesetzbuchs für das Deutsche Reich, Band II u. V, Berlin u. Leipzig 1888
Möller, Martin, Die offene Handelsgesellschaft im deutschen, österreichischen, schweizerischen und tschechoslowakischen Recht – ein Vergleich, Diss. Erlangen 1929
Note: Partnership continuation agreements, in: 72 Harvard L.R. (1958–59), S. 1302ff.
Pennington, Robert R., Partnership and company Law, London 1962
Petrusca, Jules, Les sociétés civiles en droit comparé, Paris 1931
Planiol et Ripert, Traité pratique de droit civil français, 2. Aufl., Band III: Les Biens (Picard), Paris 1952; Band IV: Les Successions (Maury et Vialleton), Paris 1956; Band VI: Obligations (Esmein), Paris 1952; Band XI: Contrats civils, 2. Teil: Société et Association (Lepargneur), Paris 1954
Pollock, On the law of partnership, 15. ed. by L.C.B. Gower, London 1952 (Neudruck 1955)
Prasch, Elmar, Die unmittelbare Nachfolge der Erben in die Mitgliedschaft eines offenen Handelsgesellschafters, Diss. München 1960
Ramm, Renate, Die Fortsetzung der »partnership« des anglo-amerikanischen Rechts beim Tode eines Gesellschafters, Diss. Freiburg 1959
Reinicke, G. und D., Zur Kollision von Gesellschaftsrecht und Erbrecht, NJW 1957, 561ff.
Rheinstein, Max, The law of decedent's estates – text, cases and other materials, 2. ed., Indianapolis 1955
Ripert, Georges, Traité élémentaire de Droit Commercial, 5. Aufl. bearb. von Roblot, Paris 1963 (zitiert: Ripert (-Roblot))
ders., La clause de continuation de la société en nom collectif avec les héritiers de l'associé décédé, Rev. gén. dr. com. 1938, 7ff.

Rocco, La continuazione della società cogli eredi del socio illimitatamente responsabile, in: Studi di diritto commerciale ed altri scritti giuridici Bd. 1, S. 225 ff., Rom 1933

Roguin, Ernest, Traité de droit civil comparé, Les successions, Band V: Questions communes, Considérations générales et finales, Paris 1912

Rokas, Nikolaos, Die Teilhaberschaft an der Offenen Handelsgesellschaft und ihre Vererbung, Schriften zum Wirtschaftsrecht Bd. 1, Berlin 1965

Römer, Peter, Nachfolge- und Bestandssicherung der Personalgesellschaften des Handelsrechts im Erbfall, Abhandlungen aus dem Industrie-Seminar der Universität Köln, Heft 17, Berlin 1963

Schlegelberger, Handelsgesetzbuch, 2. Band, §§ 105–342 HGB bearb. von Geßler, 4. Aufl., Berlin und Frankfurt a.M. 1963 (zitiert: Schlegelberger-Geßler)

Schlicht, Zugehörigkeit des Gesellschaftsanteils zum Nachlaß bei Fortsetzungsklausel (§ 139 HGB)? NJW 1954, 984ff.

Siebert, Wolfgang, Gesellschaftsvertrag und Erbrecht bei der Offenen Handelsgesellschaft (Vortrag gehalten vor der Juristischen Studiengesellschaft in Karlsruhe am 2. Juli 1954), 3. Aufl., Schriftenreihe der Juristischen Studiengesellschaft Karlsruhe, Heft 13a, Karlsruhe 1958

ders., Nachfolge eines Miterben in die Gesellschafterstellung bei der offenen Handelsgesellschaft, BB 1957, 18ff.; abgedr. in Anhang II zum Vortrag S. 39ff.

ders., Die Nachfolge von Todes wegen in die Mitgliedschaft des Gesellschafters einer offenen Handelsgesellschaft, NJW 1955, 809ff.

ders., Die Rechtsnachfolge beim Tode eines Gesellschafters einer offenen Handelsgesellschaft, BB 1956, 837ff.

Siegwart, Alfred, in: Kommentar zum Schweizerischen Zivilgesetzbuch, hrsg. von Egger, Escher, Haab, Homberger, Oser, Schönenberger und Siegwart, V. Band: Obligationenrecht, 4. Teil: Die Personengesellschaften (Art. 530–619), Zürich 1938

Siesse, Gustave, Contribution à l'étude de la communauté d'héritiers en droit comparé, Paris 1923

Sinner, Vincent R. M. von, Das Recht der Partnership in den Vereinigten Staaten von Amerika vom schweizerischen Rechte aus betrachtet, Basel 1955

Soergel-Siebert, Bürgerliches Gesetzbuch, II. Band: Einzelne Schuldverhältnisse, §§ 433–853 BGB, §§ 705–758 BGB bearb. von Schultze-v. Lasaulx (zitiert: Soergel-Siebert-Schultze-v. Lasaulx), 9. Aufl., Stuttgart 1962; IV. Band: Familienrecht, §§ 1297–1921 BGB, §§ 1415–1518 BGB bearb. von Vogel (zitiert: Soergel-Siebert-Vogel), 9. Aufl., Stuttgart 1963

Sohm, Rudolph, Der Gegenstand, Leipzig 1905

ders., Noch einmal der Gegenstand, JherJb 53, 373ff.

Stanzl-Friedl, Handelsrechtliche Entscheidungen (HS), Bd. I: Entscheidungen aus den Jahren 1959 u. 1960, hrsg. von G. Stanzl, Wien 1961; Bd. II: Entscheidungen aus dem Jahr 1961, hrsg. von G. Stanzl, Wien 1963; Bd. III: Entscheidungen aus dem Jahr 1965, hrsg. v. G. Friedl, Wien 1965; Ergänzungsband: Entscheidungen aus den Jahren 1938–1958, hrsg. v. G. Friedl, Wien 1964

Staub-Pisko, Kommentar zum Allgemeinen Deutschen Handelsgesetzbuch, Ausgabe für Österreich, I. Band, 1. Teil: Art. 1–206, bearb. von Bettelheim, 3. Aufl., Wien 1935 (zitiert: Staub-Pisko-Bettelheim)

v. Staudinger, Kommentar zum Bürgerlichen Gesetzbuch, II. Band: Recht der Schuldverhältnisse, 4. Teil: §§ 705ff., bearb. v. Geiler, 11. Aufl., Berlin (zitiert: Staudinger-Geiler); V. Band: Erbrecht, 1. Teil: §§ 1922–2196 BGB, § 1922 bearb. v. Boehmer (zitiert: Staudinger-Boehmer), §§ 1923–2063 BGB, bearb. v. Lehmann (zitiert: Staudinger-Lehmann), 11. Aufl., Berlin 1954

Strauß, Walter, Fragen der Rechtsangleichung im Rahmen der Europäischen Gemeinschaften, Schriften des Instituts für ausländisches und internationales Wirtschaftsrecht Bd. 9, Frankfurt a.M. 1959

Syz, Hans G., Die Kollektivgesellschaft im schweizerischen Obligationenrecht im Vergleich mit der offenen Handelsgesellschaft des deutschen HGB, Diss. Heidelberg 1917

Thaller, Traité élémentaire de droit commercial, Band I, 8. Aufl. bearb. von Percerou, Paris 1931

Tiedau, Erwin, Gesellschaftsrechtliche Nachfolge im Verhältnis zum Erbrecht und zum neuen Güterrecht, MDR 1957, 641 ff.
Weber, Max, Zur Geschichte der Handelsgesellschaften im Mittelalter. Gesammelte Aufsätze zur Sozial- und Wirtschaftsgeschichte, S. 312 ff.
Weiler, Ferdinand, Die Rechtsstellung des Testamentsvollstreckers gegenüber den Erben hinsichtlich einer personengesellschaftlichen Beteiligung des Erblassers, DNotZ 1952, 283 ff.
Weipert, in: Kommentar zum Handelsgesetzbuch, früher herausgegeben von Mitgliedern des Reichsgerichts (RGRK), 2. Aufl., Berlin 1950
Widmer, Helene, Die Erbengemeinschaft, Diss. Zürich 1925
Wiedemann, Herbert, Die Übertragung und Vererbung von Mitgliedschaftsrechten bei Handelsgesellschaften, München und Berlin 1965
Wieland, Karl, Handelsrecht, I. Band: Das kaufmännische Unternehmen und die Handelsgesellschaften, München und Leipzig 1921
Wiesmann, Heinz, Die Vererblichkeit der Gesellschafterstellung in der Personengesellschaft, Diss. Münster 1961
Wolf, Heinz, Fragen um die Rechtsnachfolge des verstorbenen »offenen« Handelsgesellschafters, NJW 1954, 1549 ff.
Würdinger, Hans, Gesellschaften, 1. Teil: Recht der Personalgesellschaften, Hamburg 1937
ders. Anmerkung zum Urteil des BGH vom 29. 10. 1952, JZ 1953, 226 f.
Zunft, Unklarheiten zu § 139 HGB, NJW 1957, 1129 ff.
Zweigert, Konrad, Rechtsvergleichung als universale Interpretationsmethode, RabelsZ 15 (1949–50) 5 ff.
ders., Die Rechtsvergleichung im Dienste der Rechtsvereinheitlichung, in: Beiträge zur Rechtsforschung, S. 251 ff., Berlin-Tübingen 1950

FSC®
www.fsc.org
MIX
Papier | Fördert
gute Waldnutzung
FSC® C083411

Kolibri 360 GmbH
Ferdinand-Jühlke-Straße 7
99095 Erfurt, Deutschland
produktsicherheit@kolibri360.de